»Mord?« rief Mrs Hankey und wogte den Gang zum Dienstbotenzimmer hinab. Die übrige höhere Dienerschaft folgte ihr verwirrt auf dem Fuße. »Aber wer sollte denn Mr Greeves ermorden wollen?«

Ein Bäcker und Konditor, ein Chefkochlehrling, zwei Küchenmädchen, zwei Abwaschfrauen, ein Küchenjunge, ein Teeküchenfräulein, eine niedere Kammerzofe, ein Lampenanzünder, fünf Lakaien, eine Gemüseputzerin, fünf Hausmädchen, ein Laufbursche, zwei Aushilfsbediente, zwei Nähmädchen und vier Waschfrauen hätten es ihr auf Anhieb sagen können. Die niedere Dienerschaft war jedoch selbstverständlich nicht zugegen gewesen, als Edward Jackson, der Zimmerjunge des Butlers, so unhöflich in die hierarchische Feste des Haushälterinnenzimmers hineingeplatzt war, wo die höhere Dienerschaft in feierlicher Zeremonie nach dem Mittagessen den Tee nahm, und geschrien hatte: »Der alte Greeves, er bricht Blut, Sie müssen kommen, Mrs Hankey. Jemand hat versucht, ihn umzubringen.«

Die majestätische Erscheinung der Haushälterin hatte sich – die Bestrafung Edward Jacksons im Interesse der Gesundheit von Mr Greeves aufschiebend –, erhoben, hastig, doch mit fast übermenschlicher Gefaßtheit mehrere Flaschen aus den Eichenschränken in ihrer Vorratskammer zusammengesucht und war hinausgerauscht, um Beistand zu leisten. Erst jetzt war der Haushälterin das volle Ausmaß von Jacksons Worten klar geworden. »Jemand hat versucht, ihn umzubringen.«

Im Zimmer des Butlers wurde jegliche von ihr möglicherweise gehegte Hoffnung, dies sei ein von Edward Jackson ersonnener abscheulicher Scherz, zerstreut. Auf dem Teppich erbrach sich würgend eine hingestreckte Gestalt, das

Gesicht schmerzverzerrt, der Körper in Krämpfen zuckend. Mrs Hankey stieß nur ein unwillkürliches »Archibald!« hervor, dann sank sie in einem Rascheln von schwarzem Bombasin auf die Knie, um Linderung zu verschaffen. Es wurde jedoch bald klar, daß Senf und warmes Wasser wenig bei Greeves bewirken würden, auch nicht die Brechwurzel, die mit zitternder Hand folgte.

»Madame, ich denke, den Doktor – unverzüglich.« Auguste Didier, Chefkoch, beugte sich über sie, löste sanft ihre Arme vom unglückseligen Butler und zog sie auf die Füße. »Edward, zu den Pferdeställen. Schick die leichte Kutsche nach Dr. Parkes. Ethel, vielleicht ...« Er bedeutete dem obersten Hausmädchen, daß Mrs Hankey weggebracht werden sollte.

Doch selbst diese Ausnahmesituation konnte Edith Hankey nicht völlig ihrer guten Schule berauben: »Stellen Sie diesen ekelhaften, schmutzigen Teller und das Glas in den Geschirraum, Mr Hobbs. Und waschen Sie sie ab, wenn ich bitten darf.«

Davon in Anspruch genommen, es dem stöhnenden Mann erträglicher zu machen, schenkte Auguste Didier diesen harmlosen Worten unzureichende Aufmerksamkeit.

Was bedauerlich war.

»Tee, Ethel«, bat Mrs Hankey, einer Ohnmacht nahe, und hielt ein gestärktes Stück spitzenumsäumten Batist an die Augen. Es war ein Zeichen für die Ungewöhnlichkeit der Situation, daß Miss Gubbins sich sofort in der angrenzenden Teeküche mit Tassen und Untertassen zu schaffen machte, wobei sie völlig außer acht ließ, was ihrer Position als oberstes Hausmädchen ziemlich war.

Mit Ausnahme von Auguste Didier hatte sich die höhere Dienerschaft, die Oberen Zehn, wie sie von jeher, ungeachtet ihrer tatsächlichen Zahl, genannt wurden, widerstrebend in das Zimmer der Haushälterin zurückbegeben. Dort angekommen, mußte einem Problem der Etikette Beachtung geschenkt werden. Da gerade Oktober und die 1891er

Hochsaison für Fasane war, logierte auf Stockbery Towers eine Jagdgesellschaft, und der begleitenden Dienerschaft mußte notgedrungen von deren Pendants Gastfreundschaft erwiesen werden. Da sie zugegen gewesen war, als Edward Jackson ins Zimmer stürzte, war sie jetzt schwer zu entfernen, und es bedurfte Ethels gesamten Taktgefühls, jene Dienerschaft zu überreden, sich ihren pflichtgemäßen Beschäftigungen zu widmen. Das nahm geraume Zeit in Anspruch, und als schließlich der Diener von Prinz Franz vertrieben worden war, weilte auch Auguste wieder unter ihnen, nachdem ihn Dr. Parkes, der inzwischen eingetroffen war, aus dem Dienstbotenzimmer, wie der Raum des Butlers genannt wurde, gewiesen hatte.

»Der gute Doktor will uns aufsuchen«, verkündete er, noch etwas pikiert, weil seine Anwesenheit nicht für notwendig erachtet worden war. Er zuckte zusammen, als er sah, wie die unumgängliche Milch in den Zitronentee gegossen wurde; er hatte es schon seit langem aufgegeben, zu protestieren. Diese Engländer – sie verdarben die besten Nahrungsmittel der Welt aus Nachlässigkeit in Detailfragen. Bei heftiger Erregung, nein, keinen Tee, um die Lebensgeister zu wecken, sondern einen Heiltrank aus Eisenkraut, etwas Kamille vielleicht, um den Magen zu besänftigen, aber doch keinen schwarzen Tee. Oder eine *chocolat chaud*. Brillat Savarin hatte recht, wie immer. Das beruhigte die Nerven. *Brauchte* aber wirklich einer der Anwesenden Beruhigung? fragte sich Auguste. Greeves war bei den meisten höheren Bedienten nicht beliebter als bei den niederen. Der wichtigtuerische, grauhaarige, fünfzigjährige Butler des Herzogs von Stockbery war nicht nur für die reibungslose Leitung von Stockbery Towers und dessen Gütern verantwortlich, sondern auch für die finanzielle Verwaltung von Stockbery House in Mayfair. Ein Diener, und doch kein Diener. Eine Machtinstitution.

»So ein liebenswerter Mann«, flüsterte Edith Hankey. »Niemand würde so etwas mit Absicht tun.«

Es entstand eine Pause, während der die höhere Dienerschaft sich geflissentlich dem Teenippen widmete. Auguste, der sich an selbigem Ritual beteiligte – in solchen Krisensituationen mußte man sich anpassen –, schaute sich unter seinen Kollegen um; sein gallischer Scharfsinn registrierte unvoreingenommen Details, obwohl er von den Ereignissen des Tages genauso erschüttert war wie die anderen. Mrs Hankeys Zuneigung zu Greeves mochte vielleicht bei ihren Untergebenen ein Gegenstand der Belustigung gewesen sein, aber Auguste glaubte, sie gut genug zu kennen, um echtes Gefühl auszumachen. Obgleich er nicht sicher war, welche Art von Gefühl. Wie alt war sie? Fünfzig, fünfundfünfzig? Schwer zu sagen. Alt genug, um sich in ihrer Lage über ihre alten Tage Sorgen zu machen und voller Begeisterung die Aufmerksamkeiten von jedem willkommen zu heißen, der bereit zu sein schien, sie mit ihr zu teilen. Er mochte sie irgendwie; sie war keine geistreiche Frau und herrschsüchtig, wenn ihr der Sinn danach stand. Hinter ihrer abschreckenden Schale schlug jedoch ein ziemlich weiches Herz, falls man bis dahin vordringen konnte. In jungen Jahren war sie ansehnlich gewesen, und mit ihrem kastanienbraunen Haar, dem noch jede graue Strähne fehlte, und ihrer fülligen Figur, war sie das tatsächlich auch heute noch. Nur die Lippen, wenn sie sie zusammenkniff, offenbarten die persönlichen Enttäuschungen, welche die Jahre hinterlassen hatten. Man sprach sie gewöhnlich mit Mrs an, aber anstelle eines Ehemannes hatte sie Stockbery Towers zu ihrem Heim, ihrer Familie, ihrer Leidenschaft gemacht.

»Könnte er vielleicht versucht haben, Selbstmord zu begehen?« warf Ethel Gubbins unbedacht ein.

Edith Hankey starrte sie mit vernichtendem Blick an. »Mr Greeves – Selbstmord? Und weshalb sollte er denn, bitte sehr, Selbstmord begehen, da er voller Freude der Zukunft entgegensehen konnte? Wir standen, wie Sie, Miss Gubbins, sehr wohl wissen, in gutem Einvernehmen.«

»Dann war es eben ein Unfall«, warf Ernest Hobbs, der Kellermeister, eilends ein, um Versöhnung bemüht. Er stammte aus Kent, war da geboren und aufgewachsen und hatte die langsame, bestimmte Art seiner Vorfahren. Er vermittelte immer den Eindruck von jemandem, der etwas erstaunt ist, nicht mehr der Lampenanzünder zu sein, als welcher er seine Laufbahn auf Stockbery Towers begonnen hatte.

»Wie kann man aus Versehen soviel Gift schlucken, daß es derartig wirkt?« fragte May Fawcett streitlustig, sichtlich verärgert darüber, nicht beachtet worden zu sein. Intelligent, achtundzwanzig, mit scharfgeschnittenem Gesicht, war sie Kammerzofe bei der gnädigen Frau; und es war ein offenes Geheimnis für alle, mit Ausnahme von Mrs Hankey, daß sie und Greeves nicht so sehr ein Verhältnis guten Einvernehmens als vielmehr ein tatsächliches Verhältnis gehabt hatten, das mehr unmittelbare körperliche Freuden zeitigte, als sie von der Haushälterin in geheimen Stunden erträumt werden konnten. Augustes Sympathien gehörten Mrs Hankey, aber bei einer Wette hätte er sein Geld auf eine Heirat von Greeves und May Fawcett gesetzt.

»Durch etwas, das er gegessen hat, höchstwahrscheinlich«, fuhr Ernest Hobbs herausfordernd fort, wobei er Auguste bedeutungsvoll ansah. Sechs Augenpaare wandten sich dem zweiunddreißigjährigen Küchenchef zu. Das übliche Zwinkern verschwand, seine dunkelbraunen Augen blitzten, jahrhundertealtes französisches Ehrgefühl war in ihm geweckt worden. Obzwar zur Hälfte englischer Abstammung, war er in Frankreich erzogen worden. *Durch etwas, das er gegessen hat?* Meinten diese Dummköpfe etwa, daß seine Speisen, die von ihm beaufsichtigt und zubereitet wurden, für die *er* verantwortlich war, jemanden vergiften könnten? Außer Zorn war da jedoch auch ein leichtes Schaudern. Diese Menschen, die ihn jetzt anstarrten, waren noch vor ein paar Stunden seine Kollegen gewesen, seine Freunde, seine Familie. Jetzt schienen sie Fremde zu sein, die ihn anklagten.

»Ein Pilz, es muß ein Pilz gewesen sein«, warf Kammerdiener John Cricket eifrig ein.

»Oder jenes schreckliche französische Zeug, das sie

pflücken, so was Ähnliches wie Spinat. Vielleicht war es das. Vielleicht haben Sie fälschlicherweise einige Rhabarberblätter dazugetan. Ist leicht möglich. Armer Mr Greeves, ich nehme an, er ...« Der Gedanke war jedoch zu furchtbar, um in Worte gefaßt zu werden, und Edith Hankeys weißes, quadratisches Batisttuch mußte wiederum seine Pflicht erfüllen.

Auguste kochte vor Wut. Er war an scharfe dienstliche Auseinandersetzungen mit Mrs Hankey gewöhnt, seit er darauf bestanden hatte, daß es sein Vorrecht als Küchenchef sei, die Nachspeisen zuzubereiten, statt es ihrer Verfügungsgewalt als Gebieterin der Teeküche zu überlassen. Er hatte keine andere Wahl gehabt. Nachdem er beobachtet hatte, wie sie eine *crème bavarois* mit Reismehl andickte, war ihm bewußt geworden, daß er Stellung beziehen mußte. Jetzt deutete sie an, daß er Rhabarber nicht von Sauerampfer unterscheiden könne.

Ethel fuhr wie immer dazwischen, um die Wogen zu glätten. »Aber Mrs Hankey, wir haben alle Spinat zum Mittag gegessen.«

»Aber nicht alle haben Pilze gegessen«, warf Cricket hartnäckig, mit rachsüchtig funkelnden Augen ein. »Und er könnte Pech gehabt haben. Hat einfach den Grünen Knollenblätterpilz erwischt. Hätte jeden von uns treffen können.«

»Monsieur Cricket, würden Sie für den gnädigen Herrn braune Stiefel für einen Besuch in seinem Club herausstellen?« fragte Auguste bedrohlich leise.

Cricket blinzelte nervös. Er konnte bezüglich der Stiefelfrage nichts erwidern.

»Dann haben Sie bitte die Freundlichkeit, zu begreifen, daß ich nicht einfach eine *Amanita phalloides* in *un garni du champignons* fallen lasse.« Augustes Tonfall war schneidend und höhnisch. Das war eine Beleidigung, die nicht ignoriert werden durfte.

Es herrschte nervöse Stille.

»Vielleicht war es etwas, das er gestern abend zu sich

genommen hat«, warf Frederick Kammer mit dem unglückseligen Namen ein. Als Herzoglicher Kammerherr war er die ständige Zielscheibe für dümmliche Witze von Gästen, was er stoisch ertrug; noch ärger jedoch war, daß der Herzog die Angewohnheit hatte, sämtliche fünf Lakaien Frederick zu nennen, weil Lakaien auf Stockbery Towers seit jeher Frederick genannt wurden (irgendwann im vorigen Jahrhundert hatte einer so geheißen), und daß er somit in ständiger Gefahr schwebte, in einem Überraschungsmoment auf den Namen in einer Art und Weise zu reagieren, die für ihn als höherer Bediener unangebracht war. Höhere Bedienstete wurden selbstverständlich mit ihren Familiennamen angesprochen. Daraus resultierte, so mutmaßte Auguste, Kammers unausgesetzte Wachsamkeit, das unaufhörliche Lauern auf irgendeine echte oder eingebildete Beleidigung.

»Weshalb wurde ihm denn dann *nach dem Mittagessen* schlecht?« Mrs Hankeys Stimme bebte. »Ihm ging es gut, als wir da waren. Hat nicht geklagt – nicht mehr als sonst«, fügte sie ehrlicherweise hinzu.

Das Mittagessen der Dienerschaft war, im Gegensatz zum Lunch der gnädigen Herrschaft, wie üblich verlaufen. Die höhere Dienerschaft und deren Pendants, welche zu den Gästen des gnädigen Herrn anläßlich der Jagdgesellschaft gehörten, das heißt Lord Arthur Petersfields Kammerdiener, die Zofe der Marquise, der Diener des Prinzen von Herzenberg und Mrs Harthams Kammerzofe, hatten das Hauptgericht im Dienstbotenspeisesaal eingenommen, sich dann in würdevoller und genau festgelegter Rangordnung zum Dienstbotenzimmer, dem Allerheiligen der höheren Dienerschaft, begeben. Dort hatten sie Nachspeise und Käse eingenommen. In den meisten Häusern hätten sie im Dienstbotenzimmer auch Tee oder Kaffee getrunken, doch Mr Greeves zog es vor, mit verletzender hierarchischer Konsequenz seinen weitaus überlegenen Status zu unterstreichen, indem er allein einen kleinen Imbiß und ein Glas Brandy zu sich nahm, während sich die übrige höhere Dienerschaft die halbe Wegstrecke, die sie gekommen war, zurückbegab und scharf nach links zum Zimmer der Haushälterin abbog. Dort genehmigte man sich eine bescheidene Stärkung, bevor man sich trennte, um seinen verschiedenen Pflichten nachzugehen. Das heißt, gewöhnlich war es so. Heute hatten die Tassen kaum die Lippen berührt, da war der kreidebleiche Zimmerjunge des Butlers ohne anzuklopfen hereingestürzt.

Niemand wußte eine Antwort auf Mrs Hankeys Frage. Die Unterhaltung verebbte, Vermutungen wurden laut. Zögernd, einer nach dem anderen, entfernte sich die höhere Dienerschaft, um ihre nachmittäglichen Beschäftigungen in Angriff zu nehmen; ein jeder von ihnen eilte halb ängstlich, halb hypnotisiert an der geschlossenen Tür des Dienstbotenzimmers vorüber.

Die niedere Dienerschaft schien sich ebenfalls in einer für diese Tageszeit ungewöhnlichen Zahl in der bescheidenen Umgebung des Dienstbotenspeisesaals aufzuhalten, der in bequemer Nähe des Dienstbotenzimmers lag. Sie erging sich in finsteren Vermutungen, basierend auf dem faszinierten Studium der Taten von Jack the Ripper und hervorgerufen durch das unerwartete Drama von Leben und Tod in ihrer Mitte. Keine Unschlüssigkeit herrschte hier darüber, was am Ende des Nachmittags stehen würde. In ihren Gedanken war Greeves bereits verloren, hingemordet von einem Erzfeind – obgleich zum letzten Punkt die Meinungen auseinandergingen. Aber wäre der Herzog selbst mit einem Messer im Rücken aufgefunden worden, hätte das kaum mehr Aufregung verursacht. Herzog und Herzogin waren nichts als bloße Namen für die kleinen Leute des außerordentlich umfangreichen Haus- und Hofpersonals. Während ihres gesamten Dienstlebens würden sie die beiden vielleicht nie sehen, außer beim flüchtigen und festgeschriebenen Erscheinen der gnädigen Herrschaft zum jährlichen Dienerschaftsball. Archibald Stewart Greeves hingegen war die allgegenwärtige Drangsal gewesen, die einen jeden Augenblick ereilen konnte, diese ungebildeten Mädchen aus

Kent fürchteten ihn mehr, als vom Kapuzenpferd »geholt zu werden«, eine Androhung, die ihre Mütter noch immer aussprachen.

Das Erscheinen von Sergeant Bladon und, nach angemessener Zeit, von Constable Perkins ließ die persönlichen Vermutungen zu offizieller Gewißheit werden. Greeves mußte tot sein. Das selbstherrliche Benehmen von Dr. Parkes, dessen Uhrkette anmaßend über seinem dicken Bauch baumelte, als er aus dem Dienstbotenzimmer auftauchte, bestätigte den ihnen liebsten Verdacht. Das war gemeinster Mord.

Es war ungefähr fünf, als die höhere Dienerschaft sich erneut versammelte und Ethel ihnen die wichtige Neuigkeit mitteilte, daß Sergeant Bladons Fahrrad im Hof gesehen worden war, womit sie, wie immer, einen Schritt hinter der niederen Dienerschaft zurücklagen.

Kaum hatte man die weitverzweigten Möglichkeiten, die diese Nachricht eröffnete, in sich aufgenommen, als nach einem Klopfen an Mrs Hankeys Tür ein vor Neugier schier platzender niederer Dienstbote sichtbar wurde, der Dr. Parkes hereinführte. Alle Augen wandten sich dem wohlbeleibten Doktor im Gehrock zu.

Er räusperte sich selbstbewußt. »Ich bedaure, Ihnen mitteilen zu müssen, meine Damen und Herren, daß Mr Greeves, hm, verstorben ist.«

Ein Aufschrei von May Fawcett; ein leises Weinen von Mrs Hankey.

»Und meine Zweifel sind nicht ausgeräumt. *In keiner Weise* ausgeräumt, wie ich Seiner Gnaden berichten werde«, betonte er und starrte sie an. Er konnte es kaum erwarten, Seiner Gnaden Bericht zu erstatten, das war sein großer Augenblick. »Ich habe um die Anwesenheit der Polizei bitten müssen. Mr Greeves' Zimmer stehen unter Bewachung.«

Die Wortwahl seiner Erklärung vermittelte der höheren Dienerschaft die Vorstellung, die gesamte berittene Garde galoppiere die Auffahrt hinauf, doch mit der Nachricht, die

Polizeiwache bestehe nur aus Ned Perkins, dem jüngsten Sohn des Fleischers, hielt die Wirklichkeit wieder Einzug.

»Schönen Nachmittag, Maître.«

Die Herzogin von Stockbery war immer pedantisch genau mit ihrer Grußformel. Sie saß im blauen Nachmittagskleid aus Chiffon in der Bibliothek und erweckte, umgeben von den Porträts der herzoglichen Vorfahren, den Anschein von Zerbrechlichkeit. Doch ihr entschlossenes Kinn strafte diesen Anschein Lügen. Der Herzog begnügte sich mit einem bloßen Kopfnicken und einem »Abend, Didjer«. So versessen der Herzog auch auf die französische Kochkunst sein mochte, er betrachtete dennoch alle Franzosen als etwas weibisch und ihre Sprache als eine Überspanntheit, auf der sie, wider jegliche Vernunft, bestanden.

»Haben mein Personal hingemeuchelt, was, Didjer?« bemerkte der Herzog, der sich mit seinem Gesamtgewicht von 95 kg behaglich in einem braunen Ledersessel niedergelassen hatte; unter buschigen grauen Brauen schauten überraschend intelligente Augen hervor. »Hatten wohl noch einen Schuß von dem alten Quoorma, was, Didjer, was?«

Auguste erstarrte. Der gnädige Herr war der gnädige Herr, doch sogar er hätte ihn nicht ganz so unverblümt an jenes frühere Mißgeschick zu erinnern brauchen. Schon wahr, er hatte die Verwendung von Gewürzen, wie sie in den »Kulinarischen Notizen« von Oberst Kenny-Robert empfohlen wurden, nicht ganz beherrscht. Das war jedoch zu seiner Anfangszeit in England gewesen. Jetzt wurden seine Mulligatawny-Suppe, seine Curry-Gerichte von den Gästen des gnädigen Herrn gierig verschlungen. Nun, sogar Oberst Milligan, der seinen Abschied von der Indischen Armee genommen hatte, nachdem ihm das Viktoria-Kreuz verliehen worden war, und der infolgedessen bei ehrgeizigen Gastgeberinnen sehr gefragt war, hatte Didiers Curry zur Bedingung für seinen Besuch gemacht.

»Aber George«, wandte die Herzogin ein, legte ihre Hand sanft auf den herzoglichen Arm und lächelte Auguste mit geübtem Charme zu. Obwohl sie fünfzehn Jahre jünger war als ihr Mann, konnte man kaum glauben, daß sie Mutter einer zwanzigjährigen Tochter und eines zweiundzwanzigjährigen Sohns war. Die gnädige Frau wäre die erste gewesen, die einem darin beigepflichtet hätte. Nur sie und May Fawcett kannten die Mühe, die darauf verwandt wurde, diese Wirkung zu erzielen.

Der Herzog grunzte: »Schlimme Sache, trotzdem. Ganzes Haus ein einziges Durcheinander. Der Kerl von Sergeant sagt mir, Greeves wurde vergiftet, aber sie wissen nichts. Hatte sogar die Unverschämtheit, mir mitzuteilen, daß er einen Wachposten dalassen wird. Muß ein Unfall gewesen sein. Bleibt schon mal was liegen. Kann passieren.«

Auguste erstarrte, aber der gnädige Herr, den die Gefühle seiner Untergebenen nicht scherten, fuhr fort: »Ist ganz verständlich. Organisation ist im Eimer. Habe gestern nachmittag gegen fünf Uhr ein Mädchen herumspringen sehen.« Der Herzog schüttelte verzweifelt den Kopf. Sein Abscheu, weibliches Personal nach der Mittagszeit zu sehen, war legendär. »Was soll das, sie trägt kein Schwarz, wenn sie müßte, und die Freds sind vor dem Lunch in Livree. Ich weiß nicht, was mit dem Personal los ist. Disziplin ist im Eimer. Kümmern Sie sich drum, Didjer, seien Sie so gut.«

»Gewiß, Euer Gnaden«, murmelte Auguste.

Es war einfacher, beizupflichten, als darauf hinzuweisen, daß es jetzt die Pflicht von Mr Hobbs und nicht die des Küchenchefs sei, der niederen Dienerschaft Disziplin beizubringen. Der Herzog hatte die vereinfachte Vorstellung, daß ein Befehl, der einem Bedienten gegeben wurde, an alle weitergeleitet werden könnte, daß hinter jener mit grünem Fries bespannten Tür eine geeinte Kraft wäre, deren einziges Bestreben es sei, ihr Bestes für die Herzöge von Stockbery zu geben. Obgleich, so vermutete Auguste, letztendlich war es an dem. Vor diesem Letztendlich jedoch, was für kleinliche Zänkereien, was für Eifersüchteleien, was für Rivalitäten, was für argwöhnisch gehütete Vorrechte und Trennungslinien gab es da! Es war so lächerlich – abgesehen von seinen eigenen Ressentiments natürlich. Wie froh er war, daß er als Küchenchef mit seinen beiden Gehilfen, den zwei Küchenmädchen, der Gemüseputzerin, den zwei Abwaschfrauen und dem Küchenjungen eine kleine eigenständige Einheit innerhalb des großen Imperiums des Hauspersonals bildete. Oder war es nur Greeves mit seinen hinterhältigen Anspielungen, lag es nur daran, daß er sein drohendes, nachdenkliches Auge auf sie gerichtet hatte, daß dieses ständige Gefühl von Unbehagen entstanden war, mit dem sie so lange gelebt hatten?

»Monsieur Didier«, die Aussprache der Herzogin war tadellos, sie hatte einen ganzen Londoner Sommer lang einen französischen Liebhaber gehabt, »uns ist bewußt, was für ein Schlag das gewesen ist und wie betrübt Sie wegen dieses unglückseligen Ereignisses sein müssen. Aber, Monsieur Didier, können Sie es noch schaffen? Es ist ganz unmöglich, die Ankunft unserer Gäste am Freitag hinauszuschieben.«

»Verdammte Unverschämtheit«, grunzte der Herzog. »Wichtigtuer von Polizist schlug vor, wir sollten ganze Sache abblasen, bis er das beendet hätte, was er seine Ermittlungen nennt. Sagte ihm, ich wüßte, der alte Hobbs meistert die Lage bestens. Und er hat die Impertinenz, mir zu erklären, daß er das nicht gemeint hätte. Habe ihm gehörig den Kopf gewaschen.«

»*Oui*, Madame«, sagte Auguste. Er ignorierte diesen Einwurf und konzentrierte sich auf die wichtigen Dinge. Seine Augen leuchteten auf, wie immer bei Besprechungen von *les menus, le banquet*, die den eigentlichen Anlaß für diese ungewöhnliche Vorladung am Nachmittag darstellten. Normalerweise wurde er morgens zur Audienz vorgelassen. Von Freitag zu Montag würden weitere fünfzehn Logiergäste anreisen, abgesehen von den Gästen, die bloß für einen Tag zu Jagd und Tanz geladen waren. Es war natürlich nur ein kleiner Tanzabend, nicht vergleichbar mit dem Ball, den man am Ende der dreiwöchigen Jagd geben würde. Die Gäste am Freitag würden mit dem Zug aus London, Chatham und dem Südosten eintreffen. Nur ein Zug kam in Frage, denn er hatte eine Sonderverbindung nach Hollingham Halt, und dessen Passagiere waren unter dem spitzzüngigeren Teil des Bahnpersonals als die Tower-Ausflügler bekannt.

Vor dem zwanglosen Tanzabend am Freitag war ein Diner *à la Russe* vorgesehen. Für Sonnabend dann ein Büfett, das alle bisherigen Büfetts übertreffen sollte. Die Speisekammern mit den Marmorborden ächzten unter der Last der Vorräte, die ihrer Verwandlung in Kunstwerke entgegensahen; die Kühlfächer würden bald voller Sorbets sein, um heiße, durch das Tanzen erweckte Leidenschaften abzukühlen; die Vorratskammern für Wildbret wurden in Vorbereitung der kommenden kulinarischen Freuden ihres Inhalts beraubt.

Während die gnädige Herrschaft mit erfreuten Ausrufen und gelegentlichem Stirnrunzeln die Speisefolgen studierte, fragte sich Auguste, wie sie Greeves' Tod aufgenommen hatten. War das grauenerregende Wort Mord ihnen gegenüber erwähnt worden? Und wenn ja, fühlten sie sich davon betroffen? Oder war die Sache für sie, da sie auf der anderen Seite der grünen Friestür stattgefunden hatte, bloß ein Salonspiel von der Art »Errate den Mörder«, in dem sie nur unbeteiligte Zuschauer waren? Mord war diesem aristokratischen Haus nicht etwa fremd. Es hatte in vergangenen Zeiten allerhand Morde gegeben – Ethel hatte sie ihm genüßlich geschildert in jenen dunklen Nächten, in denen sie unbeobachtet in dem riesigen Park von Stockbery Towers umherwandeln konnten. Da hatte es den unglückseligen Fall der Schwester des neunten Herzogs gegeben, die von Geburt an etwas seltsam war und sich des Nachts mit einem langen Küchenmesser zur Behausung des Kutschers geschlichen hatte; den des jüngeren Bruders des dritten Herzogs, den niemand je wieder zu Gesicht bekommen hatte nach dem furchtbaren Mord am Lord von Lyme, seinem Rivalen bei Hof um die Gunst der ehrbaren Königin Bess. Und den ...

»Was zum Teufel ist denn das, Didjer?« Ein gebieterischer Finger zeigte auf die sorgfältig geschriebene Aufstellung.

»Panzerkrebs, Euer Gnaden, aus dem Fluß Len.«

Der Herzog schnaubte wütend. »Warum, zum Teufel, können wir nicht ein paar von diesen *écrevisses à la provençale* bekommen? Etwas mit ein wenig Geschmack.«

»*Ne compliquez pas les choses,* Euer Gnaden. Komplizieren Sie die Dinge nicht«, entgegnete Auguste ehrerbietig. »Das hat der Maître, Monsieur Escoffier, immer gesagt. In Kent – Panzerkrebs. In der Provence – *écrevisses.*

»Warum, zum Teufel, ich Sie überhaupt rübergeholt habe, weiß ich wirklich nicht«, grunzte der Herzog. »Habe seit Wochen keine anständige Soße mehr bekommen.«

Nachdem Auguste den Kampf um die Speisenfolge gewonnen hatte, machte er sich auf den Weg zum Zimmer der Haushälterin, wo man eine weitere Kanne Zitronentee zu sich nahm und voller Inbrunst munter drauflosredete.

»Er sagte, seine Zweifel wären nicht ausgeräumt«, äußerte Hobbs besorgt. »Das bedeutet ...«

»Verbrechen«, flüsterte Cricket.

»Unsinn«, schluchzte Mrs Hankey. »Wieso denn nur? Es war ein Unfall. Die schottische Waldschnepfe muß es gewesen sein. Sein kleiner Imbiß, auf den er so versessen war. Dieser Junge, es ist alles seine Schuld. Er hat ihn zubereitet.«

Auguste zuckte die Achseln. »Wie könnte man jemanden mit Anchovisfilets und Rahmsoße vergiften, Mrs Hankey? Zufällig?«

So sehr er selbst auch alle diese Imbisse als Gift betrachtete, als tätliche Beleidigung für die Geschmacksknospen am Ende eines Mahles, war es doch schwer, sie sich als Medium für ein tödliches Gift vorzustellen, besonders aus den Händen eines fünfzehnjährigen Jungen. Als Zimmerjunge des Butlers war es Jacksons Aufgabe, im angrenzenden Anrichteraum Imbiß und Kaffee zuzubereiten. Aber wie sollte ihnen zufällig Gift beigefügt worden sein?

»Denken Sie an meine Worte«, sagte Cricket, obwohl das kaum einer jemals tat. »Man wird herausfinden, daß er arsensüchtig war wie jener Mr Maybrick. Machen Sie sich keine Sorgen, Mrs Hankey. Ich stimme Ihnen zu. Es muß ein

Versehen gewesen sein. Der Doktor hat unrecht. Mr Greeves hat ein bißchen zuviel genommen.«

Diese Worte verfehlten ihre aufheiternde Wirkung auf Mrs Hankey. »Arsensüchtig«, entgegnete sie verächtlich. »Weshalb sollte er Arsen nehmen? Es sei denn, es hat ihm jemand verabreicht.« Ihre Augen richteten sich auf May Fawcett. »Einige Leute haben es darauf angelegt, ihm das Leben zur Qual zu machen, weil sie nämlich wußten, daß er mir sein Wort gegeben hatte.«

May Fawcett wurde rot, war jedoch nicht eingeschüchtert. Gehässig fauchte sie: »Falls das auf mich gemünzt sein sollte, Mrs Hankey, möchte ich, wenn Sie gestatten, betonen, daß ich weit davon entfernt war, Mr Greeves das Leben zur Qual zu machen; im Gegenteil, ich war das einzige bißchen Spaß, das Archibald hatte.«

Auguste spürte einen Schauer unheilvoller Vorahnung. An normalen Tagen kamen er und seine Kollegen einigermaßen gut miteinander aus, ein paar scharfe Bemerkungen, nichts Außergewöhnliches – eine zusammengewachsene Schar höherer Bediener. Und dann ein Tod, ein gewaltsamer, und plötzlich ist alles verändert. Es war wie mit einer Soße: Man fügt eine letzte Zutat hinzu und die Geschmacksrichtung des Ganzen hat sich verändert. Ist vielleicht verdorben ...

Edith Hankey starrte May Fawcett an, als sei sie unfähig, die Unverschämtheit zu glauben, die sie gerade gehört hatte. Schließlich brach es aus ihr hervor: »Archibald? Sie erdreisten sich, ihn Archibald zu nennen. May Fawcett, wie können Sie es wagen! Das hätten Sie nie getan, als er noch ...« Ihre Stimme versagte.

Miss Fawcett fiel mit einem triumphierenden, grausamen Lächeln über sie her. »Doch, das hätte ich getan. Weshalb denn nicht? Er liebte mich, verstehen Sie.«

Aha, dachte Auguste. Jetzt werden die Fetzen fliegen. Der große Knall, und alles kommt heraus.

»May«, sagte Kammer scharf.

Geschwind huschten Augustes Augen zu ihm. Was war denn das? *May,* nicht Miss Fawcett?

Kammers Einwurf wurde nicht beachtet.

Edith Hankey war aufgestanden, um May Fawcett mit ihrer gesamten Persönlichkeit, wenn schon nicht mit ihrer Körpergröße, zu überragen. »Sie vergessen, wer Sie sind, Miss. Haben Sie den Verstand verloren? Verliebt – in Sie? Ich war es, mit der er in gutem Einvernehmen stand.«

Verächtlich schaute das Mädchen sie an; die Wende, die das Gespräch genommen hatte, ließ sie zeitweilig jeglichen Gedanken an ihre Zukunft vergessen. »Wir liebten uns. Wir wollten heiraten, sobald wir ein Haus auf dem Gut bekommen hätten.«

Mrs Hankeys Gesicht war knallrot. »Sie? Sie bösartige kleine Lügnerin. Er wollte mich heiraten, Miss. *Mich.*«

»Sie!« erwiderte Miss Fawcett mit vernichtendem Hohn. »Wozu hätte er Sie denn haben wollen? Ein Mann mag was Hübsches im Bett, nicht eine reife alte Krähe wie Sie.« Und damit fing sie an zu weinen, während Mrs Hankey zu einem zitternden Etwas aus Schock und Wut geworden war.

»Wen kümmert es schon, wie er gestorben ist?« schluchzte May. »Er ist tot.«

Diese Erkenntnis dämpfte Mrs Hankeys ohnmächtigen Zorn, und sie setzte sich plötzlich hin. Zuerst begann ihr Kinn, dann ihre Lippen zu zittern. Ethel Gubbins sprang auf und eilte zu ihr, May einen vernichtenden Blick zuwerfend.

»So etwas durften Sie nicht sagen, Miss Fawcett. Das durften Sie wirklich nicht. Wir alle sind fassungslos ...« Sie legte den Arm um Mrs Hankey, eine Geste, die unter anderen Umständen undenkbar gewesen wäre. »Jetzt kommen Sie mit in mein Zimmer und legen sich hin, Mrs Hankey. Ich werde mich um Sie kümmern. Ausweinen wird Ihnen guttun.«

Ein weiterer vernichtender Blick, diesmal an die Adresse der Männer gerichtet, vermutlich wegen der Nutzlosigkeit ihres Geschlechts, und Mrs Hankey wurde aus ihrem Zimmer hinaus, den Flur entlang zu Ethels Zimmer im ersten Stock geführt. Im Takt ihrer Schritte waren auf dem Flur laute Schluchzer zu hören, die nunmehr hervorzubrechen begannen. Die verbliebene höhere Dienerschaft vermied es geflissentlich, sich gegenseitig in die Augen zu schauen. Kein Greeves mehr. Jetzt keine Mrs Hankey. Für eine gewisse Zeit war die Autorität abhanden gekommen.

Ernest Hobbs, als Greeves' amtierender Nachfolger die neue Macht im Land, war der erste, der das Schweigen brach. »Mr Didier, hrumph, die Zeit.«

Fünf Augenpaare wandten sich zu der kleinen französischen Uhr auf Mrs Hankeys Kaminsims. Ihre Besitzer erfaßten deren Mitteilung gleichzeitig. Zehn Minuten vor sieben.

Fünf Leute waren fast im selben Augenblick an der Tür. May Fawcett, die mit einem Taschentuch heftig ihr Gesicht rieb, war den anderen um Haaresbreite voraus. »Ihr Kleid«, schrie sie auf. »Das Bad. Wenn dieses kleine Flittchen wieder das Wasser vergessen hat ...« Ihre eiligen Schritte hallten den Flur hinab, knapp gefolgt von John Cricket, der ähnliche, die Kleidung betreffende Pflichten für den gnädigen Herrn zu verrichten hatte.

Auguste Didier war erschüttert. Er hatte es zum ersten Mal in seinem Leben fast völlig vergessen.

Abendessen. Es war Zeit für *le Diner*.

Auguste rückte Schürze und Mütze zurecht und blieb in der Eingangstür zur riesigen Küche stehen, um sein Reich zu überschauen. Für einen Franzosen war er groß, etwa 1,75 m, und für einen Koch schlank. Für seine Angestellten war er ein Gott und für die weiblichen ein Gott in zweifacher Hinsicht, denn seine dunklen, warmen, französischen Augen brachten einen Hauch von Exotik in ihr eintöniges Leben. Heute würde dieser Gott Neuigkeiten über Den Mord mitteilen können, denn daß es Mord gewesen sein mußte, davon war das niedere Dienstpersonal inzwischen überzeugt. Seine Gehilfen hatten ihn noch nicht bemerkt. Sie bewegten sich ohne jenes Flair totaler Hingabe, das so dringend erforderlich ist für Perfektion. Er runzelte die Stirn. Die gewohnte warme Luft der Küchenherde und Gasöfen wehte ihn an, stimulierte ihn und drängte alle Gedanken an Mord ins Unterbewußtsein. Dort konnten sie wie Mittelmeerfische in provencalischer Kräutermarinade langsam reifen, meinte er. Sein Geist mußte frei sein für die Hauptsache – das Diner. Ihm blieb nur noch eine Stunde. Er wurde sich wieder seiner Macht bewußt. Er war ein Maître. Hatte nicht Auguste Escoffier selbst diesen ehrenvollen Titel verliehen? Und das hier war sein Reich.

Er schnupperte. Es roch gut, duftete nach Braten, die langsam im Küchenherd bräunten, nach Geflügel auf Spießen.

»Gladys, *ma petite!*«

Sie schaute auf; augenblicklich schien die untersetzte Gestalt im bedruckten braunen Kattunkleid neue Entschlußkraft zu gewinnen. Sie eilte zum Black-Beauty-Gasherd, wo gerade die Soßenzubereitung begann. Einige Küchenchefs überließen die Soßen und sogar das Gemüse vollkommen ihren Untergebenen. Ach, jene Chefs hatten ja keine Ahnung. Man brauchte die Saucen nur etwas zu lange zu kochen, und eine Tragödie konnte sich ereignen. Ein Küchenchef, den er aus Paris kannte, hatte sich erschossen, weil die *brandade*, die für den Comte de Paris bestimmt war, sich zersetzte. Der Gedanke an jähen Tod erinnerte Auguste wieder unangenehm an Greeves. Er ignorierte diese Erinnerung jedoch und begab sich auf seine »Cooksche Kochtour«, wie die Mädchen es respektlos nannten. Was konnte man schon anderes von Mädchen erwarten, die noch nicht einmal achtzehn waren? Sie wußten nicht, daß Essen eine Kunst war – für sie war es etwas, um sich die Bäuche vollzustopfen, etwas, von dem sie zu Hause nicht ausreichend bekamen. Doch nach einem weiteren Jahr bei ihm würden sie es wissen. Wahrscheinlich würden sie jedoch bereits vorher verheiratet sein. Es war ihnen verboten, Verehrer zu haben, aber sie fanden immer einen Weg. Und wer konnte es ihnen verübeln? Wenige von ihnen waren wie Rosa Lewis.

»Ah, *la soupe.*«

Er hob die Schöpfkelle an die Lippen. Bebend vor Angst sah Gladys ihn an. Die *potage à la Reine* war leicht – vielleicht ein *soupçon* zu viel Rahm, es war jedoch unerheblich.

Er lächelte ihr zu, und sie war selig. Annie hatte nicht so viel Glück. Die *consommé* – er runzelte die Stirn. Es wäre für niemanden außer Auguste wahrnehmbar, er aber konnte eine übereilte, zu schnell zum Kochen gebrachte Bouillon schmecken; ihr fehlte die Finesse. Er dachte daran, Annie zu beschämen und ihr zu befehlen, sie wegzuschütten, doch heute, ja, heute war es schwer gewesen, das gab er zu.

»Das nächste Mal aber, *petite* Annie, werden Sie ...«

Er setzte seinen Rundgang fort: Braten wurden inspiziert, Pasteten und eine Soße für ein *entremet* für gut befunden, die Steinbuttsuppe war vorbereitet, die *carpes farcies* bereits fertig, die Brandyquarkspeise stand ordnungsgemäß in der Speisekammer mit den Marmorborden. Er rührte das Sorbet im Kühlfach ein letztes Mal um. Der gnädige Herr war besonders erpicht auf Sorbets und wollte sie häufig zwischen den Gängen serviert haben. Auguste empfand das als Fehler – vielleicht *une petite salade,* ein Sorbet war jedoch zu maßlos. Das erschreckte den Magen, statt ihn zu beruhigen.

Zehn Minuten vor acht. Die Freds, wie sie sogar schon bei der höheren Dienerschaft hießen, fanden sich in der Küche ein, um die Suppenterrinen zur Anrichte zu bringen. Normalerweise warteten sie reglos. Heute abend war es anders. Sie waren weit lebhafter, als es ihrem Stand gebührte.

»Ist es wahr, Mr Didier, daß jemand dem alten Greeves den Garaus gemacht hat?«

»Wo is Mrs Hankey, Mr Didier? Sie hat doch nich wirklich Gift genommen und is über seiner Leiche in Ohnmacht gefallen?« Das war die romantische Version von Gladys.

»*Non*, Gladys, Mrs Hankey ist ...«

»Hab' gehört, er hat sich selbst umgebracht ...«

»John, die Suppe«, sagte Auguste streng, als die erste Terrine kam. Nichts, nicht einmal ein Todesfall in den Reihen der höheren Dienerschaft, durfte den eingespielten Ablauf stören. Die Freds kehrten zurück, um sich nun der Braten anzunehmen. Jetzt konnte sich Augustes Lehrling, William Tucker, entfalten. Die kalten Braten waren schon auf den langen Eichenserviertischen aufgereiht, wo sie den ganzen Abend über für den unwahrscheinlichen Fall bleiben würden, daß der Appetit eines Gastes nach zehn Gängen vielleicht immer noch nicht gestillt sein könnte. Die heißen Braten wurden zur Anrichte getragen, um weitere fünfzehn obligate Minuten, dampfend und in ihrer Kruste mürbe werdend, dort zu stehen, damit der Herzog sie leichter schneiden konnte.

»*Attention*, Michael«, ertönte Augustes besorgter Ruf, als der neueste Fred mit einem beladenen Tablett in der Hand unsicher schwankte.

Als nächstes war der Fisch an der Reihe. Um dieses Gericht sorgte sich Auguste immer am meisten. Er warf einen gequälten Blick auf den St. Pierre, als dieser unter der Obhut von John, dem ältesten Fred, schnell an ihm vorbeigetragen wurde. Die Rhabarbersoße – war sie vielleicht ein wenig zu bitter für den englischen Gaumen? Der Lachs konnte sich ohne Gefahr in den großen Wärmschüsseln der Anrichte selbst überlassen bleiben, aber die Seezungen, vielleicht waren sie heute eine Spur zu lange in ihrer *ravigote*-Soße verblieben?

Als endlich der letzte Gang hinausgetragen worden war, begannen die erschöpften Schwerstarbeiter über ihr eigenes Abendessen nachzudenken, und sein ganzes mächtiges Reich legte eine Ruhepause ein. Sechzig Meter entfernt wurden neun Löffel an fleißig plaudernde Münder geführt, wobei Mord dank der grünen Friestür in sichere Entfernung gerückt war. Heute abend würde Ernest Hobbs als amtierender Butler hinter dem Sessel des Herzogs stehen, und Auguste dachte: Was könnte das Leben mehr bieten? Ein Mann von sechzig, zehn Jahre lang gequält und schikaniert vom lächelnden, niederträchtigen Greeves, hatte jetzt endlich eine Machtposition inne. Wie würde ihm das gefallen? Wenn er Hobbs wäre, würde er ganz offen frohlocken. Keine kleinliche Kritik mehr am Zustand des Geschirrs, nach unerwarteten Kellerbesichtigungen zur Überprüfung des Vorrats keine endlosen Aufforderungen, Rechenschaft abzulegen. Nein, Hobbs konnte kaum Grund haben, Greeves' Ableben zu bedauern. Besonders wegen dieser Sache mit seiner Tochter. Auguste war damals nicht auf Stockbery Towers gewesen, aber das Gerücht hielt sich noch hartnäckig.

»Mr Didier, Sie sind in meiner Teeküche gewesen«, ertönte die anklagende Stimme von Mrs Hankey, die in die Küche stürmte und seine Gedanken unterbrach. »Also, das werde ich nicht zulassen ...« Sie war fest entschlossen, trotz ihrer öffentlich zur Schau gestellten Schwäche keinerlei Beschneidung ihrer Rechte zu gestatten. Unfähig zu schlafen, unfähig irgend etwas außer Archibalds schmerzverzerrtem Gesicht zu sehen, war sie wieder aufgestanden.

»Ah, Madame Hankey, was sollte ich denn tun? Die *charlotte* – sie benötigte einfach eine Spur – eine *je ne sais quoi.*« Auguste, der sich absichtlich ganz besonders französisch gab, gestikulierte ausdrucksvoll mit den Händen. »Nun, nur *la belle* Madame Hankeys Hagebuttengelee wäre dafür passend.«

Besänftigt, wenn auch noch mißtrauisch, rümpfte Mrs Hankey die Nase. Ihr Hagebuttengelee war weithin bekannt für seine Reinheit, das stimmte. Obgleich das keinen unbefugten Übergriff auf ihre Teeküche entschuldigte, während sie ihr unter solch tragischen Umständen den Rücken gekehrt hatte.

In Wirklichkeit hatte Auguste in der Teeküche etwas anderes gewollt. Er hatte bereits einmal jemanden mit den gleichen Symptomen wie Greeves sterben sehen, und in der Teeküche waren die eifersüchtig gehüteten Medikamente, mit denen Mrs Hankey die kranken Hausangestellten bei allen kleinen Unpäßlichkeiten behandelte. Darunter befand sich eine für sechs Pence bei Harrods gekaufte Flasche Eisenhutextrakt, von dem einige wenige Tropfen die Grundlage für das von Dr. Parkes empfohlene Husten- und Schnupfenmittel waren, in großer Dosis jedoch wirkte er schnell tödlich. Die Flasche war noch da gewesen, als Auguste nachgeschaut hatte. Sie war halb leer, was jedoch nichts besagte.

»Nun gut, Mr Didier, es darf jedoch nicht wieder vorkommen. Der Verlust meines Achibalds«, Edith Hankey senkte die Stimme, »ist ein schlimmer Schlag für mich gewesen, Mr Didier; ich bin aber hier immer noch die Haushälterin. Ich werde mich in der Hand haben.«

Auguste verzog das Gesicht. Warum mußten sich die Engländer immer in der Hand haben? Sie würde sich viel besser fühlen, wenn sie einfach heulen und schreien würde wie ein Marseiller Fischweib. Nach diesem Ausbruch von Vertraulichkeit fand Mrs Hankey ihre standesgemäße Würde wieder. »Abendessen wird es in meinem Zimmer geben, da Mr Greeves' Zimmer – ah – nicht verfügbar ist.«

»Ned Perkins sagt, man behandelt es als möglichen Mordfall, Mr Didier«, bemerkte wichtigtuerisch einer der Freds, der mit einem Imbißtablett vorüberhuschte.

»Das langt jetzt, John«, fuhr Mrs Hankey eisig dazwischen. »Es ist Mr Greeves, von dem Sie sprechen, denken Sie daran.«

Eingeschüchtert eilte der Fred von dannen, mit der Absicht, diese Neuigkeit empfänglicheren Ohren mitzuteilen.

Auguste wich Mrs Hankeys Blick aus.

Schließlich begann sie zu sprechen. »Mord«, sagte sie ungläubig. »Auf Stockbery Towers? Mr Greeves? Archibald?« Ihre Stimme wurde immer höher und zittriger. Sie drehte sich jäh um, verschwand über den Korridor in ihr Zimmer und überließ Auguste seinen Gedanken.

Diese waren ein einziges Durcheinander; er brauchte Zeit, mußte sich ruhig hinsetzen, um sie methodisch zu ordnen, wie er es mit den Zutaten für ein Rezept tat, und mußte sie dann auf kleiner Flamme in einem *pot-au-feu* kochen lassen. Daß dies notwendig war, sagte ihm seine französische Logik. Notwendig für seine eigene Sicherheit. Greeves' Tod am Nachmittag deutete darauf hin, daß sein Mittagessen dafür verantwortlich war. Richtig, der erste Teil jener Mittagsmahlzeit war wie üblich mit dem niederen Dienstpersonal eingenommen worden, da aber Greeves bei Tisch sorgsam von seinen höheren Mitbedienten flankiert wurde, war es fast unmöglich, daß einer der niederen Dienstboten Gelegenheit gehabt hatte, Greeves' Essen Gift beizumischen. Das bedeutete, daß die Giftmischerei auf die zweite Hälfte der Mahlzeit im Dienstbotenzimmer begrenzt blieb. Das war ein unangenehmer Gedanke – und es würde zweifellos nicht lange dauern, bis selbst der beschränkteste Ermittlungsbeamte von Kent darauf kommen würde. Und wer war verantwortlich für das Mittagessen? Er selbst, Auguste Didier. Ein Ausländer und als solcher die natürliche Zielscheibe für Verdächtigungen durch redliche und treue Bürger von Kent.

Wer hatte ein Motiv, Archibald Greeves zu ermorden? Nach dem Ausbruch des heutigen Nachmittags zu urteilen, gab es unterirdische Strömungen in den bisher ziemlich ruhigen Wassern der Oberen Zehn, von denen er nichts wahrgenommen hatte. Wenn nun Mrs Hankey von May Fawcett gewußt hatte? Und Ernest Hobbs, er hatte ein Motiv, falls es Greeves gewesen war, der seine Tochter in Schwierigkeiten gebracht hatte. Oder May Fawcett? Vielleicht hatte Greeves in Wirklichkeit doch die Absicht gehabt, Mrs Hankey zu heiraten? May hätte das nicht gefallen. Sie hatte Interesse an Auguste gezeigt, als er vor zwei Jahren herkam. Sie war jedoch nicht sein Typ. Ein zu scharfgeschnittenes Gesicht und zu dünn; ihre hohen Kragen und vorn enganliegenden Röcke trugen wenig dazu bei, der englischen Figur zu schmeicheln, und May Fawcett sah mit ihrem langen Gesicht und dem zurückgekämmten Haar meistens wie ein übelgelauntes Pferd aus. Und doch war sie irgendwie hübsch, wenn sie sich zu lächeln bemühte, was in letzter Zeit aber immer seltener vorzukommen schien. Wenn Kammerzofen nicht heirateten, konnte ihre Zukunft traurig und einsam sein. Kein Wunder, daß sie mit Greeves' Aufmerksamkeiten prahlte. Sie würde natürlich gehen müssen. So ein Filou, er hatte sich ganz schön in die Nesseln gesetzt! Mrs Hankey würde ihr jetzt niemals mehr gestatten zu bleiben.

Ethel Gubbins war ganz anders. Zwanzig Jahre alt, sanft, warmherzig, das vortreffliche englische Mädchen vom Lande, wie seine Mutter es ihm geschildert hatte. Braune

Locken, große graue Augen und eine Art, ihn anzuschauen, die ihn manchmal fast seinen Entschluß vergessen ließ, Tatjana immer treu zu bleiben, zumindest mit dem Herzen. Ihm dünkte jedoch, daß Ethel nicht ganz so sanft sein konnte, wie sie aussah. Sie hatte fünf Hausmädchen unter sich und konnte eine ebenso strenge Vorgesetzte sein wie Mrs Hankey, wenn ihre Anordnungen nicht eingehalten wurden.

Dann waren da noch die beiden Männer: Frederick Kammer und John Cricket. Cricket, ein schlauer, nervöser Mann in den vierzigern, hatte sicherlich Grund, Greeves nicht zu mögen. Und umgekehrt. Ein Kammerdiener war ein potentieller Rivale für den Butler. Er konnte seinem Herrn in heimlichen Momenten etwas zuflüstern, wenn er das Bad einließ, ihn ankleidete, dem gnädigen Herrn die Stiefel schnürte, private Dienste verrichtete. Das schuf Bande zwischen ihnen, die ein Butler, wie tüchtig er auch sein mochte, nie erstreben konnte. Greeves hatte diesen Wettbewerb irgendwie unterbunden, denn Cricket zeigte schiere Angst vor ihm. Kammer war ein größeres Rätsel, der Typ von Engländer, den Auguste als schwer auslotbar empfand. Ein sinnlicher Mann, mit seinen vollen Lippen und Wangen, nahm er an. Ungefähr in seinem Alter. Er blieb für sich und erfüllte seine Pflichten vorschriftsmäßig und gut. Auguste fragte sich, was zwischen ihm und May Fawcett war, falls da überhaupt etwas war.

Und schließlich Edward Jackson, und der merkwürdige Fakt, den Augustes Unterbewußtsein zu der Zeit registriert hatte, als sich gerade so viel anderes ereignete. Warum war Edward Jackson gar so sicher gewesen, daß jemand Greeves umgebracht hatte?

In diesem Augenblick gab die Klingel aus dem Speisesaal das Signal, daß der Kaffee serviert werden konnte, und Kammer beeilte sich, ihn den Damen zu bringen, die nun im großen, reich verzierten Salon versammelt waren, während Hobbs eifrig mit Karaffen von Portwein und Brandy um die Herren herumsprang. Das war das Signal für das niedere

Dienstpersonal, sich im Dienstbotenspeisesaal zu versammeln, und für die Oberen Zehn, die jetzt ihre Abendkleidung angelegt hatten und etwas verunsichert wegen des ungewöhnlichen Treffpunkts waren, sich im Zimmer der Haushälterin einzufinden. Mrs Hankey, die sich prachtvoll in dunkellila Satin gekleidet hatte und deren stattliche Brust und hoher Hals von einem schwarzen Spitzentuch bedeckt waren, hielt als Mittelpunkt des Geschehens theatralisch und schweigsam Hof. May Fawcett schwebte in schwarzem Chiffon heran. Ethel hatte ihr Bestes mit dunkelgrünem Crêpe versucht. Die Kammerzofen der Gäste, die von dieser unerwarteten Abweichung vom Protokoll überrascht worden waren, glichen in roten und blauen Farben schillernden Paradiesvögeln.

Fast sofort ergab sich ein Problem. Die förmliche Prozession in den Dienstbotenspeisesaal zum Abendessen mußte von dem Herrn mit dem höchsten Rang angeführt werden; der geleitete die ranghöchste Kammerzofe der Gäste. Mr Greeves war tot, Ernest Hobbs noch mit seinen Pflichten bei der Herrschaft beschäftigt. Also blieb nur ...

»Mr Didier, würden Sie bitte?« Edith Hankey beugte sich dem Unvermeidlichen und nickte huldvoll einem kleinen dunkelhaarigen Mädchen mit lustigen Augen zu. »Die Markies dee Lavalley«, verkündete sie eindrucksvoll.

Mademoiselle Emilie Levine, Kammerzofe, die dem Brauch gemäß für den Abend den Rang der Herrin einnahm, ergriff Augustes Arm, der ihr bereitwillig gereicht wurde. Es ergaben sich unmittelbare Vorteile aus Greeves' Tod, so schien es, und die Aussicht auf einen Abend, an dem er französisch sprechen konnte, erfreute ihn außerordentlich. Er zog sie fester an sich. Ethel war nicht so erfreut, und eine Schmollmiene zeigte sich auf ihrem hübschen Gesicht, als sie den Arm von Petersfields Kammerherrn, einem wohlbeleibten Fünfundfünfzigjährigen, nahm. May bediente sich etwas nervös des Beistandes durch den Kammerherrn des Prinzen, eines jungen blonden Mannes mit steifen, korrekten Manieren.

Selbst als man wieder in der vertrauten Umgebung des Zimmers der Haushälterin angelangt war, gebot die Etikette, die Hausinterna nicht vor den Gästen zu besprechen. Diese zeigten an dem Abend eine seltsame Abneigung, sich in ihre Betten zurückzuziehen. So wurde es elf Uhr, bevor man allein war und bei einem bescheidenen spätabendlichen Mahl, das eilends von dem kleinen Teeküchenfräulein aus den Überresten des Speisesaals zubereitet wurde, alles erörtern konnte.

Das Haus traf bereits erste Vorbereitungen für die Nacht. Wärmflaschen wurden in Betten gelegt, die erst nach Stunden aufgesucht werden würden; Imbisse wurden für die Herren hingestellt, falls sie nach den Anstrengungen des Billiard- und Kartenspiels Lust auf ein leichtes Nachtmahl hatten. Der Lampenjunge bereitete Kerzen vor, die Kammer an die Gäste austeilen würde, wenn sie zu Bett gingen. Stockbery Towers war noch altmodisch, was die Beleuchtung anging, eine Mischung aus Öl und Gas. Man konnte aber nie wissen, ob ein Gast vielleicht eine Kerze für die dunklen, geheimnisvollen Flure von Stockbery Towers oder als Signal für eine Einladung brauchte. Sandwiches wurden zubereitet, falls ein Gast des Nachts von Hunger geplagt würde, gelegentlich auch für romantischere Zwecke – einem Liebhaber signalisierte ein Teller, der vor der Tür stand, daß die Dame im Bett war und wartete. Denn der Moralkodex des Dienerschaftsflügels, der so streng war, daß ein im Vorübergehen erhaschter Kuß sofortige Entlassung bedeuten konnte, galt nicht für die herrschaftlichen Gemächer, außer vielleicht hinsichtlich der übereinstimmenden Meinung, daß man sich nicht erwischen lassen durfte.

In Mrs Hankeys Raum, dem einstweiligen Dienstbotenzimmer, besserte sich die Stimmung, zum Teil deshalb, weil May Fawcett sich zum frühest möglichen Zeitpunkt unter Zurschaustellung von schwarzem Chiffon und roten Augen zu Bett begab. Die gnädige Frau, die selbst zeitig zu Bett gegangen war, hatte ihr huldvoll gestattet, sich zu entfernen. Hobbs, erschöpft und zugleich erregt vom ersten Vorgeschmack der Macht, hatte sich ebenfalls zu dem schweigsamen Kreis gesellt.

»Ich behaupte immer noch, daß es ein Unfall war«, sagte Mrs Hankey, die damit die Diskussion eröffnete, wie es ihrem zweifachen Recht als Bewohnerin des Zimmers und als Leidtragende entsprach. »Ein Unfall. Das muß es gewesen sein. Ich weiß, Sie denken, mein armes Lämmchen wurde ermordet, Mr Didier, falls es aber so ist, wer hat es getan? Und warum, das möchte ich gern wissen. Warum?«

»Die Polizei wird es herausfinden«, murmelte Auguste tröstend. »Es gibt keinen Grund für Sie, sich aufzuregen, Madame Hankey.«

»Die Polizei«, entgegnete sie herablassend. »Wir verfügen hier draußen nicht gerade über die geballte Schlagkraft von Scotland Yard, wissen Sie. Wir haben nur diesen Ned Perkins an der Tür und Sergeant Bladon. Ich kenne Tommy Bladon, seit er ein Dreikäsehoch war. Er könnte nicht einmal herausfinden, wer eine Lammkeule geklaut hat. Nein«, sagte sie und schaute trotzig in die Runde, »es war ein Landstreicher.«

Es herrschte Schweigen. Niemand wagte zu fragen, wie ein Landstreicher in die Bastion von Stockbery Towers eindringen konnte und warum irgendein Landstreicher sich die Mühe machen sollte, eine tödliche Dosis Gift in das Essen des Butlers zu mischen.

»Es hätte jeder von uns sein können«, spekulierte Ethel beschwichtigend, wenn auch taktlos. »Jeder von der Hofdienerschaft, jeder von den niederen Bedienten, jeder von uns.«

»Nein«, sagte Auguste ruhig. »Von der Hofdienerschaft war es niemand. Sie könnten nicht das Risiko eingehen, im Haus gesehen zu werden. Die Polizei wird glauben, daß es einer von uns war.«

»Von uns?« fragte Cricket gezwungen.

»Einer von *uns?*« wiederholte Mrs Hankey mit furchterregender Stimme. Sie sah ihn voller Abneigung an. »Mr Didier, können Sie sich vorstellen, wie Daisy«, wobei sie auf das gähnende Teeküchenfräulein im Nachbarraum zeigte, »oder Ihre geschwätzige Abwaschfrau in Mr Greeves' Zimmer schleichen und sein Essen vergiften? Es könnte natürlich der Zimmerjunge gewesen sein. Mr Greeves war manchmal etwas streng mit ihm – das will ich zugeben. Schließlich«, sagte sie, sich für das Thema erwärmend, »kann das Gift nicht im Mittagessen gewesen sein – wir alle haben es gegessen. Es muß etwas gewesen sein, was er allein in seinem Zimmer zu sich nahm – und der Zimmerjunge bereitete das alles zu.«

Auguste dachte an Edward Jackson, den gewitzten fünfzehnjährigen Jungen aus dem Londoner East End, und verwarf die Idee, daß dieser eine tödliche Dosis von irgend etwas in Greeves' Essen gegeben hatte. Trotzdem nahm er sich vor, mit Edward zu sprechen.

»Nein«, sagte er bedächtig. »Es kann jeder gewesen sein. Wir wissen nicht, ob das Gift sofort wirkte. Mr Greeves sprach während des ganzen Mittagessens nicht viel; vielleicht hat er sich zu der Zeit schon schlecht gefühlt. Das Gift könnte ihm viel früher gegeben worden sein – vor dem Mittagessen. Jeder im Haus kann es gewesen sein.«

»*Jeder?*« fragte Mrs Hankey ängstlich. »Was wollen Sie damit andeuten, Mr Didier?«

Fünf Augenpaare hingen an ihm. Es herrschte ehrfürchtiges Schweigen.

Dann holte Mrs Hankey Luft und sagte: »Wollen Sie etwa andeuten, Mr Didier, daß es einer von ihnen gewesen sein könnte?« Sie wandte den Kopf, um durch das gardinenlose Fenster über die dunkle Auffahrt zum hell erleuchteten Salon am anderen Ende des Hauses zu blicken, von wo das Licht der unzähligen Kerzen der riesigen Kronleuchter noch nach draußen schien.

»Einer von der Familie?«

Kapitel 2

Stockbery Towers war in den frühen sechziger Jahren des achtzehnten Jahrhunderts erbaut worden, ein monumentales Denkmal gotischer Pracht der mittelviktorianischen Epoche. Der frühere Landsitz der Herzöge von Stockbery war in den späten fünfziger Jahren niedergebrannt, seine elisabethanische Täfelung und soliden Holzmöbel am Silvesterabend den Flammen zum Opfer gefallen, während der Herzog und seine Gemahlin mit dem Butler beziehungsweise der Haushälterin auf dem Dienerschaftsball tanzten. Als sie zurückkehrten, erhitzt und glücklich ob ihrer Anstrengungen im Interesse ihrer Untergebenen, hatte sich das Feuer bereits zu weit ausgebreitet, um das Haus noch retten zu können. Durch nichts zu entmutigen, machte sich der Herzog, zu der Zeit ein strammer Siebzigjähriger, daran, ein monumentales Denkmal im Zeitgeschmack zu errichten. In seiner Jugend von einer Kinderfrau inspiriert, die seinen kindlichen Geist mit Kreuzzügen und Minnesängern vollstopfte, zwang er den bedauernswerten Architekten, statt eines bescheideneren geplanten Turmes zwei Türme und viele (nach seinem Dafürhalten) gefällige Zinnen anzubauen, was eher zu einer Elsinore-Kulisse als in die Mitte des Hügellandes von Kent paßte.

Man scheute keinerlei Ausgaben. Der alte Herzog handelte nach dem Grundsatz, daß es – da in Haus und Hof sechzig Angestellte benötigt wurden, um vierzig Familienangehörige und deren Gäste zu bedienen –, einleuchtend sei, daß der Dienerschaftstrakt mindestens genauso groß, wenn nicht größer als das Hauptgebäude wäre. Da er seiner Zeit jedoch nicht so weit voraus war, um zu erahnen, daß man die Anwesenheit des Dienstpersonals nicht nur spüren, sondern auch sehen sollte, wurde der Dienerschaftsflügel auf Stockbery Towers – fast eine in sich geschlossene Halbinsel –, derartig gründlich durch eine geschmackvolle Reihe hoher Platanen getarnt, daß er für den flüchtigen Betrachter überhaupt nicht existierte. So dankbar man für den zusätzlichen Komfort war, den diese Abgeschiedenheit und dieser verhältnismäßige Luxus im Vergleich zu älteren Häusern boten, ergaben sich daraus jedoch auch einige Probleme für die Bewohner. Es waren etwa sechzig Meter von der Küche zum Speisesaal. Vom Kohlenbunker zum Dienstbotenaufgang für Frauen und von da zu den Schlafzimmern waren es einhundertsiebenunddreißig Meter. Der Transport von Kohle und heißem Wasser hatte keine Berücksichtigung gefunden. Die Entfernungen waren von Nachteil, denn sie hatten die verhängnisvolle Wirkung, daß eine Sauce hollandaise zwischen Küche und Speisesaal zweifellos abkühlen, ein Soufflé zusammenfallen und nie wieder aufgehen würde, und sogar für das Wildragout konnte man nicht gewährleisten, daß es sein Bestimmungsziel genauso brodelnd und heiß erreichte, wie man sich das wünschte. Ein Anrichteraum voller Warmhalteschränke und mit zahlreichen Wärmepfannen war deshalb neben dem Speisesaal eingerichtet worden. Unglücklicherweise segnete der Herzog, nachdem er sich an seiner ersten Jagd auf dem neuen Schloß Stockbery Towers und dem darauffolgenden ersten Lunch, bestehend aus kaltem Rebhuhn und Rum, erfreut hatte, unverzüglich das Zeitliche und konnte nie die erlesenen Früchte der riesigen und teuer ausgestatteten Küche genießen.

Sein Sohn, der zwölfte Herzog, wurde im Alter von dreiunddreißig Jahren sein Nachfolger und war jetzt, im Herbst 1891, achtundfünfzig. Mit seiner Gemahlin Laetitia herrschte er über seine Besitzungen, wie es sein Vater vor ihm getan hatte, und der zehnte Herzog vor diesem, in gerader Linie zurück bis zum ersten Herzog, einem höchst unangenehmen Ehrenmann, dessen Leistungen, die zur Verleihung der Herzogswürde geführt hatten, glücklicherweise in den Dunstschleier der Geschichte gehüllt waren. Ein Engländer bis ins Mark, hatte George, zwölfter Herzog von Stockbery, eines Tages eine Neigung für das Exzentrische entwickelt, ähnlich wie es bei seinem Vater bezüglich der Zinnen der Fall gewesen war. Der Herzog hatte vor zwei Jahren, anno 1889, laut protestierend Paris besucht und, nachdem er einmal dort war, eine derartige Vorliebe für »ausländisches Zeug« entwickelt, wie er es bis heute nannte, daß er einen französischen Chefkoch importierte, damit sein Gelüst auf Kalbsbries *à la dauphine* oder *écrevisses à la provençale* umgehend befriedigt werden konnte.

Bedauerlicherweise hatte er sich verrechnet, als er Auguste Didier auserkor. Auguste hatte, trotz all seiner französischen Erziehung und seiner Ausbildung in der klassischen Kochkunst Frankreichs, eine englische Mutter, die einst als Küchenmädchen unter Richard Dolby in der Taverne »Zum Schilfdachhaus« arbeitete. Folglich wollte Auguste nichts lieber, als eine Schweinspastete aufgehen lassen dürfen, eine Füllung aus Hackfleisch mit Sellerie für eine fette Aylesbury-Jungente, eine Quittensoße für eine Kalbskeule herstellen. Von der grundsätzlichen Überlegenheit englischer Speisen war er genauso fest überzeugt wie von der unendlichen Überlegenheit der Franzosen, sie zu kochen.

Außerdem war es zu einem Tauziehen gekommen, wer der gnädigen Frau am Morgen die Speisekarten vorlegen durfte – Auguste, mit dem die gnädige Frau in etwa gleicher Meinung war, nicht aus Geschmacksgründen, sondern weil sie die männlichen Gäste aus dem Kreis des Prinzen von Wales im Auge hatte – vom Prinzen selbst ganz zu schweigen –, und die waren dafür bekannt, englische Speisen zu lieben, einfach zubereitete Hausmannskost; oder Greeves, der sich dort heimlich einschlich, wenn der gnädige Herr anwesend war. Dann wurde Auguste, bevor er noch wußte, was los war, eine Speisekarte präsentiert, auf der mit dem charakteristischen Gekritzel des gnädigen Herrn einiges ausgestrichen und eine Menge schwerer Rahmsoßen durch dessen delikate Feinheiten ersetzt worden waren. Oder, was noch schlimmer war, er wurde zur Audienz befohlen. »Du liebe Güte! Ragout? Gewürzte Quitten? Is doch nich Weihnachten, oder? Is wohl die Kinderkarte, die Sie mir gebracht haben, was?«

»Aber, Euer Gnaden ...«

»Wissen Sie, was, Didjer. Wie wär's mal wieder mit ein paar Nymphenschenkeln?«

Das ganz zu Recht als Aufforderung zum nochmaligen Auftischen von *Cuisses des Nymphs d'Aurore* interpretierend, einer Kreation aus Froschschenkeln, *vin d'Alsace* und Rahm nach einem Rezept, das er voriges Jahr vom Maître erhalten hatte, würde Auguste resignierend den Kopf senken und den Blick vom triumphierenden Greeves abwenden.

Nein, Auguste hatte keinen Grund, Greeves zu mögen. Im Gegenteil, ihre Fehde, in die sich Mrs Hankey, wenn auch nicht aus Abneigung gegen Auguste, mit gewisser Freude einmischte, war dem Küchenpersonal allgemein bekannt. Die anderen höheren Bedienten konnte er ertragen. Sogar Mrs Hankey belustigte ihn, und May konnte gelegentlich amüsant sein. Ihre Diskretion war nicht so absolut, wie es sich für die Vertrauensstellung als Kammerzofe gehörte. Ethel? Oh, Ethel war eine entzückende Rose. Doch Greeves war ein *salaud*. Ein bösartiger Mensch. Immer lächelnd und doch ein Schurke ... Er erinnerte sich, wie Mr Henry Irving diese Worte im Lyceum gebrauchte bei jenem Besuch in London. Er war nach London gefahren, um seinen früheren Maître, den Maître Escoffier, willkommen zu heißen, der kürzlich im Savoy Hotel eingetroffen war. Entgegen aller Regeln von Stockbery Towers und unter beträchtlichem organisatorischen Aufwand hatte er Ethel mitgenommen. Er hatte zum ersten Mal ihre Hand gehalten, sie dann geküßt. Er erinnerte sich voller Rührung an ihren kleinen Seufzer, als sein Schnurrbart sie berührte, und an ihre Lippen, so begierig und warm. Natürlich nicht mit Tatjanas vergleichbar. Niemand war wie Tatjana ...

Die folgenden drei Tage ließen die Spekulationen nicht abklingen; Theorien entwickelten sich, wurden aufgebauscht, übertrafen sich gegenseitig und wurden wieder fallengelassen; andere entstanden, kämpften darum, deren Platz einzunehmen. Oberflächlich betrachtet, blieb die hierarchische Ordnung bestehen, unterschwellig aber war jeder nur auf sich bedacht, vom eigenen Stellenwert überzeugt, nicht so sehr jedoch von dem seiner Kollegen. Am Freitagmorgen befand sich Auguste im Frühstückszimmer und besprach gerade die letzten Details für die Speisenfolge des Abends und für das Büfett am Sonnabend, als Hobbs eintrat.

»Chief Constable Herbert, Euer Gnaden.«

Chief Constable? *Eh bien,* dachte Auguste. Man braucht keine Chief Constables für ein unglückliches Versehen — das könnte jeder Beamte einem unachtsamen französischen Koch unterschieben. *Ah non.* Es war also bestimmt Mord. Für den Franzosen in ihm war es sofort aufregend. Der Engländer in ihm dachte an die Gefahr, nicht zuletzt für seine Küche, und an die Folgerungen — denn, wenn es Mord war, mußte es einen Mörder geben. Und es wäre jemand, den er kannte. Für einen begeisterten Anhänger von Inspecteur Eugène Lecoq eröffneten sich eine Menge faszinierender Möglichkeiten. Falls er jedoch gehofft hatte, bleiben und mehr über diesen interessanten Fall hören zu können, wurde er schwer enttäuscht. Ein Knurren des Herzogs signalisierte, daß er wegtreten durfte; ein leichtes Nicken der Herzogin deutete an, daß er sich um kurzfristige Planänderungen für das Büfett keine Sorgen mehr machen brauchte. Es konnte nach Plan verfahren werden.

Auf dem Weg nach draußen ging er am Chief Constable vorbei, einem beleibten und nervösen ehemaligen Armeemajor. Normalerweise war Humphrey Herbert, Chief Constable der Grafschaft Kent, nicht nervös, es geschah aber auch nicht alle Tage, daß er den jähzornigen Herzog von Stockbery mit einer unzweifelhaft schlechten Nachricht konfrontieren mußte.

Die schwere Tür schloß sich hinter Auguste. Draußen im verlassenen Ballsaal hielten Hobbs und er inne. Ein schneller Blick des Einvernehmens und schon standen sie Seite an Seite, die Ohren an die Tür gepreßt. Greeves hatte ja trotz allem, so anmaßend er auch gewesen sein mochte, zur Welt des Hauspersonals gehört. Es war *ihr* Mord. Unglücklicherweise hatte der Architekt des elften Herzogs von Stockbery gute Arbeit geleistet. Die Tür war massiv, und kaum ein Laut drang aus dem Frühstückszimmer. Nur der wachsende Zorn des Herzogs war auszumachen und ein paar flehende, schrille Worte des Chief Constable.

»Was sagen Sie da, Mord?« brüllte der Herzog. »Menschenskind, warum denn, zum Teufel? Wer sollte denn einen passablen Butler ermorden wollen? Das wird ein Durcheinander geben.« Ein Durcheinander war das schlimmste Unheil, das Stockbery Towers treffen konnte. Beschwichtigend ließ sich die gnädige Frau vernehmen. Der Chief Constable äußerte das Wort Routine. Er murmelte etwas von Leichenschau und dann von Diskretion. Nur ein paar Worte, um in Erfahrung zu bringen, ob jemand von der Familie oder den Gästen Greeves kurz vor seinem Ableben gesehen hatte. Eine bloße Formalität.

»Meine Gäste? Hausdurchsuchung? Mein Gott, Menschenskind, Sie wissen wohl nicht, daß wir gerade eine Jagdgesellschaft geben? Werden Dutzende von Leuten heute kommen. Außerdem Logiergäste. Wollen doch nicht andeuten, daß einer von ihnen einen *Diener* vergiften würde, was?«

Es stellte sich heraus, daß dem Chief Constable so ein Gedanke nie in den Sinn gekommen war. Es gab eine Pause, in der sie nichts hören konnten. Dann wurden die Stimmen wieder lauter.

»Wissen Sie, wie das Familienmotto lautet, guter Mann?«

Es war schwierig, in Hollingham oder sogar in Maidstone, wo der Chief Constable wohnte, nicht zu wissen, wie das Motto von Stockbery lautete. Es zierte nicht nur die Tore des Landsitzes, sondern auch die Schulhäuser (der achte Herzog, von intellektuellem Schlag), das Gefängnisgebäude aus dem sechzehnten Jahrhundert (der sechste Herzog, frustriert vom Bemühen, Recht und Gesetz einzuführen), die Seitenkapelle der Kirche (der erste Herzog, im späten Bemühen, seine Seele zu retten) und die Armenhäuser (die siebente Herzogin, die sich guten Taten widmete, während Seine Gnaden sich der Geliebten in London widmeten).

»*Barmherzigkeit den Schwachen.* Das bedeutet doch nicht, rumzulaufen und die Dienerschaft hinterrücks mit Gift umzubringen. Bei Gott, mein Ahnherr hat's gemacht, wie's sich gehört. Der Schwarze Herzog – er durchbohrte seinen Kammerdiener mit dem Schwert. So macht man das. Auf Männerart. Nichts von wegen – wie heißt das noch mal? Eisenhut?« Der Herzog war keinesfalls ein blutrünstiger Mensch; er war nur direkt.

Auguste stieß einen befriedigten Seufzer aus. Im Raum herrschte Verwirrung. Die Spannung war sogar durch die schwere Tür zu spüren. Man konnte das röchelnde Atmen des Chief Constables hören, und Auguste stellte sich vor, wie ein dicker roter Finger ihm im engen Kragen Linderung verschaffte.

»Na bitte, Mr Hobbs, die Sonne bringt es an den Tag, wie Ihr Shakespeare sagt«, flüsterte Auguste.

»Ich hab' in der Tat nie was anderes geglaubt, Mr Didier«, murmelte Hobbs. »Was die Frauen auch immer gedacht haben mögen. Er hätt' sich nie selber umgebracht, und ich versteh nich, wieso es ein Unfall gewesen sein sollte.«

»Aber ...«

»Nein, hab' ich mir gesagt, Greeves is nich der Typ, Selbstmord zu machen. Und wenn man's sich recht überlegt, is es schwer, so 'ne große Dosis durch 'ne Art Zufall abzubekommen. Nich, wenn wir alle das gleiche gegessen haben. Ich weiß nich viel über das Zeug – wie nannte er's doch gleich – Eisenhut.«

»Wird aus der Eisenhutpflanze gewonnen, dem Kraut, das die Römer verboten, in Gärten anzupflanzen, in der Zeit, als Imperatoren Angst um ihr Leben hatten.«

»Leicht zu kriegen jetzt, was?«

Auguste zuckte die Achseln. »Sehr leicht. Es wird in jeder Apotheke verkauft. Eisenhut ist die Grundlage vieler Arzneimittel. Gut gegen Erkältung und Husten. Darf nicht in starker Konzentration verabreicht werden, sonst kann es tödlich sein. Man muß deshalb im Giftbuch unterschreiben, aber sogar das ist einfach, ja. Die gute Madame Hankey hat eine Flasche«, er beobachtete Hobbs scharf, »als Hustenmittel von Dr. Parkes. Ich erinnere mich, es wuchs im Garten der Witwe Lamont, und ich erinnere mich, daß ich dachte, wie plötzlich doch der alte Gaston Lamont gestorben war. Sturmhut nennt man es hier. Mönchskapuze.«

»Also hätte es jeder von uns kriegen können«, sagte Hobbs, diese Erinnerungen unterbrechend. Er war auch direkt und drang gern zum Kern eines Problems vor.

War er eigentlich wirklich so geradeheraus? Auguste überlegte. Er hatte gesagt, er wüßte nichts über Eisenhut, und dennoch sprach er von 'so 'ner großen Dosis'. Vielleicht war Hobbs im Grunde doch nicht so einfach.

Nachdenklich ging Auguste zurück zur Küche, ausnahmsweise waren seine Gedanken einmal nicht völlig auf Speisen und deren vollendete Präsentation konzentriert. Er ertappte sich dabei, wie er das todbringende Mittagessen methodisch sezierte, als würde er einen Steinbutt filetieren. Das Zwischengericht konnte es nicht gewesen sein, die Nachspeise konnte es nicht gewesen sein, es mußte etwas sein, das Greeves allein verzehrt hatte. Und so blieben für ihn zwei Möglichkeiten übrig: Keiner der höheren Bedienten, das konnte er beschwören, war selbst in den Anrichteraum gegangen, während Edward den Nachtisch servierte, und folglich hatten entweder Edward Jackson oder jemand anderes den Kaffee oder den Imbiß vergiftet oder – plötzlich verspürte er Erregung, den Nervenkitzel der Befriedigung, den er immer hatte, wenn er die letzte Zutat auswählte, die den großen Unterschied im Rezept eines Meisterkochs ausmachte –, ja, es war der Brandy. Es konnte nur der Brandy gewesen sein. Immerhin ...

Der vertraute Duft, der ihm aus der Küche entgegenschlug, lenkte ihn ab. Er stand am Eingang, diesen Augenblick genießend, der für ihn im Tagesablauf so wichtig war. Der Augenblick, wenn die Arbeit getan war, das Mahl vollendet war, bereit, serviert zu werden, nur noch auf die Auszeichnung seines Einverständnisses wartend. Seine Gedanken wurden durch William Tucker unterbrochen. Er hatte sich gerade an ein besonders gutes *civet de lièvre* erinnert, das es im Café de Boulogne gab, wo sein alter Freund Anton Dumar ihn herausgefordert hatte, das Würzkraut zu benennen. Er hatte es natürlich erraten.

»Was denken Sie, wer's war, Mr Didier?« hörte er Tucker gespannt fragen.

»Es gibt keinen Zweifel. Es war Dumar. Nur er konnte auf die Idee kommen, als Zutat den ...«

Erst der Anblick von Tuckers verständnislosem Gesicht brachte Auguste in die Wirklichkeit zurück.

»Mr Greeves, Mr Didier. Man *hat* ihn doch umgebracht, nicht wahr?«

Auguste befand sich in einem Dilemma. Wenn er das jetzt bejahte, soviel stand zweifelsfrei fest, würde das gesamte Küchenpersonal den bevorstehenden Lunch vergessen. Früher oder später würden sie es jedoch erfahren müssen. »Ja, William, es hat den Anschein, daß der verblichene Mr Greeves – äh – umgebracht worden ist.«

Mr Tucker seufzte tief befriedigt. »Von wem denn? War doch nicht der junge Edward, oder? Würd's ihm nicht verübeln, falls er's getan hat, wohlgemerkt. Nein, wir nehmen eher an, daß es einer von denen war.«

Er machte eine Kopfbewegung, deren Richtung Auguste mißverstand. »Eine der Waschfrauen?« fragte Auguste verwundert.

»Nein, keiner von uns«, sagte Tucker geduldig. »Jemand von denen. Einer von der Herrschaft.«

Lady Jane Tunstall, von Gedanken an Mord unbeschwert, fächelte sich mit ihrer modischen Straußenfeder Luft zu, um ihr hübsches errötetes Gesicht zu kühlen. Sie wagte nicht, in das Frühstückszimmer oder zur Gartentür zu gehen, da sie befürchtete, daß der richtige Mann nicht dort wäre und der falsche sie erwarten könnte. Es war ein schreckliches Dilemma.

»Lady Jane, ich denke, das ist mein Tanz.«

Ihre schlimmsten Befürchtungen bewahrheiteten sich. Dieser abscheulich ernste Mr Marshall schloß die bauschigen Falten des rosaroten Chiffons, der ihren schönen Körper umhüllte, fest in seine Arme und schob sie zur Tanzfläche. Sie befreite sich entrüstet.

»Mr Marshall, Sie wissen sehr wohl, daß der Tanz, den ich Ihnen versprochen habe, der Walzer ist, und das, wenn ich mich nicht irre, ist keiner.«

Er ließ sofort ihre Hand los und trat zurück, sich reuevoll verbeugend, wodurch er auch die Andeutung eines Lächelns, das seine Lippen umspielte, verbergen konnte.

»Ich muß mich entschuldigen, Lady Jane«, sagte er feierlich. »Ich fürchtete, ich – äh – sei nachlässig gewesen, da ich Sie ohne Begleitung sah.«

»Nein, das war nicht der Grund«, erwiderte sie. »Sie wollten mir nur eine weitere fürchterliche Strafpredigt halten.«

Er fühlte sich gekränkt. »Eine Strafpredigt? Ich habe doch nur gesagt ...«

»Sie haben nur gesagt, daß es empörend von mir gewesen sei. Ich kann nicht verstehen, wieso es empörend ist, einfach jemanden zu küssen, den man – man ...« Sie unterbrach sich, als seine grauen Augen sie amüsiert anblickten. Wie konnte es empörend sein, jemandem einen Kuß zu gewähren, der so gutaussehend, reif und galant wie Lord Arthur Petersfield war? Die zwanzigjährige Lady Jane empfand es als große Last, die Tochter eines Herzogs zu sein. Und seit ihr Bruder fern war, er, der den Familiennamen entehrt hatte, indem er die Garde ausschlug und der Infanterie den Vorzug gab, hatte sie niemanden, dem sie sich anvertrauen konnte. Sie war jetzt seit mehr als zwei Jahren in die Gesellschaft eingeführt, und obwohl sie gern mit ihrer Mutter zusammen war, konnte sie doch nicht umhin, gewisse nachdrückliche Hinweise bezüglich ihrer Pflicht zu heiraten zu bemerken – und zwar bald zu heiraten, das war ganz klar die unausgesprochene Botschaft. Mutter wartete ständig mit neuen, akzeptablen, jungen und auch nicht mehr so jungen

Männern auf. Lord Arthur stellte eindeutig eine Verbesserung im Vergleich zu den vorherigen vier Kandidaten dar und war beim Augustball im Stockbery House in Mayfair äußerst aufmerksam zu ihr gewesen.

»Meine liebe Jane ...«

Sie schnellte herum, öffnete ganz bewußt leicht die Lippen und zeigte ihr Gesicht im Profil, um Lord Arthur zu begrüßen, der Mr Marshall geflissentlich übersah.

»Unser Tanz«, sagte er lächelnd, von seiner überdurchschnittlichen Gardegröße auf sie herabblickend. Als sie an seinem uniformierten Arm entschwebte, schenkte sie Mr Marshall über Lord Arthurs Schulter hinweg ein huldvolles Lächeln der Vergebung. Er sah es nicht.

Ihre Gnaden, Laetitia, Herzogin von Stockbery, beobachteten befriedigt ihre sich im Tanz drehende Tochter. Es war natürlich höchst erfreulich, eine so schöne Tochter wie Jane zu haben. Es konnten einem Komplimente gemacht werden, sie zur Welt gebracht zu haben. Man wurde damit aufgezogen, daß sie beide wie Schwestern aussähen. Weniger erfreulich war jedoch, eine Tochter im heiratsfähigen Alter zu haben, womit für jeden offenkundig wurde, daß sie keine Schwestern waren. Es stimmte sicher, daß die Reize eines noch so lieblichen jungen Mädchens einem Vergleich mit denen einer reifen Schönheit nicht standhalten konnten. Und was wußte ein zwanzigjähriges Mädchen denn schon von der Liebe? Ihr Herz wurde von Zweifeln geplagt.

Meine Röslein.

Ausnahmsweise vermochte die honigsüße, wohltönende Stimme des Prinzen Franz von Herzenberg sie nicht zu rühren. Ihr Tonfall war eindeutig etwas schneidend, als sie ihren heißgeliebten Prinzen, der ein so perfekter Liebhaber war, begrüßte.

»Ah, Eure Hoheit.«

Normalerweise war diese öffentliche Förmlichkeit ein Spiel zwischen ihnen; aber jetzt war die Herzogin fest entschlossen, ihre inneren Gefühle nicht zu zeigen.

»Ich dachte schon, Sie hätten mich vergessen.« Sie versuchte, einen leichten Ton anzuschlagen, aber ihr Lachen klang etwas künstlich. Ein Umstand, der dem Prinzen nicht entging, als er ihre Hand vom Kuß freigab. Seine dunklen Augen verengten sich ein wenig.

»Dich vergessen, *Liebchen?* Wie wäre das möglich?« flüsterte er leise.

Sie hielt ihre Augen auf die Tanzenden im Saal gerichtet, damit der Anblick seines Gesichtes, so nah dem ihren, sie nicht dazu verführte, mehr zu sagen, als sie wollte. Es war ein vergebliches Unterfangen.

»Das ist sehr wohl möglich, wie es scheint, wenn Honoria in der Nähe ist.«

Eine Pause entstand. Sie warf ihm einen verstohlenen Blick zu, um zu sehen, wie er diese Bemerkung aufnahm, und war erleichtert, ihn sagen zu hören: »Ich habe dir gesagt, *Liebchen,* es ist nur zu deinem Besten, daß ich es auf mich nehme, mit Mrs Hartham zu tanzen. Wegen deiner Reputation. Wir haben doch unsere Momente, unsere ganz besonderen gemeinsamen Momente. Immer, wenn ich mit einer anderen tanze, denke ich an diese Momente.«

Ihr Herz schmolz dahin. Geliebter Franz, wie hatte sie nur an ihm zweifeln können? Immerhin war sie Herzogin von Stockbery, und die liebste Honoria, so süß sie auch war, nichts weiter als die Gemahlin des zweiten Sohnes eines Barons. Es war kein Vergleich. Trotzdem war sie jedoch nicht völlig beruhigt. Und dieser Mord ... Angenommen, Franz wäre eigensinnig und würde auf seinen diplomatischen Rechten bestehen? Er könnte sehr wohl in seinem Stolz getroffen werden, wenn der Polizist die Drohung wahrmachte, jeden im Haus zu verhören. Es war nicht etwa so, daß Greeves ein Verlust gewesen wäre. Ganz im Gegenteil. Sie hatte ihn nie gemocht, nicht einmal bevor er ...

Sie erschauerte und zwang sich, ihre Gedanken in angenehmere Bahnen lenken. Mit großer Willenskraft riß sie sich zusammen und blickte Franz schüchtern unter den Wimpern hervor an. Das verfehlte selten seine Wirkung auf ihn.

»Liebste. Siehst du, ich habe dich so genannt. Auch in der Öffentlichkeit. Das ist mein zweites Vergehen heute abend. Aber ich werde jetzt brav sein. Du kannst mit jedem tanzen, mit dem du möchtest. Du hast ganz recht. Wir dürfen nicht zu viel miteinander gesehen werden.«

Nein, sie konnte Franz nicht aufgeben. George wußte natürlich davon, brachte es jedoch nie zur Sprache. Das war eine Sache der Diskretion. So etwas wurde in ihren Kreisen toleriert. Vorausgesetzt, es wußte sonst niemand davon. Das waren die Regeln. Sie dachte an den Beresford-Skandal, noch immer Stadtgespräch in London. Teddy konnte keine weitere Scheidung in seinem Kreis hinnehmen, obgleich die Idee, Prinzessin zu werden, sie in abenteuerlicheren Momenten reizte. Sie würden aus der Runde des Prinzen von Wales ausgestoßen werden, sobald auch nur der Hauch eines Verdachtes auf sie und George fiele. Sie beobachtete, wie Franz sich in den Armen einer unattraktiven Matrone auf der Tanzfläche drehte – er war ein schlauer Mann. Sie selbst nahm den Arm eines besonders schüchternen jungen Mannes, der verloren neben einer Topfpalme stand. Er war der älteste Sohn eines der reichsten Grundbesitzer in Kent, der sein Vermögen leider im Fleischgeschäft gemacht hatte, was ihn als Bewerber um Jane sogar in dieser freien und ungezwungenen Zeit ausscheiden ließ.

»Haben Sie Mitleid mit mir und bitten Sie mich zum Tanz, Mr Taylor.« Ihre Gnaden waren berühmt für ihren Charme.

In seiner Bibliothek stand George, zwölfter Herzog von Stockbery, mürrisch vor dem Kamin, die Hände hinterm Rücken verschränkt, und ein Vorfahre starrte voller Erhabenheit aus seinem Van Dyck-Porträt auf ihn hinab. Es war alles in allem ein verkorkster Tag gewesen. Begann mit einem Burschen, der ins Frühstückszimmer reinstürzte, noch bevor er die »Times« gelesen hatte, und verkündete, daß einer seiner Gäste den Butler abgeschlachtet hatte, oder zumindest was in der Art, verdammt noch mal. Dann hatte der Hobbs die Früchte vor der Nachspeise serviert. Hobbs würde Greeves nie das Wasser reichen können. Es würde eine Zeitlang höllisch ungemütlich auf Stockbery Towers werden. Seiner Meinung nach konnte man Greeves zugute halten, daß alles reibungslos lief. Keine Diskrepanzen in den Abrechnungen, belästigte ihn nie mit Kleinigkeiten, hat einfach alles in Gang gehalten. Der Herzog versuchte zu begreifen, was einen seiner Bedienten veranlaßt haben könnte, die Ruhe zu stören, die, wie er annahm, hinter jener Friestür herrschte. Er wußte rein theoretisch, daß es hinter jener Tür eine Unmenge von Männern und Frauen gab, da sie sich aber, wie er annahm, völlig der Aufgabe widmeten, *ihm* zu dienen, wurden sie zu einer gestaltlosen Masse, zu *denen*. Jetzt war er gegen seinen Willen gezwungen, der Tatsache ins Auge zu blicken, daß einer von ihnen offensichtlich eine tödliche Dosis Gift in Greeves' Essen gemischt hatte. Daran zu denken, daß es so viel verborgenen Haß auf seinem Anwesen gab, war beunruhigend. Er wandte seine Gedanken erfreulicheren Themen zu – Honoria. Seine Miene verfinsterte sich. Nein, das war überhaupt nicht erfreulich. Wo, zum Teufel, war sie? Und was dachte sie sich dabei, mit diesem verweichlichten Kerl von Prinzen zu tanzen? Ein richtiger Frauenheld. Na ja, manchmal hatte er gedacht, der hätte ein Auge auf Laetitia geworfen. Die Tür öffnete sich.

»Also wirklich, George, wie dumm. Hier bist du also. Ich habe dich den ganzen Abend gesucht.«

Er schaute sie mißtrauisch an.

»Verdammt, Honoria, du wußtest doch, daß ich auf dich warte. Was, zum Teufel, hast du eigentlich mit diesem Kerl von Prinzen zu schaffen?«

Ihre hübschen Augen blitzten überrascht auf. »Also wirklich, George, was für eine Ausdrucksweise. Nun, ich habe nur darauf gewartet, mich mit dir zu treffen. Wir müssen vorsichtig sein, das weißt du doch. Wir dürfen nicht zu oft miteinander gesehen werden. Schließlich siehst du ja genug von mir, wenn wir allein sind.« Sie kicherte. Sie legte ihren Kopf auf die Art zur Seite, die ihn immer weich wie Butter in ihren Händen werden ließ.

»Das Problem ist, daß ich nie weiß, woran ich mit dir bin, Honoria«, knurrte er. Sie trat dicht an ihn heran und schaute mit großen flehenden Augen zu ihm auf.

»Nun, George, ...«

»Heute Nacht, Honoria?« fragte er heiser. »Du wirst mir das übliche Zeichen geben?«

Sie lächelte schelmisch. »Ah, und das wird alles sagen, George, nicht wahr?«

Lord Arthur manövrierte Lady Jane durch die komplizierten Schritte ihres fünften gemeinsamen Tanzes am heutigen Abend. Er war mit sich zufrieden. Sie war die beste Partie in den Grafschaften um London, vielleicht im Augenblick in ganz England. Nicht Geld im Überfluß, aber die Herkunft war tadellos. Und durch Walter Marshall hatte er nichts zu befürchten.

»Worüber lächeln Sie, Arthur?« flüsterte Lady Jane, die Augen wonnevoll geschlossen, weil sie diesem faszinierenden Mann, der alles an ihr bewunderte, wieder so nahe sein durfte.

»Wer würde nicht lächeln, wenn er mit Ihnen tanzt, mein liebes Kleines?« erwiderte er, ziemlich erfreut, daß ihm diese Anrede eingefallen war.

In Wirklichkeit lächelte er voller Befriedigung über die Zukunftsaussichten von Lord Arthur Petersfield. Er hegte kaum Zweifel, weshalb der Herzog und die Herzogin ihn eingeladen hatten, sich der auserwählten Gästeschar anzuschließen, die für die gesamte dreiwöchige Jagd auf Stockbery Towers geladen war. Schließlich konnte er sich nicht irren, er war zweiundvierzig Jahre alt, richtiges Regiment, richtige Adresse, sah nicht schlecht aus, gehörte zum Kreis des Prinzen von Wales – und das bedeutete trotz der gegenwärtigen Unpopularität des Prinzen von Wales noch etwas. Und der Bakkarat-Skandal von Tranby Croft würde auch bald vergessen sein, ebenso wie die Gerüchte, daß er darin verwickelt sei. Ein Glück, daß diese Reise zum Kontinent genau zur richtigen Zeit ins Haus gestanden hatte. Das Lächeln schwand für einen kurzen Augenblick aus seinem Gesicht. Das einzige Problem war, daß Gerüchte, wenn sie erst einmal aufkamen, sich auch auf andere Dinge erstrecken konnten. Es gab Zwänge, Fragen wurden gestellt, wenn man zweiundvierzig und unverheiratet war. Es wurde Zeit, daß er heiratete, und mit jemandem, der so fügsam war wie diese Kleine, könnte er auskommen. Ein oder zwei Jahre Freundlichkeiten ...

»Ist dieser Mord nicht aufregend, Arthur?« Lady Jane war sehr jung, und sie hatte Greeves überhaupt nicht gemocht.

Er schaute sie gönnerhaft an. »Das ist Sache der Dienstboten, Jane. Geht uns überhaupt nichts an. Zerbrechen Sie sich nicht Ihren hübschen kleinen Kopf darüber.«

Er zerbrach sich auch nicht groß den Kopf darüber. Denn bis jetzt war der Mord sicher hinter jener grünen Friestür verwahrt.

Mrs Honoria Hartham lachte leise. Sie war berühmt für ihr Lachen. Es war von einer glucksenden, kehligen Art, die Phantasien in den Köpfen der Männer heraufbeschwor und das seit über nunmehr zwanzig Jahren. Ihre Gnaden und Mrs Hartham hatten sich verschworen, Stillschweigen über ihr Alter zu wahren. Wenn ihre Körper, so wie Bäume, einen Rückschluß auf ihr Alter zulassen sollten, war das nur ihren verschwiegenen Kammerzofen bekannt. Sie fühlte sich zu Laetitia wegen ihres gemeinsamen Widerstandes gegen die Zeit hingezogen, und diese Verbundenheit wurde von Ihrer Gnaden aus Dankbarkeit, von den ehelichen Pflichten gegenüber Seiner Gnaden entbunden worden zu sein, erwidert. Die beiden waren daher die besten Freundinnen.

»Oh, Eure Hoheit, wir dürfen jetzt nicht wieder miteinander tanzen. Es ist einfach ein ganz klein bißchen ungezogen von Ihnen, darauf zu bestehen.« Sie tippte spielerisch mit dem Fächer auf sein Handgelenk.

Prinz Franz war ein wenig verärgert. Er mochte es nicht, spielerisch aufs Handgelenk geschlagen zu werden, und überdies hatte er Mrs Hartham nicht um einen Tanz gebeten, sondern war gekonnt in eine Lage manövriert worden, in der es unhöflich gewesen wäre, sich zu weigern. Es war nicht seine Art, Damen zu beleidigen, und deshalb kapitulierte er. Der Gedanke, Laetitia zu verärgern, verstimmte ihn jedoch gleichermaßen – man durfte das nicht auf die leichte Schulter nehmen, so sicher er sich auch war, sie fest unter Kontrolle zu haben. Ihm graute davor, von streitenden Frauen umgeben zu sein, eine Situation, die er nie geschätzt hatte. Es wurde Zeit, daß er heiratete. Er war in den hohen Dreißigern. Seine Kaiserliche Majestät, Kaiser Wilhelm II., sah es gern, wenn seine Gesandten verheiratet waren, besonders seine Londoner Gesandten, bei denen er bestrebt war, sie nach dem Vorbild des Musters an Häuslichkeit zu formen, das von Albert dem Rechtschaffenen etabliert worden war. Das konnte seinen Zweck nicht verfehlen, Wohlwollen bei der lieben Großmama zu finden, Ihrer Gnädigen Majestät Victoria. 1888 an die Londoner Botschaft berufen, hatte sich der Prinz für einige Zeit gegen eine Heirat aus Selbstzweck gewehrt, aber der Kaiser machte seine Ansichten bei Franzens letztem Besuch in Berlin ganz unmißverständlich deutlich. Auswahl gab es genug. Er war von stämmiger Gestalt, aber seine Größe ließ das weniger ins Auge springen, und sein romantisches Äußeres, das so an Albert den Rechtschaffenen selbst erinnerte, stellte sicher, daß es keinen Mangel an Kandidatinnen für seine Hand geben würde. Er hatte jedoch eine Abneigung gegen streitsüchtige Frauen. Das ödete ihn an. Sex war notwendig für Kinder und Heim; das akzeptierte er. Hier in England wurde jedoch, so stellte er fest, mehr erwartet – gesellschaftliche Koketterie, in der er leider sehr vollendet und erfolgreich war. Schließlich mußte man sich ja anpassen.

»Madame, ich bin der glücklichste Mann auf Erden. Wer würde nicht Ihre Zeit stehlen, wenn er sich der Gunst unwürdig weiß, sie geschenkt zu bekommen.«

Honorias Herz hüpfte vor Freude. Das war wirklich romantisch. Ein Prinz. Genau, was sie brauchte, um Cecils höchst ungerechtfertigte Verdächtigungen von ihrem Verhältnis mit George abzulenken. Der Ehrenwerte Mr Hartham war ein strenger Mann von tadelloser Erziehung, einer höchst religiösen und moralischen Familie angehörend. Einer Familie, die es aufs äußerste mißbilligt hatte, daß er Miss Honoria Mossop mit ihrem katzenhaften Wesen und ihrem Mangel an guter Herkunft und Geld heiratete. Sie waren etwas besänftigt, als sie gehorsam drei tadellose und höchst religiöse Jungen zur Welt brachte, aber entrüstet, als sie, nachdem die Pflicht erfüllt war, dazu überging, sich dem leichtlebigen Kreis des Prinzen von Wales anzuschließen. Ihr Gatte, der einige Wochen auf ihrem Landsitz in Schottland verbracht hatte, um seinen Söhnen ein Gefühl feudalen Stolzes einzupflanzen, war davon überzeugt gewesen, daß seine Gattin unter dem Dach eines der nobelsten englischen Aristokraten keinen Schaden nehmen konnte, bis eine unbekannte Halskette unter Honorias Juwelen auftauchte. Sie hatte ihm das ausgeredet und glaubte sich sicher – bis Greeves ... Wenn dieser Mann bloß nicht gesehen hätte, wie George in jener Nacht aus ihrem Zimmer kam.

Sie erschauerte. Der Prinz mißdeutete es als Erregung, und eine böse Vorahnung überfiel ihn.

Sie bemerkte die Verstimmung. »Nicht doch, Eure Hoheit. Sie brauchen die Hoffnung auf meine Gunst nicht aufzugeben. Sie sind zu bescheiden.« Sie lachte glucksend.

Die Augen der Marquise de Lavallée funkelten. Sie hatte seit langem keinen so angenehmen Abend mehr verbracht. Mit zweiundsechzig Jahren war sie gezwungen, bei den meisten Dingen nur Zuschauerin zu sein – dem Himmel sei Dank, nicht bei den entscheidenden. An diesem Abend jedoch gab es das seltene Vergnügen eines Mordes in einem herzoglichen Haus. Der Herzog und die Herzogin, die sie mochte, waren durch diese Störung in der geordneten Präzision des Lebens aus der Fassung gebracht und bestürzt. Sie bezweifelte, ob sie wirklich erkannten, was geschehen war, und, falls sie es taten, fragte sie sich, ob die jahrhundertalte Tradition sie sicher durch diese Krise führen würde wie durch so viele andere. Ach, diese Engländer. Statt sich darüber zu amüsieren, würden sie so tun, als wäre nichts passiert, würden es unter den Teppich kehren, hinter die Friestür schieben. Neben diesen interessanten Betrachtungen hatte sie den Flirt des hübschen Kindes Jane mit dem gutaussehenden, geheimnisvollen Lord Arthur beobachtet; und hatte den Blick jenes faszinierenden jungen Mannes bemerkt. Nun, wenn sie Lady Jane wäre ...

Aber nein, sie war nur Zuschauerin. Außer in einer Beziehung. Voller Besitzerstolz und Zuneigung schaute sie auf François. Ihr Privatsekretär, der sie überallhin begleitete, ihr *sehr* privater Sekretär. So etwas wurde in Frankreich toleriert. Aber hier in England, wie schockiert Ihre Gnaden bei dem Gedanken wären, daß ein dreiunddreißigjähriger Mann ins Bett einer alten, seit langem verwitweten Frau von zweiundsechzig Jahren schlüpfte. Sie würde nicht einen Augenblick an ihre eigene Sünde denken, daß sie nämlich das Bett ihres noch lebenden Gatten verließ, um in die Arme eines Liebhabers zu eilen, und das nur, um ihn wie die Mode der Saison zu wechseln, sobald die Lust nachließ. Man verstand in diesem kühlen England nicht, daß der Körper einer Frau ohne Alter war, daß er mit siebzig ebenso Liebe forderte, wie er es mit siebzehn getan hatte, daß eine Frau von Erfahrung einem schüchternen, zurückhaltenden jungen Mann in den Dreißigern etwas zu bieten hatte.

Jetzt lächelte er ihr vom Nachbarstuhl an einer der Stirnseiten des Ballsaales zu. Es war jenes besondere Lächeln, das er in ihren geheimen gemeinsamen Momenten hatte.

»Madame ...?«

Sie seufzte. Sogar in Frankreich war es nicht gestattet, das öffentlich zu zeigen. Sie tippte mit dem Elfenbeinfächer zart auf seine Hand. »Monsieur Pradel, *je réfléchis*. Dieser Mord, wird man uns verdächtigen, was meinen Sie?«

Verwundert schaute er sie mit seinen klaren braunen Augen an. »Uns, Madame?«

»Sie wissen, François, worauf ich anspiele.«

Seine Augen wurden zornig. »Um Sie zu beschützen, Madame – *ma vie* ...«

Jener ernste junge Mann, Walter Marshall, saß geduldig da und wartete auf seinen Walzer. Er hatte pflichtschuldig eine halbe Stunde mit den anderen männlichen Gästen verbracht, mit ihnen Brandy und Zigarren zugesprochen, während die Damen sich zurückzogen, und die übliche schlechtinformierte politische Diskussion ertragen – es war keineswegs, wie die Damen ungerechterweise annahmen, eine Dikussion über die rivalisierenden Vorzüge von Lillie Langtry und Lady Warwick als frühere und gegenwärtige Geliebte des Prinzen von Wales. Infolge der Anwesenheit des kaiserlichen Gesandten Prinz Franz war es etwas steif bei dieser Zusammenkunft zugegangen, und Ansichten darüber, ob Deutschland aggressive Absichten gegenüber England hege, konnten nicht offen kundgetan werden.

Seitdem hatte er sich mit einer Bischofsgattin auf der Tanzfläche gedreht, unter Topfpalmen mit der jungen Mrs Herbert herumgesessen, in zurückhaltender Manier mit der Marquise getanzt und Ihrer Gnaden genau die richtige Anzahl von Komplimenten gezollt. Ihre Gnaden waren sehr charmant zu ihm, aber er erkannte einen stahlharten Gegner, wenn er auf ihn traf. Er war nicht auf der Liste der möglichen Schwiegersöhne bei der Herzogin. Jetzt saß er da und wartete auf Jane. Er nannte sie seit langem in Gedanken so. Immerzu, seit er sie vor vier Jahren zum ersten Mal getroffen hatte. Sie war damals noch ein Schulmädchen, noch etwas pummlig, mit langem, offenem Haar. Sie saß auf einem Baum und war, den Abstieg gefährlicher als den Aufstieg findend, gezwungen, von der erstbesten vorüberkommenden Person Hilfe zu erbitten. Das war er gewesen. Er hatte ihr geholfen und ihr, sie für eine Bediente haltend, da sie ein einfaches Kattunkleid trug, Vorhaltungen gemacht wegen der Gefahren, denen sich hübsche junge Damen im zarten Alter aussetzen, wenn sie sich in eine Lage bringen, in der sie gezwungen sind, weit mehr von ihren (zweifellos gut gebauten) Gliedmaßen zu enthüllen, als sittsam ist. Nachdem er darauf hingewiesen worden war, daß er mit der einzigen Tochter des Herzogs selbst sprach, erwiderte er, keinen Deut aus der Fassung gebracht, in diesem Fall sei die Strafpredigt sogar noch angebrachter. Seit jener Begegnung hegte er nicht den geringsten Zweifel, daß er sie heiraten würde.

Er war siebenundzwanzig und Privatsekretär bei Lord Medhurst, der als Handelsminister in einer künftigen liberalen Regierung vorgesehen war. Er glaubte, eine politische Zukunft zu haben, ein aufstrebender, erfolgversprechender junger Mann zu sein, obwohl man einst beobachtet hatte, wie er sich mit jenem entsetzlichen Keir Hardie unterhielt. Da er jedoch keine Anzeichen zeigte, die Ungeheuerlichkeit seiner Handlungsweise zu erkennen, hielt man es im Laufe der Zeit für ziemlich wagemutig und volksverbunden von ihm, mit dem Vorsitzenden jener sonderbaren kleinen schottischen Arbeiterpartei zu sprechen.

Er war eingeladen worden, weil Ihre Gnaden es als nützlich empfanden, daß ein Gesicht aus der Politik anwesend war, um Gerüchte zu entkräften, daß ihre Parties ganz seichter Art seien. Sie hatte heimliche Erkundigungen über seine Familie eingezogen, und, als sie herausfand, daß er in Shrewsbury zur Schule gegangen und seine Familie unbedeutend war – sein Großvater war nur Baronet –, hatte sie ihn als Anwärter auf Janes Hand fallenlassen. Er war bescheiden, ein guter Gesprächspartner und, da er nicht auf ihrer Liste stand, war es Ihrer Gnaden bis zum heutigen Abend nie in den Sinn gekommen, daß er überhaupt irgendeine Bedrohung darstellte.

Lady Jane war das genausowenig in den Sinn gekommen.

»Nun, Mr Marshall, nach Ihrem vorherigen Enthusiasmus scheinen Sie nunmehr, wenn ich es so ausdrücken darf, ein wenig nachlässig in Ihren Aufmerksamkeiten zu sein, ich glaube, es ist Zeit für unseren Tanz«, bemerkte sie jetzt zu Recht, als sie neben ihm erschien.

Er schnellte hoch, verbeugte sich und führte sie zur Tanzfläche.

»Ich bitte um Entschuldigung, Lady Jane. Es war sehr freundlich von Ihnen, mich ausfindig zu machen.«

»Ja«, sagte Jane ohne weiteres, »der Meinung bin ich auch.«

»Ich fühle mich sehr geehrt. Besonders, da Sie dermaßen gefragt sind.«

Jane sah ihn mißtrauisch an, aber er schien weiter nichts im Sinn zu haben, als die Ecke der Tanzfläche elegant zu nehmen.

»Haben Sie es wirklich vergessen?« fragte sie hintergründig. »Oder haben Sie geschmollt?«

Davon nicht sichtlich betroffen, lachte er, was Jane enttäuschte. »Nein, ich habe es wahrhaftig vergessen.«

»Das ist nicht sehr schmeichelhaft!«

»Die Wahrheit ist immer schmeichelhaft für einen Menschen mit Verstand.«

Sie dachte darüber nach, aber offensichtlich wollte er keine Antwort, denn er fuhr fort: »Ich hatte über Ihren Mord nachgedacht.«

»Besten Dank«, sagte Jane.

Er lächelte sie an. »Das war schlecht ausgedrückt. Ich meine, die Ermordung Ihres Butlers Greeves.«

»Das ist alles viel Lärm um nichts. Er war ein viel zu ekelhafter Mann, um ermordet zu werden. Man wird herausfinden, daß es ein Unfall war.«

»Ich frage mich ...«

Im Dienerschaftsflügel bereiteten sich alle Bedienten auf die wenigen Stunden der Ruhe vor, ausgenommen die Unglücklichen, die eingeteilt waren, zu warten, bis die letzten Gäste, zumindest zeitweilig, in ihre Schlafzimmer verschwunden waren.

In seinem Zimmer auf der zweiten Etage zog Auguste sich das Nachthemd über den Kopf. Die Kühle des Kattuns war angenehm nach der feuchten Wärme des Abendanzugs, den er zum Dienerschaftsdiner getragen hatte und der nach Küche roch. Er konnte sich nicht erinnern, jemals körperlich erschöpfter gewesen zu sein, dennoch gingen ihm eine Unmenge widersprüchlicher Gedanken durch den Kopf.

»*Les ortolans* – zu braun. Brauchten nur vier Minuten. Höchstenfalls fünf, und heute waren es *sechs*. Unaufmerksamkeit in Detailfragen, so entscheidend für einen Koch – und so entscheidend für einen Mörder. Wie sorgfältig Greeves' Mörder alles geplant haben mußte ... Die Lerchen waren zu mager. Dreizehn Unzen hatte ich gesagt, nicht zwölf. *Les flancs. Diable!*« Waren sie überhaupt genießbar gewesen? Hatte Gladys die *crème de cacao* ein wenig anbrennen lassen? Nein, es hätte Beschwerden gegeben, und er hatte nichts gehört. Das übliche zufriedene Gemurmel war an sein Ohr gedrungen, als er die Tür zum Garten öffnete, um etwas frische Nachtluft zu atmen. Das war das Stimmengewirr von Leuten, die gut gespeist hatten. Wo sonst konnten Menschen sich entspannen, glücklich sein, sinnlich sein – und es waren seine Speisen, die ihnen das ermöglichten. Sie wußten nicht, wie man Essen richtig genoß, diese Engländer; sie dachten, Genuß sei etwas Unrechtes. Und sie hatten doch das beste Essen der Welt, wenn sie es bloß zu schätzen wüßten. Und unter der Hand des Meisters wurde es in das Ambrosia der Götter verwandelt. Es war seine Mission, die englische Küche vor sich selbst zu schützen. Und jetzt war Monsieur Escoffier im Savoy Hotel, sie beide zusammen, was für Triumphe würden sie feiern! Escoffier in London, er in Kent – fürs erste, bald jedoch würde er weiterziehen ... Vornehme Häuser gab es an allen Ecken und Enden Englands. Dieser leuchtende Gedanke verlosch, und düsterere Gedanken nahmen seinen Platz ein, ein Kaleidoskop von *ortolans,* Tod, Brandygläsern, Greeves, Erpressung und diesen Polizisten, die umhersprangen wie eine der Tanzgruppen aus den lächerlichen Gilbert-und-Sullivan-Opern. Sie sahen imposant aus mit ihren Helmen, es war jedoch nicht viel darunter. Er dachte wieder an das abendliche Chaos, als die Polizisten sich unter Küchenmädchen und Lakaien mischten, die Vorräte der Haushälterin durchsuchten und das Dienstbotenzimmer versiegelten, während seine Mitarbeiter versuchten, ein Bankett für über vierzig Leute auszurichten und Vorbereitungen für das morgige große Büfett zu treffen. Es war nicht einfach gewesen. Und er war erschöpft – oh, so erschöpft. Er stieg dankbar in sein kleines eisernes Bett und löschte das Licht.

Es klopfte leise. Bevor er auch nur darüber nachdenken konnte, wer zu dieser nächtlichen Stunde klopfen könnte, öffnete sich bereits die Tür, und eine dunkel gekleidete, schlanke, mädchenhafte Gestalt, von derem hübschen Kopf hinten zwei lange Zöpfe herabfielen, schlüpfte mit einer Kerze in der Hand herein.

»Ethel!« Auguste war entsetzt.

»Oh, schimpfen Sie nicht mit mir, Mr Didier – Auguste. Ich mußte kommen.«

»Wenn man dich aber gesehen hätte!« Er war schockiert – neben anderen Gefühlsaufwallungen. Es würde sofortige Entlassung für sie bedeuten und wahrscheinlich auch für ihn. So etwas mußte mit Umsicht arrangiert werden ... sogar von einem Meisterkoch.

»Ich war ganz vorsichtig – ich bin nicht die Männertreppe heraufgekommen.« Die Unterkünfte der männlichen Dienerschaft auf der zweiten Etage waren über eine Treppe erreichbar, die für die Frauen auf der ersten Etage nicht zugänglich war. Ihnen stand eine eigene Treppe zur Verfügung, die selbstverständlich keine Verbindung zur zweiten Etage hatte. »Ich bin durchs Hauptgebäude gekommen.«

»Was hast du gemacht?« fragte Auguste erschrocken. War das seine kleine Ethel, sein englisches Täubchen? Er sah sich veranlaßt, sie mit neuen Augen zu betrachten.

»Auf die Art konnte ich so tun, als ob ich etwas in eines der Zimmer bringen würde.«

»Was aber, wenn Mr Hobbs oder Mr Kammer ...«

»Nun, sie haben mich nicht gesehen«, sagte Ethel kurz und bündig, das Thema abschließend. »Und wenn ich zurückgehe, werde ich einfach genauso vorsichtig sein.«

»Aber vielleicht solltest du besser ein wenig damit warten?« murmelte Auguste, dessen Arm automatisch nach ihr griff. Ethel war jedoch auf etwas anderes als Liebe aus.

»Der Polizist hat gesagt, es ist jetzt sicher, daß es Mord war, Mr Didier. Was denken Sie, wer es getan hat?« Sie blickte ihn aus großen hoffnungsvollen Augen an.

Auguste war hin- und hergerissen zwischen verständlichem Stolz, daß er als Born allen Wissens betrachtet wurde, und Groll, daß sie nicht aus unwiderstehlichem Verlangen, ihm nahe zu sein, in sein Zimmer gekommen war.

»Nein, Estelle«, das war sein Kompromiß für den häßlichen Klang des Namens Ethel. »Mein Stern, mein kleiner Stern«, hatte er sie am ersten Abend, an dem sie miteinander spazierengegangen waren, genannt. Das hatte Ethel gefallen. Niemand hatte sie 'kleiner Stern' genannt in dem Haus in Maidstone, wo sie aufgewachsen war. »Aber weshalb mußt du jetzt kommen, um mich das zu fragen?« murmelte er. Es war gewiß eine Ausrede. Sie sehnte sich danach, ihm nahe zu sein.

»Oh, Mr Didier.« Aus ihren großen grauen Augen strömten Tränen, so daß es Auguste ganz natürlich schien, sie an sich zu ziehen und seinen Arm um sie zu legen. »Ich fürchte, man wird glauben, daß ich es getan habe.«

»Du?« Bei dem Gedanken lachte er laut auf, unterdrückte dann aber, eingedenk Kammers, der im Nebenzimmer wohnte, sein Lachen schnell. »Aber, *cherie,* weshalb sollte man denn glauben, daß ein kleines englisches Hausmädchen wie du des Mordes fähig sein könnte?«

»Weil ich ..., es gab einen Grund«, sagte sie flüsternd.

»Was für einen?« fragte Auguste voller Neugier. Ausgerechnet Ethel.

»Er versuchte ..., ich möchte es nicht gern sagen ...«

»Was?« fragte Auguste unbarmherzig weiter.

»Er versuchte ..., nun, Sie wissen schon, am Mittwoch im Dienstbotenzimmer. Und dann, als ich nicht wollte, sagte er, er würde mich rauswerfen lassen ... Und, oh, Mr Didier, was hätte ich dann gemacht? Was denn bloß, ohne Empfehlung hätte ich keine andere Arbeit gefunden. Und meine

Mutter braucht das Geld. Sie verstehen also, Mr Didier, Sie müssen herausfinden, wer's getan hat. Man wird glauben, ich war's.«

»Aber das weiß doch niemand.«

»Doch, er sagte mir, er hätte mit Mrs Hankey gesprochen. Hat Lügen über mich erzählt ... Und sie wird es den Polizisten sagen. Sie werden es nicht zulassen, daß man mich fortschafft, nicht wahr?«

Auguste schaute das weinende Mädchen an, fühlte, wie ihre Schultern in seinem Arm zuckten. Er beobachtete, wie ihre Brüste sich unter dem einfachen schwarzen Kleid hoben und senkten. Er hätte diesen Tränen auf die erdenklich beste Weise Einhalt gebieten können. Aber er war Franzose, und Vorsicht ging vor Leidenschaft – und da war noch die Erinnerung an Tatjanas liebreizende Gestalt ...

Er zog seinen Arm weg und tätschelte sie aufmunternd auf gute, bewährte englische Art.

»Nein, mein Stern«, murmelte er. »Man wird dir kein Leid zufügen. Ich werde diesen Mörder für dich finden.«

»Edith«, hatte er noch letzten Sonntag geflüstert. »Nur du und ich und ein eigenes kleines Haus. Kannst du dir das vorstellen?«

»Das würde mir gefallen, Archibald, ja. Ich möchte deine Frau sein. Für dich sorgen.«

»Das wirst du, Edith. Sehr bald schon.«

Edith Hankey wälzte sich auf dem Bett in ihrem Schlafzimmer im Erdgeschoß hin und her, wie sie es die ganze Woche über getan hatte, und erinnerte sich daran, wie Archibald ihre Hand gehalten hatte, in genau dem Zimmer, wo er ... Jetzt sah sie einer traurigen Zukunft entgegen, einer endlosen Folge von Jahren, in denen sie ihren Dienst verrichtete, bis sie Stockbery Towers nicht mehr vorstehen konnte und in den Ruhestand geschickt wurde, um, wenn sie Glück hatte, irgendwo ein kleines Zimmer zu finden und ganz allein zu sein. Dann dachte sie an May Fawcett, und ihre Qual begann von neuem. Sie war froh, daß er jetzt tot war. Froh. Wie hatte er sie so hintergehen können? Dieser gemeine Kerl. All die Nachmittage, an denen er frei nahm und sagte, er besuche seinen kranken Bruder. Und bei ihr war er gewesen. Bei ihr. Nein, sie war froh, daß er tot war. Er hatte sie zum Narren gehalten.

Direkt darüber wälzte sich ihre Rivalin in ihrem kleineren Bett auf der ersten Etage hin und her. Sie hatte versucht, Schafe zu zählen, die Hüte der gnädigen Frau zu zählen, aber der Schlaf wollte sie nicht übermannen. Sie sah immer wieder das tote Gesicht von Archibald Greeves, das zu ihr emporstarrte.

»Was würde die alte Hankey sagen, wenn sie uns sehen könnte?« hatte sie noch vor einer Woche in Archibalds Armen gekichert.

»Wegen dieses alten wabbligen Kenter Fleischkloßes brauchst du dir keine Sorgen machen. Sie denkt, ich habe ein Auge auf sie geworfen, bloß weil sie mir ein bißchen leid tut. Wir beide wissen doch aber, worauf's ankommt, nicht wahr?« Und der falsche alte Ziegenbock hatte sie dann dort im Dienstbotenzimmer genommen, genau da, wo ... Und nur einen Tag später hatte sie ihn erwischt, wie er das Küchenmädchen betatschte! Er hat nichts getaugt. Es muß doch er gewesen sein, der Hobbs' Tochter verführt hat. Nun, sie war froh, daß er tot war!

»Sie denken also daran, es dem gnädigen Herrn zu sagen, Hobbs? Ihm zu sagen, daß ich Ihnen das Leben schwermache, wie? Ihm zu sagen, daß Sie sich nicht erinnern können, wie viele Flaschen Château Margaux Sie hingelegt haben? Ihm zu sagen, wie Ihre Rosie mir hinterherrannte und sich absichtlich in andere Umstände brachte ...?«

Ja, Ernest Hobbs war ein glücklicher Mann. Greeves war tot. Zum erstenmal seit fünf Jahren konnte er wieder ruhig schlafen, weil er wußte, daß er die Spötteleien und Beleidigungen nicht mehr ertragen mußte, den plötzlichen Zuruf, wenn er den Staffordshire-Bullterrier ausführte, den

Stoß mit dem Arm, wenn er den Portwein vorsichtig abgoß. Jetzt war er amtierender Butler, und bald würde er Butler sein. Der gnädige Herr war bekannterweise träge und würde sich nicht damit belasten wollen, einen Neuen für die Leitung des Anwesens anzulernen. Hobbs kann es schaffen, würde er sagen.

»Nun, Mr Kammer, Sie hatten also ein Auge auf Miss Fawcett, wie? Dachten, sie würde Sie beachten, nicht wahr? Wissen Sie, was sie zu mir über Sie gesagt hat? Wie es war, als Sie sie geküßt haben ...?« Und Greeves hatte es nicht einmal damit bewenden lassen. »Sie ließen sich trotzdem nicht stören, was? Eine Frau fand Sie abstoßend, also versuchten Sie es bei der nächsten. Bill Sidders Witwe war eine leichte Beute, nicht wahr? Glaube jedoch nicht, daß das dem gnädigen Herrn gefallen würde. Die Dienstmädchen belästigen, dann die Landarbeiterinnen. Glauben Sie, daß ihm das gefallen würde, Kammer?«

Frederick Kammer schlief, ein befriedigtes Lächeln auf den Lippen. May Fawcett mochte ihn vielleicht nicht wollen, aber wenigstens würde Greeves sie nicht haben ...

»Oh, das ist bedauerlich, John. Sehr bedauerlich, Mr Cricket. Ich dachte eigentlich, daß Sie mir beschaffen können, was ich brauche. Wie schade. Ich glaube nicht, daß der gnädige Herr Versager um sich duldet, was meinen Sie, Cricket?«

John Cricket lag wach. Er war sogar noch nervöser als sonst. Greeves war tot. Die Polizei ermittelte. Angenommen, man fand etwas über Greeves' zusätzliche Einnahmequelle heraus und würde sich fragen, woher seine Informationen stammten? Würde sich fragen, ob er vielleicht einen Informanten auf der anderen Seite der Friestür hatte? Wie könnte er verständlich machen, daß Greeves ihn gezwungen hatte, es zu tun, daß er ihm mit Entlassung gedroht hatte? Er mußte ja an seine behinderte Mutter denken. Sie war auf ihn angewiesen. Er hätte dieses Risiko nicht eingehen können.

Und es war doch nicht so schlimm, was er getan hat – bloß Gerüchte. Man konnte ihm nicht auf die Schliche kommen. Oder doch?

Etwa dreißig Meter vom Dienerschaftstrakt entfernt ließen sich die Hausgäste zur Nachtruhe nieder. Vielleicht war »niederlassen« nicht der richtige Ausdruck. Einen Steinwurf von den notgedrungen keuschen Betten der Dienstboten entfernt, gab deren Herrschaft ein gegenteiliges Beispiel, sie beehrte sich, Leichtsinn und Freude in diese trübe Welt zu bringen. Abgesprochene Signale wurden gegeben und akzeptiert, Seidenkleider raschelten die breite Treppe hinauf, rauschten durch Zimmertüren und fielen, dank der erfahrenen Hilfe der Kammerzofen, rechtzeitig und geschwind zu Boden, gefolgt vom Abwerfen ausladender Petticoats, von Korsettschnüren, Korsetts, Hemden, Strümpfen und Höschen, um durch die schmeichelnde Zartheit spitzenbesetzter seidener Nachtgewänder ersetzt zu werden. Ihre Gnaden hatten die Gäste informiert, daß der Morgen- tee um sieben genommen werde und daß sie hoffe, niemand würde durch die hohe Silberstanduhr gestört, deren Schlagwerk auf sechs Uhr gestellt war; somit blieb eine Stunde Zeit, in der sogar der schlaftrunkenste oder unverdrossenste Liebhaber sicher in sein eigenes Zimmer zurückkehren konnte. Zu gegebener Zeit öffneten sich vorsichtig eine Reihe von Türen, und der lange Liebesreigen wand sich die Korridore von Stockbery Towers hinab, verteilte sich auf dessen zahlreiche Zimmer.

Nur die Marquise, unberührt von den gewagten Vorkehrungen der anderen, ruhte schon friedlich in den Armen ihres Liebhabers, da sie gebeten hatte, sein Raum solle neben dem ihren liegen. Das war eine der Entschädigungen dafür, daß man aus Altersgründen in Sachen Liebe als jenseits von Gut und Böse betrachtet wurde.

Kapitel 3

Sergeant Bladon traf am Sonnabendvormittag um neun Uhr ein, und da er es wieder für angemessen hielt, den Lieferanteneingang im Küchenhof zu benutzen, lehnte er sein Fahrrad gegen die Wand von Mrs Hankeys Zimmer. Der starke Regen der vergangenen Nacht hatte sich gegen ihn verschworen und seine kräftigen, uniformierten Beine mit dem Schlamm des schmalen, nach Stockbery Towers führenden Weges bespritzt. Dieser Umstand, verbunden mit dem Gefühl, daß die Art und Weise seines Eintreffens für einen Sergeant der Kriminalpolizei aus der Grafschaft Kent unpassend sei, versetzte ihn nicht in die beste Stimmung.

Seiner Bitte, die Polizeiequipage benutzen zu dürfen, war von Naseby mit schroffer Ablehnung begegnet worden. An einem schönen Tag hätte Bladon eingesehen, daß die kurze Entfernung von seinem Haus in Hollingham nach Stockbery Towers leicht mit dem Fahrrad oder sogar zu Fuß zurückzulegen sei, es war jedoch kein schöner Tag. Es war ein Tag, getrübt durch Inspector Naseby. Naseby, ein wieselgesichtiger Mann von fünfzig Jahren, der infolge des glücklichen Umstands, daß er dem berüchtigten Rum Bubber Bill des Ramsgater Schmuggelhandels eine Falle stellen konnte, an die Spitze der Kriminalpolizei gelangt war, würde kein Risiko eingehen. Er war auf die Ehre erpicht, den Stockbery-Fall, wie er bereits genannt wurde, zu lösen, da aber deutlich vorauszusehen war, daß es ein schwieriger Fall werden würde, wären es Bladons Schultern, auf die alle Schuld geladen würde, sollte dem Herzog der Geduldsfaden reißen.

»Finden Sie ihn, Bladon«, ermahnte Naseby seinen Untergebenen. »Sie kennen ja diese Leute. Sie werden es am besten in den Griff bekommen.«

Das war wohl wahr. Er fühlte sich heimisch unter dem niederen Dienstpersonal. Er kannte die meisten von ihnen, seit der Pfarrer sie schreiend in das Taufbecken aus dem 9. Jahrhundert getaucht hatte. Es war jedoch nicht die niedere Dienerschaft, der er heute gegenübertreten mußte, sondern die höhere. Einige von ihnen mochten zwar als Einheimische angefangen haben, jetzt aber hielten sich für etwas Besseres.

Auf sein Rufen hin erschien Jacksons Gesicht in der Tür und verdüsterte sich in vorsichtiger Zurückhaltung. Bladon kannte diesen Ausdruck gut. Er war Kerlen eigen, die etwas zu verbergen hatten.

»Polizei, mein Junge. Mrs Hankey erwartet mich.«

Sich des gesamten Gewichtes der hinter ihm stehenden Polizei der Grafschaft Kent bewußt, betrat Bladon etwas besser gelaunt den Korridor. Seine Selbstherrlichkeit erhielt jedoch einen kleinen Dämpfer, als er mit einem vorübereilenden Hausmädchen zusammenstieß, das ein Frühstückstablett trug, und einige Zeit darauf verwandt werden mußte, Mrs Hankeys Quittengelee von seinem Hosenbein zu entfernen. Nachdem das erledigt war, wurde er in das Zimmer der Haushälterin geführt, wo ein schweigender Kreis höherer Bedienter ihn, fast wie eine Séance ihr Medium, erwartete.

»Heh, du«, sagte er zu Jackson, der sich aus der Tür stahl, »wir brauchen dich, mein Bürschchen. Setz dich.«

Mrs Hankey hielt die Luft an. Ein niederer Bedienter sollte in ihrem Zimmer *sitzen!* Aber Staatsgewalt war eben Staatsgewalt, auch wenn es sich nur um Tommy Bladon handelte. Widerwillig machte sie Platz für einen gleichermaßen zögerlichen Jackson.

Bladon setzte sich vorsichtig auf den zierlichen Windsorstuhl, der seine Körpermasse nicht zu fassen vermochte. Er war ein gewissenhafter Mensch, und die ihm bevorstehende Aufgabe beängstigte ihn. Er hatte sich große Mühe gegeben, diese Befragung vorzubereiten. Seine Lektüre im »Strand Magazine« zur Vorgehensweise eines Sherlock Holmes sollte nicht vergeblich gewesen sein.

»Nun denn«, verkündete er, sich verlegen räuspernd, »auf Grund unserer Ermittlungen erscheint es wahrscheinlich, daß Mr Archibald Greeves, Butler dieses Hauses, durch die Verabreichung von Gift starb.« Er war enttäuscht, daß diese Mitteilung keine Überraschung hervorrief, und fuhr hastig fort: »Wir haben festgestellt, daß es allem Anschein nach ein Gift war, das als Eisenhut bezeichnet wird. Eines der tödlichsten Gifte, das die Menschheit kennt. Selbiges wurde auch vom Erzschurken und Mörder, Dr. George Lamson, benutzt.« Diesmal erfolgte die erwartete Reaktion. Der Lamson-Fall war immer noch in aller Munde, und das Schaudern, das seine Zuhörer ergriff, war zufriedenstellend.

»Kein Arsen also?« fragte Kammer und sah Cricket an. »Nicht arsensüchtig?«

»Unsere Tests ergeben Eisenhut. Von der Eisenhutpflanze«, fügte er hinzu, entschlossen, seine eilig erworbene Belesenheit zu diesem Thema zur Schau zu stellen.

»Aber das ist im Körper nicht nachweisbar«, erwiderte Cricket sofort. »Woher wissen Sie es dann?«

»Der Doktor dachte, daß es das sein könnte – es gibt Symptome, wissen Sie: Schwellung am Halsansatz, charakteristischer Geruch der Ko..., des Erbrochenen, ich bitte um Entschuldigung, Mrs Hankey. Und er hatte recht. Die Kriminalpolizei besitzt Mittel, es eindeutig festzustellen. Unpassend für die Ohren von Damen«, fügte Bladon rasch und nicht ganz wahrheitsgemäß hinzu.

Ethels Augen wurden kreisrund.

»Ich wußte es«, sagte Mrs Hankey gequält. »Habe ich es nicht gesagt? Es ist das scheußliche Kraut, das im Garten wächst, nicht wahr? Etwas davon muß versehentlich in sein Essen gelangt sein. Ich habe es Ihnen gesagt, Mr Didier.«

Bei diesem direkten Angriff auf seine Integrität stieß Auguste ein ersticktes Stöhnen aus.

Sie bemerkte den Ausdruck in seinen Augen und fügte schnell ergänzend hinzu: »Ich sage nicht, daß Sie's selbst waren, Mr Didier. Eher eines Ihrer Küchenmädchen. Diese Gladys, nie ist sie mit ihren Gedanken bei der Arbeit. Ich denke nicht, daß es Absicht war. Muß ein Versehen gewesen sein. Ist es nicht so, Officer?«

So erfreut Bladon auch über diese öffentliche Anerkennung seiner Stellung war, er würde sich dennoch nicht durch die imposante Eindringlichkeit einer Mrs Hankey ablenken lassen.

»Nein, es sei denn, der Verblichene war die einzige Person, die das Gericht zu sich nahm, Madam.«

»Dann war es Selbstmord«, sagte Mrs Hankey bestimmt. Sie wich den verwunderten Blicken der anderen aus, die diesen Sinneswandel gegenüber gestern nicht glauben konnten. »Ja«, fuhr sie fort, »Selbstmord war es. Er hat eingesehen, nun ja, daß er jemanden, der ihm teuer war, betrogen hatte, und das war seine Art, zu sagen, daß es ihm leid tat.« Sie erging sich in einem Schwall von Selbstoffenbarung, den schlecht unterdrückten Zorn May Fawcetts beachtete sie nicht.

»Mr Greeves und ich standen in gutem Einvernehmen, wenn Sie wissen, was ich meine. Andere traten jedoch zwischen uns, und der bedauernswerte Mr Greeves, der auch nur ein Mensch war, ließ sich verleiten.«

»Verleiten«, murmelte Bladon, der sich in seinem Buch emsig Notizen machte.

»Zu spät«, sagte Mrs Hankey nachdrücklich, »erkannte er seine falsche Handlungsweise.« Sie fixierte ihn mit traurigem Blick. »Andere hatten ein Auge auf ihn geworfen, Sergeant Bladon, und mehr als nur ein Auge.«

»Sie bösartige alte *Queenie*«, schrie May Fawcett. Es war fraglich, ob Mrs Hankey dieses Wort, das auch Tunte bedeuten konnte, außer im Zusammenhang mit ihrer Königin, kannte, die Absicht war jedoch unmißverständlich. Der Streit brach los. Sergeant Bladon, völlig außerstande, diesen interessanten Wortwechsel mitzuschreiben, saß ratlos dazwischen.

»Miss May Fawcett – äh –, Kammerzofe Ihrer Gnaden«, stand ihm Auguste hilfsbereit bei. Der Sergeant schickte sich an, es zu notieren; dann gelangte er zur Überzeugung, daß man mit altmodischen Methoden vielleicht mehr erreichen konnte.

»Es reicht jetzt«, brüllte er. »Ich werde nicht zulassen, daß das Frauenpack Recht und Gesetz zur Farce macht.«

Hobbs, Kammer und Cricket schreckten hoch. Es war lange her, daß jemand Mrs Hankey als Frauenpack bezeichnet hatte.

Die Streiterei hörte sofort auf, allerdings nicht ohne ein paar empörte Schluchzer von Mrs Hankey und ein wütendes, leichtes Zucken im Gesicht von May Fawcett.

»Nun denn«, sagte Bladon, einen versöhnlicheren Tonfall anschlagend, »es läßt sich nicht bestreiten, daß Mr Greeves sein eigenes Essen vergiftet haben könnte. Aber normalerweise hinterläßt man dann eine Nachricht mit der Überschrift ›An alle, die es betrifft‹. Letzte Briefe an die Lieben, etwas in der Art. Und so etwas war nicht vorhanden. Außerdem wäre das Mittel noch da. Es gab jedoch keine Spur von einer Flasche oder etwas Ähnlichem. Ich muß Sie offiziell davon in Kenntnis setzen, daß wir den Todesfall als Mord betrachten.«

Wieder herrschte enttäuschende Stille.

»Mord«, wiederholte Bladon unnötigerweise. »Und da das der Fall ist, benötige ich Aussagen darüber, wo Sie alle gewesen sind und was Sie zur fraglichen Zeit gemacht haben. Das heißt, da dieses Gift schnell wirkt, in der Stunde, bevor der Verblichene das Zeitliche segnete.«

Die höheren Bedienten schauten sich verwundert an.

»Wir, Inspector?« fragte Kammer unsicher. »Wir waren selbstverständlich alle zusammen. Wir und die Gäste.«

»Beim Mittagessen«, ergänzte Ethel hilfsbereit.

Mrs Hankey gewann ihre Selbstbeherrschung wieder. »Mr Greeves wurde es zehn nach eins übel, Sergeant. Wir alle und die Kammerherren und -zofen der Gäste, sogar er«, sie warf einen vernichtenden Blick auf den zusammengekauerten Jackson, »sind seit fünf vor zwölf zusammen beim Mittagessen gewesen. Außer als er zum Anrichteraum ging, um die Nachspeise zu holen.«

»Und wo haben Sie zu Mittag gegessen?«

»Wir, das heißt die höhere Dienerschaft, treffen uns im Dienstbotenzimmer.«

»Wo?« fragte Bladon erstaunt.

»So wird das Zimmer des Butlers genannt«, erklärte Hobbs als künftiger Amtsinhaber. »Der Raum desjenigen, der ranghöchster Diener ist, in diesem Fall der Butler, wird als Dienstbotenzimmer bezeichnet, und dort versammeln sich die Oberen Zehn – das heißt wir, die höhere Dienerschaft – und nehmen einen Teil der Mahlzeiten ein.«

»Um punkt zwölf Uhr gehen wir gemeinsam zum Dienstbotenspeisesaal, wo wir uns zur niederen Dienerschaft gesellen für das Entrée – den Braten, Sergeant Bladon«, fügte Mrs Hankey helfend hinzu für jemanden, der mit den Bräuchen vornehmer Leute nicht vertraut war.

»Und was für ein Entrich war das?« fragte der Sergeant.

»Lammbraten, Püree aus Spinat und Sauerampfer, Röstkartoffeln mit *un garni de champignons,* Pilze«, zählte Auguste auf, ohne zu überlegen. Er hatte ein untrügliches Gedächtnis für alle Menüs, besonders diejenigen seiner Kreation. Er konnte sich sogar erinnern, was in jenen fernen Tagen seiner Lehrzeit in Nizza bei Maître Escoffier serviert worden war; was er in Paris serviert hatte, als Tatjana ... Die *œufs brouillés aux truffes* für diesen besonderen Lunch. Oh, sie ...

»Und dann verließen wir den Dienstbotenspeisesaal um zwölf Uhr dreißig, um ins Zimmer des armen Mr Greeves zurückzugehen für das Dessert – äh – die Nachspeise.« Mrs Hankey riß schnell wieder die Hauptrolle an sich.

»Brombeermus«, ergänzte Auguste.

»Und die steht im – äh – Dienstbotenzimmer, während Sie alle im Dienstbotenspeisesaal sind?« fragte Bladon, vom Wunsch beseelt, McNaughten vom Yard könnte diese nahtlose Befragung hören.

»Sie wird aus der Küche heraufgebracht, bevor das Mittagessen beginnt und bleibt im angrenzenden Anrichteraum, bis Edward sie dann aufträgt.«

»Somit hätte sie vor dem Servieren vergiftet werden können«, sagte Bladon.

»Nur wenn wir es mit einem Massenmörder zu tun haben, Sergeant. Niemand könnte garantieren, daß Greeves sie bekäme«, warf Kammer gequält ein.

»Nur die Person, die sie serviert«, bemerkte Cricket.

Edward Jackson versuchte den Anschein zu erwecken, er wäre nicht da, als sich alle Augen auf ihn richteten.

»Ich werde das im Hinterkopf behalten, mein Junge«, sagte Bladon bedeutsam. »Was passiert dann?«

»Wir gehen in mein Zimmer, Sergeant, lassen Mr Greeves allein mit seinem Imbiß und Brandy und nehmen den Tee hier.«

»Scheint mir viel Herumlauferei für eine einzige Mahlzeit zu sein«, grunzte Bladon, eifrig mitschreibend.

»So ist es immer gewesen«, entgegnete Ethel schlicht und überzeugend.

»Also, wer serviert diesen Braten?«

»Einer der Aushilfskräfte«, antwortete Auguste. »Wer gerade verfügbar ist.«

»Und hätten Sie es bemerkt, wenn er irgend etwas in Greeves' Essen getan hätte?«

»Ich kann mir nicht vorstellen, wie man das anstellen sollte, Sergeant«, sagte Auguste etwas ungeduldig. »Niemand, am wenigsten die Person, die das Essen servierte, konnte ihm vorsätzlich Gift beimischen und sicher sein, daß es sein vorgesehenes Ziel erreichen würde. Die Teller werden auf einem der Tische belegt und durchgereicht. Das Risiko wäre zu groß.«

Die höhere Dienerschaft rutschte unbehaglich hin und her. Auguste schien das Gespräch unnötig in ihre Richtung zu lenken.

»Es konnte auch keiner von uns dem Essen des Butlers etwas beimengen«, fuhr Auguste fort. »Das kann man nicht riskieren, eine Flasche herausnehmen und etwas ins Essen eines anderen kippen, ohne gesehen zu werden.« Auguste zögerte. Sollte er jetzt sprechen? Oder den Sergeant um ein späteres Gespräch bitten? Es schien jetzt ganz offensichtlich zu sein, wie es getan worden war. Er entschied sich dagegen und fuhr fort: »Nur Edward hatte die Gelegenheit und ...«

Edward sah ihn entsetzt an.

»Und«, fuhr Auguste entschlossen fort, »es ist unmöglich, daß ein Kind etwas über Eisenhut wissen kann. Er ist zu jung, um es zu kaufen, kein Apotheker würde es einem Kind verkaufen, zu jung, um zu wissen, wie man es aus der Pflanze gewinnt. Er ist Londoner, *petit Edouard,* und kein Junge vom Lande.«

»Sei dem, wie es sei«, sagte Bladon schroff und betrachtete Auguste mißtrauisch. Diese Franzosen! Ein Haufen von Hitzköpfen, die mit Säbeln und Schnurrbärten herumrennen. Aber nicht im Garten von England, das würde er zu verhindern wissen.

»Hast Mr Greeves gemocht, oder, Junge?« fragte er, sich Jackson zuwendend.

»War nicht übel«, murmelte der Junge.

Mrs Hankey schnaubte verächtlich. Greeves Schikanen Jackson gegenüber waren allgemein bekannt.

»Also, Junge, erzähl uns mal, was passiert ist, nachdem du mit ihm allein warst.«

»Ich hab' ihm den Imbiß gegeben.«

»Was soll das denn heißen?«

»Einen kleinen Leckerbissen, den er zum Abschluß der Mahlzeit liebte«, sagte Mrs Hankey.

Sergeant Bladon liebte zum Abschluß seiner Mahlzeit eine anständige Portion Kenter Kirschpudding, runtergespült mit einem Glas Malzbier, deshalb beeindruckte ihn das Gerede von dem Imbiß nicht.

»Eine leckere schottische Waldschnepfe«, fuhr sie liebevoll fort.

»Einen Vogel?« Bladon war verwirrt.

»Ein Imbiß aus Anchovis, Toast und Rahm, für den Seine Gnaden eine besondere Vorliebe haben«, erklärte Auguste. »Und man konnte feststellen, daß Greeves dazu neigte, das zu mögen, was auch Seine Gnaden mochten.«

Der Sergeant musterte ihn undankbar. »Und Sie haben das gekocht ...?«

»Ich hab's zubereitet«, sagte Edward mit ersterbender Stimme.

»Ich verstehe«, meinte Bladon bedeutungsschwer. »Und was war dann?«

»Dann hab' ich ihm den Kaffee gegeben.«

»Und du warst allein mit ihm, Junge. Ganz allein«, sagte der Sergeant wohlwollend.

Edward war zu verängstigt, um zu antworten.

»Aber, Sergeant ...«, warf Auguste ein.

»Ruhe, Mr – äh – Didier. Mit Ihnen befasse ich mich später.«

»Aber ...«

»Junge, kommt außer dir jemand in diesen Anrichteraum?« fragte der Sergeant, den erneuten aufgeregten Einwurf ignorierend.

Ein klägliches Kopfschütteln. »Glaub' nich.«

Die übrigen höheren Bedienten beobachteten Edwards Qual mit gemischten Gefühlen; während Edward im Rampenlicht stand, konzentrierte sich die Aufmerksamkeit nicht auf sie; andererseits empfanden sie es als ihre Pflicht, ihn als niederen Bedienten zu beschützen. Zumindest in der Öffentlichkeit. *Noblesse oblige.*

Es war Ethel, die zu sprechen anfing. »Wie Mr Didier schon sagte, ich glaube kaum, Sergeant, daß dieser Junge daran gedacht hätte, Mr Greeves zu vergiften. Er – äh – kam ganz gut mit ihm aus, nicht wahr, Edward?« sagte sie bestimmt. Die anderen höheren Bedienten nickten zustimmend, wenn auch nach einigem Zögern.

»Nun also, Mr Edward Jackson, wer hätte sonst noch in den Anrichteraum kommen *können*? Man hätte durch Mr Greeves' Zimmer in den Anrichteraum gehen müssen. Es gibt keine Tür vom Anrichteraum zum Korridor.«

Edward begann leise zu wimmern. »Ich hab' nichts reingetan.«

»Das werden wir sehen, Junge.«

»Aber, Sergeant ...« Auguste versuchte es nochmals. Und der Sergeant ignorierte ihn wieder.

Cricket, der gerade erst »Das Geheimnis der Hansom-Droschke« gelesen hatte und vom Detektiveifer besessen war, warf neunmalklug ein: »Sind denn keine Rückstände auf den Tellern?«

Bladon sah ihn verdrießlich an. »Als meine Männer hier eintrafen, Mr Cricket, war alles bereits abgewaschen.« Das war ein wunder Punkt. Naseby schien ihn persönlich dafür verantwortlich zu machen.

»Das Zeichen für einen gut geführten Haushalt, Sergeant Bladon«, meinte Mrs Hankey erfreut, es als Kompliment mißdeutend.

»Das beeinträchtigt unsere Ermittlungen. Seiner Gnaden wird es nicht gefallen. Er möchte nicht, daß seine Gäste belästigt werden, und nun müssen sie alle verhört werden.«

Die höheren Bedienten waren schockiert. »Ich verstehe nicht«, sagte Hobbs bedrückt, »weshalb die Gäste Seiner Gnaden belästigt werden müssen.« Zweifellos war er derjenige, der darunter zu leiden hatte, wenn der gnädige Herr verärgert wäre.

»Gründlichkeit«, sagte Bladon. »Das ist es, was Polizeiarbeit ausmacht. Wir müssen Nachforschungen anstellen, ob einer von ihnen in der Lage gewesen sein könnte, Mr Greeves' Essen zu vergiften.«

Acht Augenpaare blickten ganz schockiert. Diese Wesen aus einer anderen Welt, verwickelt in einen Mord? Undenkbar. Oder vielleicht doch? »Aber Greeves wurde hier ermordet«, sagte Kammer verwirrt. »Auf unserer Seite.«

Es klang fast wie ein Seufzer der Erleichterung, daß die andere Welt unversehrt blieb.

»Auf Ihrer Seite wovon?«

»Der Tür.«

»Und sie sind nie hierher gekommen?« Der Sergeant sah einen Hoffnungsschimmer.

Die Augen spiegelten erneut fasziniertes Erschrecken ob dieses unfaßlichen Sakrilegs wider.

Hobbs räusperte sich. »Nein, Sergeant, niemals betreten Seine Gnaden oder Ihre Gnaden oder Familienangehörige oder Gäste den Flügel des Dienstpersonals. Nur einmal im Jahr kommen sie hierher, um zu Silvester den Dienerschaftsball zu eröffnen. Auf unsere Einladung hin, verstehen Sie.«

»Es ist genauso wie bei Ihrem Oberhaus und Unterhaus«, warf Auguste ein.

Sergeant Bladon interessierte sich nicht für das Unterhaus des Parlaments. »Ich stelle also fest, daß es ungewöhnlich wäre, einen Gast oder die Familie hier zu sehen.«

»Nicht ungewöhnlich, Sergeant. Unmöglich. Sie müssen aber berücksichtigen, Sergeant ...«

Der Sergeant wollte nichts berücksichtigen. Dieser Franzmann wurde langsam lästig. Diese Franzosen bildeten sich ein, große Detektive zu sein, hatte er gehört. Dem würde er Einhalt gebieten.

»Ich glaube immer noch, er hat es selbst getan«, sagte Mrs Hankey mit matter Stimme. »Wie ich schon sagte, es kann keiner von uns gewesen sein.«

»Er war demnach ein sehr geschätzter Zeitgenosse?« fragte Sergeant Bladon, der die Antwort sehr wohl kannte und eher seine Macht, Unbehagen zu verursachen, ausspielte.

Die Oberen Zehn vermieden es, einander anzusehen.

Hobbs drückte es vorsichtig aus: »Er war nicht sehr geschätzt, Sergeant.«

Protest von Mrs Hankeys Seite wurde durch Augustes Bemerkung unterdrückt, daß das nicht hieße, man laufe herum und bringe sich gegenseitig um.

»Vielleicht nicht«, sagte der Sergeant und schob schnell das in seinem Geist entstandene Bild von Inspector Naseby beiseite, wie dieser mit einem Dolch im Rücken auf seinem Schreibtisch lag. »Und ich habe sagen hören, Mr Didier, Sie hatten nicht viel Grund, diesen Greeves sonderlich zu mögen?«

»Das ist wahr«, antwortete Auguste würdevoll. »Er erkannte nicht an, daß ich ein *artiste* bin. Wir hatten Auseinandersetzungen über ein *soufflé grand marinier,* aber deshalb töten Männer einander nicht, Sergeant.« Das war nicht ganz richtig. Er erinnerte sich an ein berühmtes Etablissement in Paris, wo der Chefkoch seinen Untergebenen, der angedeutet hatte, daß die *timbale* Finesse vermissen ließe, umgebracht hatte. »Aber mir würde es wichtig erscheinen, Sergeant, herauszufinden, wie dieses Gift angewandt wurde, ob in reiner Form aus der Flasche oder ob es im Garten bzw. am Wiesenrain gepflückt wurde. Und diesbezüglich, denke ich, kann ich vorschlagen ...«

Der Sergeant musterte ihn mit vernichtendem Blick. Was dachte dieser Franzmann eigentlich, wer er ist? Auguste Dupin, Mr Poes großer Detektiv, dessen Abenteuer er als Junge so emsig gelesen hatte? »Ich habe mir sagen lassen, daß Eisenhut in vielen großen Gärten zu finden ist. Wie steht's damit hier auf Stockbery Towers? Gibt's welchen in Ihrem Gemüsegarten?«

»Das hab' ich ja gesagt«, meinte Cricket neunmalklug. »Er war im Grünzeug. Hab' ich's nicht gesagt?«

»Monsieur Cricket, Ihre Arbeit mag Ihnen Zeit lassen, in den Gärten von Stockbery Towers umherzuwandeln, die meinige aber gestattet das nicht. Wenn ich Sauerampfer hole, gehe ich nicht in den verwilderten Teil des Gartens, um etwas Eisenhut zu pflücken und ihn geistesabwesend unter das Gemüse zu mengen.«

Cricket war nicht beschämt. »Man hätte es tun können«, sagte er eigensinnig.

»Ja«, stimmte May Fawcett rachsüchtig ein, »Sie legen immer Wert darauf, alles selbst zu pflücken und zuzubereiten. Ich koche das Gemüse immer selbst«, ahmte sie ihn nach.

Auguste verlor die Beherrschung. »*Ma foi,* Ihr englischen Idioten. Ihr denkt, ich schade meiner Zunft, nur um diesen *salaud* zu ermorden. Er war nicht im Püree – er war im Brandy. Das ist offensichtlich.«

»Ruhe«, rief der Sergeant wieder. Diesmal unnötigerweise, denn es herrschte absolute Stille. Der Sergeant begriff allmählich, was Auguste gesagt hatte.

»Ist das ein Geständnis, Mr Didier? Was für ein Brandy soll das denn gewesen sein?«

Auguste starrte ihn an. »Ein Geständnis? *Non. Non.*« Er breitete verzweifelt die Hände aus. »Ich versuche nur, Ihnen zu helfen. Dreimal brüllen Sie mich nieder, als ich Ihnen zu sagen versuche, daß dieses Gerede über Imbisse, dieses Gerede, daß Edward dafür verantwortlich sei, unsinnig ist. Natürlich trifft ihn keine Schuld. Das Gift war im Brandy. Greeves trank immer ein Glas Brandy zum Kaffee. Und hat er es nicht auch an diesem Tag getan, Edward?« Er wandte sich mit leicht verwirrtem Blick Edward zu.

»Doch«, murmelte Edward.

Der Sergeant starrte deprimiert auf seine Aufzeichnungen. Er schien sich im Kreis zu drehen. »Und nachdem er den Brandy getrunken hatte, wie lange dauerte es, bis er unpäßlich wurde ...?

»Ungefähr fünf, zehn Minuten, glaub' ich«, meinte Edward schließlich ziemlich zögernd, deutlich entschlossen, so wenig wie möglich zu sagen, weil ihn alles, was er sagte, zu belasten schien.

»Und in wessen Obhut war der Brandy – wo war er?«

»Ich hatte ihn im Anrichteraum.« Edward sah aus, als würde er gleich in Tränen ausbrechen.

»So, da wären wir also wieder, Mr Didier. Warum könnte der junge Mr Jackson Greeves nicht vergiftet haben, egal, ob nun mit dem Imbiß, dem Kaffee oder dem Brandy?« stieß der Sergeant triumphierend aus.

»Weil«, sagte Auguste ruhig, »es ein Montag war. Und montags gab der Herzog Greeves immer eine neue Flasche zur eigenen Verwendung. Es war so üblich. Greeves ging ins Frühstückszimmer, wo der Herzog die Flasche bereitstehen hatte, legte die Rechnungen vor, und der Herzog gab ihm die Flasche. Greeves erzählte uns immer davon. Er war stolz darauf.«

»Und?« fragte Bladon ungeduldig.

Mit plötzlicher Erleuchtung und gemischten Gefühlen sah Hobbs Auguste an.

»Die Flasche war offen, wenn der Herzog sie Greeves gab, Sir. Ich machte sie auf, wenn ich sie aus dem Keller holte, um zu prüfen, ob sie in Ordnung ist, und stellte sie für Seine Gnaden ins Frühstückszimmer.«

»Und dort«, sagte Auguste triumphierend, »hätte *jeder* Gift hineintun können.«

Die höhere Dienerschaft applaudierte fast. Nicht jedoch der Sergeant. Sein Gesicht war aschfahl geworden, als er sich die Schlußfolgerungen ausmalte. Er müßte es Naseby sagen. *Sie* müßten es dem Herzog sagen. *Sie* müßten dessen Gäste etwas gründlicher verhören. Er unternahm einen letzten kühnen Versuch, für den Naseby ihn eigentlich hätte befördern sollen, was längst überfällig war.

»Und wer verwahrt hier den Arzneischrank?«

Mrs Hankey blinzelte. »Selbstverständlich ich, Sergeant.«

»Etwas Eisenhut drin?«

Sie war erschüttert, riß sich aber zusammen. »Natürlich habe ich etwas davon. Aconit-Einreibemittel und ähnliches, und etwas als Grundsubstanz für Dr. Parkes' Hustenmittel. Seine Gnaden ...«

»Und wo wird dieses Medikament aufbewahrt?«

»In meiner Teeküche.« Sie deutete auf den kleinen Raum, der neben ihrem Zimmer lag.

»Ich möchte diese Flasche gern sehen«, sagte er streng.

Mit jeder Faser ihres gewichtigen Körpers entrüstet, ging Mrs Hankey voran. Triumphierend und wutschnaubend wurde eine Flasche präsentiert.

»Fehlt was?« knurrte der Sergeant, entschlossen, die Oberhand zu behalten.

Er verlor sie.

»Kann ich nicht sagen, Mr – äh – Sergeant Bladon. Wenn die Leute krank sind, gebe ich ihnen das Medikament, um sie zu kurieren. Wir berechnen auf Stockbery Towers nichts dafür und führen auch nicht Buch darüber.«

»Ich werde diese Flasche mitnehmen, Mrs Hankey«, sagte Bladon eilends.

»Das können Sie ruhig, Sergeant, ich habe noch eine.«

»Wer kann hier rein?« fragte Bladon schwach, er gab sich nunmehr geschlagen.

Und Mrs Hankey war sich dessen sehr wohl bewußt.

»Ich, Mr Hobbs und natürlich Daisy, mein Mädchen. Und Mr Greeves – der Herr sei seiner armen Seele gnädig. Er muß es nicht mehr ertragen haben. Er wußte, daß es hier war.«

»Sonst noch jemand?« sagte Bladon, diesen Köder nicht schluckend.

»Ich möchte den sehen, der das wagen würde.«

Der Sergeant schaute sich um. »Es gibt eine Tür zum Korridor«, bemerkte er. »Jeder hätte reingekonnt.«

Sie sah ihn mit amüsierter Nachsicht an. »Das«, betonte sie, »ist *mein* Korridor. Keiner läuft hier ohne meine Erlaubnis herum.«

»Keiner?«

»Außer den Gepäckträgern, wenn sie das Gepäck der Gäste holen. Aber da bin ich immer hier, um das zu beaufsichtigen.«

»Was aber, wenn Sie Ihren reizenden Rücken einmal abgekehrt haben, Mrs Hankey?« fragte Sergeant Bladon jovial.

»Mein Rücken«, sagte sie eisig, »ist nie abgekehrt. Ich wüßte, wenn jemand hier drin gewesen wäre, *Mr* Bladon, ich wüßte das. Weiß ich das nicht immer, Mr Didier?«

Auguste senkte den Kopf.

Sergeant Bladon machte keinen überzeugten Eindruck, und seine Augen glänzten in freudiger Erwartung, als befände sich der Mörder von Archibald Greeves bereits in Reichweite seiner dicken Hände. Das aber war eine Freude, die noch lange auf sich warten lassen sollte.

In vier Kutschen mit verschiedenen Wappen fuhren die Gäste, denen man von den Freuden eines späten Frühstücks hatte abraten können; die Diener liefen hinterdrein. Die Familie war sehr demokratisch. Sie besuchte die gleiche Kirche wie die Dienerschaft. An der Spitze des langen Dienstbotenzuges ging Mrs Hankey, eskortiert von Mr Hobbs, der erst jüngst zu dieser Ehre aufgerückt war; gefolgt von Miss Fawcett und Mr Cricket, danach kamen Ethel und Mr Kammer sowie die Dienerschaft der Gäste. Dann folgten die niederen Dienstboten. Für sie war die Kirche Pflicht, außer natürlich für jene, denen Gott es nachsah, daß sie benötigt wurden, um für die Belange der Gäste oder für den Lunch zu sorgen. Gott war deshalb gezwungen, an den meisten Sonntagen ohne Auguste auszukommen. Auguste verrichtete seine privaten Andachten in der Familienkapelle, die vom Architekten mehr aus Tradition als aus der tiefen Überzeugung, daß man sie ständig nutzen würde, entworfen worden war. Auguste gefiel die Kapelle. Ihr viktorianischer Prunk, der in keinerlei Verhältnis zu ihrer Größe stand, erinnerte ihn an die kleine katholische Kirche seiner Kindheit; daran, wie er unter der heißen Sonne die provenzalische Straße entlanghastete; an die Ungeduld von *Monsieur le curé*, der bestrebt war, zum *déjeuner* zu enteilen; an den unverfälschten Glauben der Dorfbevölkerung; an die Centimes, die so schwer erspart worden waren, um eine weitere Kerze für die Jungfrau entzünden zu können. Ihm bedeutete die Kapelle etwas, für ihn war sie von einem Glauben erfüllt, den die große normannische Kirche in Hollingham bei ihm nicht zu erwecken vermochte. Seine Hingabe an diesem Sonntagmorgen galt jedoch einzig und allein dem Lunch. Das *grand buffet* für den gestrigen Abend war aus seinen Gedanken ebenso vollständig entschwunden wie die Klänge des Orchesters, das für diesen Anlaß aus Canterbury verpflichtet worden war. Die Gedanken eines Chefkochs beherrscht nur die nächste Mahlzeit. Nach den Braten hatte er gesehen, die Wasserkressefüllung für die Gänse war zubereitet, die Fasane waren gerupft und fertig für die Bratröhren. Als alles so vorbereitet war, um selbst Auguste zufriedenzustellen, begab er sich nochmals auf die Suche nach Edward Jackson, und diesmal fand er ihn leicht – er war gerade von einer erneuten »Plauderei« mit Sergeant Bladon zurückgekommen. Übelgelaunt stieß er mit dem Fuß gegen die Ölkanister im Lampenfüllraum und sah dem kleinen Lampenanzünder zu, dem untersten in der Hackordnung, der mit nervösen Fingern Dochte zurechtstutzte.

Eine Hand legte sich auf seine Schulter. »Monsieur Edouard, auf ein Wort noch, wenn's recht ist.«

»Was wollen Sie denn?« fragte Edward gereizt. Sein schmales Gesicht wäre anziehend gewesen, fast engelsgleich, hätte es nicht den Ausdruck eines frühreifen Erwachsenen gehabt. Er hatte bei einer Tante in Maidstone gewohnt, ehe er vor achtzehn Monaten in den Dienst des Herzogs trat. Er war Telegrammbote gewesen und hatte sich die Dankbarkeit des Herzogs erworben, weil er einem von dessen Jagdhunden das Leben rettete, als dieser sich auf der Suche nach der Beute unvorsichtig in einen reißenden Fluß gewagt hatte. Fünfzehn Minuten, nachdem er an besagtem Morgen pfeifend die Auffahrt hinaufgeradelt war, bestand seine Aufgabe plötzlich nicht mehr darin, die Telegramme vom Postamt nach Stockbery Towers zu bringen, sondern umgekehrt. Dann führten die kalten Winter des Kenter Hügellandes zu einem chronischen Husten und machten seine Versetzung in den Innendienst notwendig. Was hätte sich besser angeboten, als ihn bei diesem verdammt nützlichen Burschen, diesem Greeves, arbeiten zu lassen?

»Ich nehme an, du hast den guten Greeves nicht ermordet?« fragte Auguste ruhig.

Statt einer Antwort schnaubte Edward wütend. Er wünschte, er wäre auf die Idee gekommen, hätte den Mut dazu gehabt.

»Wir wissen jetzt natürlich, daß wahrscheinlich jemand den Brandy vergiftet hat, bevor er dich erreichte ...« – er sah einen Schatten über Edwards Gesicht huschen, konnte ihn jedoch nicht deuten –, »aber ganz egal, die Polizei wird nach Möglichkeit den Dienstboten die Schuld geben wollen. Daher ist es nötig, daß wir ein bißchen nachdenken, ja? Als Dr. Lamson seinen Neffen vergiftete, spritzte er das Gift in die Rosine eines Dundee-Kuchens.«

»Ich hab' Greeves keinen Kuchen gegeben«, meinte Edward mürrisch.

»Nein, Edward«, sagte Auguste lachend. »Ich glaube, wir müssen jetzt als gesichert annehmen, daß das Gift im Brandy war. Es wurde ihm entweder im Frühstückszimmer beigemengt oder im Anrichteraum, bevor wir kamen oder während unserer Anwesenheit.«

»Aber dort war keiner außer mir, Mr Didier. Und zuvor waren wir alle gemeinsam Mittagessen.«

»Irgendwie ist es getan worden, *mon ami.* Jemand haßte Greeves genügend, um ihn zu ermorden. Und so erfreulich es auch ist, daß der gute Sergeant auf der anderen Seite der Friestür ermittelt, ich glaube, daß sich alle Motive für seine Ermordung auf der unsrigen befinden. Was ich also wissen möchte, Edward, ist, *weshalb* du von Anfang an so sicher gewesen bist, daß es Mord war. Als du Mrs Hankey holtest, hast du gesagt, jemand hätte ihn umgebracht. *Weshalb?*«

»Weiß nich.« Mit dieser knappen, einsilbigen Antwort hätte die Unterhaltung ihr abruptes Ende gefunden, wäre es nach Edward gegangen. Er tauchte nämlich unter Augustes Arm weg, um sich einen schnellen Abgang zu verschaffen. Auguste war jedoch an das Verhalten von Jungen gewöhnt, reagierte blitzschnell und verhinderte behende das Entweichen seiner Beute.

»Und jetzt, Edward«, sagte er sanft, »nennst du mir den Grund.«

»Ne ganze Menge Leute mochten ihn nicht«, begann Edward widerwillig, als er keinen anderen Ausweg mehr sah. »Der alte Greeves lachte immer drüber, wie gern man ihn aus dem Weg räumen würde. Sagte was von Macht, die er hat.«

»Macht? Über wen? Über Mrs Hankey? Mr Kammer? Mr Hobbs?«

»Ja«, antwortete der Junge und schaute Auguste durchtrieben an. »Er lachte immer und sagte, er hätte mehr Macht als der Herzog selber und wüßte viel besser, was los is. Er hat auch nich nur uns gemeint. Auch die andern.«

»Die anderen?«

»Die da drüben.« Und er wies mit dem Kopf in die gleiche

Richtung wie Tucker gestern abend. »Ich glaub', er meinte *jene*.«

Auguste wurde von wachsender Erregung ergriffen. »Welche Art von Macht, *mon brave*?«

»Weiß nich«, entgegnete Edward. »Das hat er aber gesagt. Ich war im Anrichteraum, verstehen Sie, und er wußte das nich. Als ich rauskam, hat er irgend was weggesteckt. Diese große Bibel, die ihm gehörte. Er setzte so'n Grinsen auf, als er mich sah, und hat was gesagt wie: ›Das ist ein gutes Buch, Edward. Es bedeutet Macht. Meine Macht. Viele von denen würden es gern vernichten, mich vernichten. Aber sie werden keine Gelegenheit dazu bekommen.‹ Er dachte, ich wär'n Kind, deshalb machte er sich keinen Kopf, was er zu mir sagte. Dachte, ich wüßt' nich, was er vorhat. Ich wollte 'nen Blick reinwerfen, sobald ich die Möglichkeit hätte. Hab's aber nie getan. Dann ist er umgebracht worden.«

»Aber, Edward, verstehst du denn nicht, wie wichtig das ist? Vielleicht war dieser Greeves ein Erpresser. Und würde er denn mich erpressen, Mrs Hankey, Mr Kammer? Unser Mr Greeves liebte ein angenehmes Leben, Geld. Wir haben kein Geld. Nein, wenn er ein Erpresser war, hat er diejenigen erpreßt, die welches haben ... Das heißt, daß der Brandy im Frühstückszimmer vergiftet worden ist.«

Diesmal überging er nicht den Schatten, der auf Grund seiner Worte Edwards Gesicht verdunkelte. »Was ist los, Edward?« fragte er sanft.

Er erhielt keine Antwort.

Auguste war jetzt nicht mehr so freundlich und rüttelte ihn an den Schultern.

»Sag mal, Edward. Willst du ins Gefängnis? Willst du, daß *ich* hinkomme?« Der Junge schüttelte den Kopf. »Dann vertrau mir und sag mir alles.«

Edward fuhr sich nervös mit der Zunge über die Lippen. »Is nich im Frühstückszimmer gemacht worden, Mr Didier. Kann nich so gewesen sein.«

»Warum nicht, Edward?«

»Muß reingeschüttet worden sein, nachdem der Brandy

schon im Anrichteraum war. Als wir alle zusammen waren. Kann nich vorher gewesen sein.«

»Warum nicht?« fragte Auguste, jetzt fast schreiend.

Edward trat von einem Bein aufs andere. »Weil ich vorm Mittagessen einen Schluck davon genommen hab'. Hatte mich nich ganz wohl gefühlt, und als ich ihn in die Karaffe goß, dacht' ich, ein Schlückchen würde er schon nich vermissen. Also nippte ich mal dran, bevor wir zum Dienstbotenspeisesaal gingen. Frisch und munter war ich, als wenn's Regenwasser gewesen wär'.«

Augustes Hände lösten sich von Edwards Schultern, und er starrte den Jungen an. »Dann muß es also doch einer von uns gewesen sein.«

Er brauchte Zeit, um nachzudenken, um den Inhalt dieses Gesprächs wie in einer Marinade eine Weile ziehen zu lassen, um zu überlegen. Es mußte einen Weg gegeben haben. In der Zwischenzeit ... »Edward«, sagte er eindringlich. »*Écoute, mon enfant*. Kein Wort darüber zum guten Sergeant Bladon. Im Augenblick jedenfalls nicht. Ja?«

Edward Jackson bedurfte dafür keiner Aufforderung.

»Oh, Mr Didier, das könnte ich nicht.«

»Auguste, liebste Estelle. Du mußt mich Auguste nennen«, hauchte er ihr sanft ins Ohr, wobei eine kleine braune Locke seine Nase kitzelte. »Aber ja, du kannst das. Weshalb denn nicht? Es ist doch ganz einfach, oder?«

»Ich möchte aber nicht.«

»Es ist notwendig, um herausfinden, wer Greeves ermordet hat. Du hast mich gebeten, es herauszufinden, Liebste.«

»Aber zu ...« Sie errötete.

»So unattraktiv ist er nun auch wieder nicht«, sagte Auguste.

»Aber nicht wie ...« Sie errötete wieder und schlug sittsam die Augen nieder.

»Natürlich ist er nicht wie ich, mein Schatz«, murmelte Auguste zärtlich. »Aber nur ein Kuß ... So wie dieser.«

81

So geschah es, daß Constable Perkins, kurz bevor er seinen Dienst als Wachposten am Dienstbotenzimmer beendete und durch Constable Tomson aus Maidstone abgelöst wurde, von Miss Gubbins vollkommen überwältigt war. Sie blieb nicht nur stehen, um mit ihm zu sprechen, sondern trat sogar sehr nahe an ihn heran. Sie gab ihm zu verstehen, daß sie überglücklich wäre, ihn an ihrem nächsten freien Abend zum Dorftanz zu begleiten. Wäre Constable Perkins nur etwas erfahrener als Ethel selbst gewesen, hätte er Ethels tapfere Flirtbemühungen als außerordentlich laienhaft empfunden, da er das aber nicht war, freute er sich ehrlich, ihr hübsches Gesicht bewundernd zu sich aufblicken und ihre Lippen den seinen so nahe zu sehen, daß es nicht zu gewagt schien, seine fest auf die ihren zu drücken. Ethel war überrascht, daß es gar nicht so schrecklich war, wie sie befürchtet hatte. Constable Perkins selbst war blind für alles außer der wundervollen Miss Gubbins.

Auguste hatte sich geschickt durch das Aufziehfenster Eintritt in Greeves' Zimmer verschafft. Er brauchte nur einen Augenblick, um zum Bücherschrank zu gelangen und die große Familienbibel herauszuziehen. Er wagte nicht, ein Streichholz anzuzünden, und deshalb erfühlte er durch Tasten den großen Hohlraum, der in der Mitte des Buches herausgeschnitten war und einem kleinen Notizbuch bequem Platz bot. Er ließ es in seine Hand gleiten und stellte die Bibel aufs Regal zurück. Als er sich aufrichtete, legte sich eine Hand auf seine Schulter. Eine Hand, die einem eifrigen Leser von Detektivgeschichten gehörte, welche ihm den Weg zum fernen Horizont der Beförderung weisen sollten.

»Na, na, na, wenn das mal nicht Hawkshaw, der große Detektiv, ist«, sagte Sergeant Bladon selbstgefällig.

»Nur einen Blick, Monsieur *le Sergeant*, ich beschwöre Sie ...«
»Also, warum sollte ich Ihnen denn einen Blick hinein gewähren, Mr Didier?« fragte Bladon mit ernster Miene. Er hatte sich gewichtig hinter dem Schreibtisch postiert, der

ihm vom Polizeihauptquartier der Grafschaft Kent in Maidstone extra zur Verfügung gestellt worden war, und der Erfolg seines Fanges hatte ihm das Blut ins Gesicht getrieben. »Sie wollen wohl versuchen, den Verdacht von sich abzulenken, ist es das? Es war doch kein Buch, auf das Sie aus waren, nicht wahr? Es war die Flasche«, stieß er hervor.

»Flasche?« wiederholte Auguste verwundert.

»Das Giftgefäß – die Flasche mit Eisenhut«, erklärte der Sergeant und brachte damit, ohne es zu wissen, sein Ansehen bei Auguste wieder auf den Nullpunkt. »An den Ort des Verbrechens zurückkehren und sie sicherstellen. Sie wußten, daß wir auf Mrs Hankeys Vorrat an Eisenhut stoßen würden, deshalb glaubten Sie, besonders clever zu sein. Sie hatten Ihre eigene Flasche, und Sie versteckten sie, nachdem Sie den Brandy vergiftet hatten. Sie mußten sie sich also wiederholen.« Gut, daß er nach Stockbery Towers gekommen war, um Perkins noch zu treffen, bevor dieser heimging.

»*Non*«, sagte Auguste. Er sah den Sergeant an und überlegte, wie er vorgehen sollte. »Monsieur *le Sergeant*, Engländer sind so logisch, so klardenkend, Sie müssen doch begreifen, daß das unlogisch ist. Für einen Mann von Verstand wie Sie es sind ...« Bladons Hals färbte sich über dem Uniformkragen scharlachrot. »Sie müssen erkennen, daß ich keine Flasche brauchte, wenn ich Mr Greeves vergiften wollte. Ich reibe einfach etwas Eisenhutwurzel in den Meerrettich, mit dem diese so leicht verwechselt werden kann. Ich mische die Blätter unter den Sauerampfer, ich gebe den Saft in die Bratensoße – ich bin der Koch, es wäre ganz leicht. Ich bedarf keiner Flaschen aus Madame Hankeys Vorratsschrank oder anderswoher.«

Er sah dem Sergeant fest in die Augen, inständig hoffend, daß dieser nicht die Schwachstelle in seinem Argument erkennen möge. Anscheinend tat er das auch nicht, denn er sagte: »Auf was waren Sie denn dann aus, eh?«

Auguste schaute auf das Buch, das unter der großen Hand des Sergeants lag.

»Das Buch, Monsieur *le Sergeant*. Ich denke, der verblichene Greeves beschäftigte sich mit *chantage* – Erpressung –, und, wenn ich recht habe, ist es dieses Buch, in dem er die Einzelheiten festhielt.«

Der Sergeant holte tief Luft. Das konnte doch wohl nicht ihm, Mr Tommy Bladon, passieren. Erpressung, Mord, Herzöge, Herzoginnen. Nun, das war ja noch besser als die Romane von Mr Hawley Smart, dessen »Die große Lebensrente« er gerade gelesen hatte. Obgleich ihm, wohlgemerkt, seine Rennbahnkriminalromane am besten gefielen. Sie erinnerten ihn an jenen Ausflug, der ihn und Mrs Bladon zum Folkstone-Rennen geführt hatte ... Er riß sich los von dieser glücklichen Träumerei von Zeiten, die er fern von Inspector Naseby verbracht hatte, und setzte wieder seinen angeborenen gesunden Kenter Menschenverstand ein. »Wen von Euch hätte er denn erpressen sollen?« meinte er spöttisch. »Die Dienerschaft hat doch nicht mal zwei Pennies, die sie aneinander reiben könnte.«

Auguste sah ihn an. »Nicht uns, nicht die Dienstboten. Die andere Seite der Tür. Die Familie, die Gäste ...«

Bladon quollen die Augen über. »Du lieber Himmel, Sie meinen doch nicht etwa *ihn*?«

Auguste zuckte die Achseln. »Vielleicht. Warum nicht? Es wird in diesem Buch stehen.« Ihre Augen starrten auf das Objekt, das zwischen ihnen lag.

Der Sergeant machte jedoch keine Anstalten, es zu öffnen.

»Wenn Sie mir erlauben, einen Blick hineinzuwerfen«, schlug Auguste listig vor, »werde ich Ihnen eine weitere Möglichkeit nennen, die Sie vielleicht noch nicht bedacht haben.«

Der Sergeant schnaubte wütend. Dann lenkte er vorsichtig ein. Nur für den Fall, daß dieser Franzmann etwas zu bieten hätte ... »Ich kann es nicht aus der Hand geben, denken Sie daran«, warnte er.

»Das ist klar. Also, Sergeant, diese Flasche Brandy, die im Frühstückszimmer stand – Sie werden sie zweifellos auf Gift untersuchen ...« Der Sergeant sah ihn mürrisch an. »Legt sie nicht vielleicht die Vermutung nahe, daß jemand, der mit den Bräuchen des Hauses nicht vertraut ist, hätte denken können, daß sie für den Herzog bestimmt war ...?«

Auguste sah, wie sich im Gesicht des Sergeants widerspiegelte, daß er das volle Ausmaß dieser Feststellung begriffen hatte. Er hoffte inständig, daß das Vergehen, die Polizei mit einem – wie nannte man es? – *hareng rouge*, einer falschen Fährte, irrezuführen, kein Verbrechen war, das in England mit der Todesstrafe geahndet werden konnte.

Furchtbare mögliche Abgründe taten sich vor dem Sergeant auf. Er bemerkte kaum, wie Auguste seelenruhig nach dem kleinen Notizbuch griff.

Es war nicht einfach, den Herzog zu befragen, besonders weil er den Eindruck zu haben schien, daß Inspector Naseby und Bladon nur an detaillierten Auskünften über die Jagdausbeute des vorigen Montags interessiert seien.

»Du lieber Himmel, Menschenskind, wie soll ich mich erinnern können? Gab inzwischen mehrere Jagden. Sehen Sie im Jagdbuch nach, wenn Sie wollen. Führe jeden Abend Buch.« Nachdem dieses Mißverständnis ausgeräumt war, wandte sich der Herzog, etwas besänftigt, der Frage nach dem Lunch des vergangenen Montags zu. »Lunch war an jenem Tag im Haus. Laetitia wird sich erinnern. Kam kurz vor zwölf zur Waffenkammer zurück. Hab' dort mit dem alten Jebbins gesprochen. Dann rüber zur Stiefelkammer, Stiefel ausziehen, umkleiden, Lunch um eins. Mach's immer so. Ist immer so.«

»Diese Stiefelkammer, Sir, ist direkt neben dem Dienerschaftstrakt, nicht wahr? Haben Sie etwas Ungewöhnliches bemerkt?«

Der Herzog machte seinem Ärger erneut Luft. »Ungewöhnliches? Soll wohl heißen, ob wir einen verdammten Landstreicher mit einer Portion Gift in der Hand rumschleichen sahen. Haben Wichtigeres zu tun, als unsere Nasen in den Dienerschaftstrakt zu stecken. Tür dort hat ihren Grund, wissen Sie. Die sollen allein zurechtkommen. Nein, die Treffer rausbekommen für das Jagdbuch; sicher gehen, daß alles seine Richtigkeit hat; fertig machen für die Nachmittagsjagd, das ist's, was wir getan haben. Sind natürlich nicht dazu gekommen wegen des ganzen Durcheinanders«, murrte er.

»Ja, ja, Sir. Aber nichts Ungewöhnliches«, sagte Naseby beschwichtigend.

Etwas besänftigt, schimpfte der Herzog dennoch weiter. »Alles schlampig heutzutage. Man hat seine Probleme mit den Dienstboten. Stehen über den Dingen. Rennen überall im Haus rum und lassen sich vergiften. Hausmädchen hier, Hausmädchen da. Mein Vater hätte sich das nicht bieten lassen. Hat jede Frau gefeuert, die er nach zwölf im Haus sah. Es muß Regeln geben, wissen Sie. Freds in Livree vor dem Lunch. Butler, die rumhopsen und den Portwein umstoßen. Wo das noch hinführen soll, weiß ich nicht. Dienstboten! Man behandelt sie gut, und was ist der Dank dafür? Lassen sich einfach mitten in der Jagdsaison ermorden.

Der Inspector unterbrach diesen Monolog.

»Brandy, Sir. Wie ich höre, haben Sie persönlich Greeves eine Flasche Brandy gegeben, jeden Montagmorgen.«

»Was ist damit?«

»Das, denken wir, war das Gift, Sir.«

Der Herzog wurde puterrot im Gesicht. »Mein Brandy? Zum Teufel noch mal! Mag vielleicht nicht mein bester Napoleon gewesen sein, Sie aber bezeichnen ihn gleich als Gift?«

Der Inspector hakte schnell wieder ein. »Nein, Sir, nicht der Brandy selbst. Wir denken, jemand hat ihm vielleicht Gift beigemengt. Wann genau haben Sie Greeves den Brandy gegeben, Sir?«

»Selbe Zeit wie immer. Bevor wir zur Jagd aufgebrochen sind. Nachdem die täglichen Angelegenheiten besprochen waren. Zehn Uhr, so ungefähr.«

»Und er wurde unbeaufsichtigt im Zimmer stehengelassen?«

»So daß jeder Gift hineingeschüttet haben könnte«, fügte Bladon eifrig, aber unvorsichtig hinzu.

Der Herzog blickte ihn scharf an. »Jeder? Das heißt, meine Gäste? Meine Familie?«

»Wußten Ihre Gäste denn, daß er für Greeves bestimmt ist, Sir, wenn sie ihn dort gesehen haben?«

Im Gesicht des Herzogs konnte man wie in einem offenen Buch lesen, als er einen Augenblick darüber nachdachte. »Deuten Sie etwa an, daß einer meiner Gäste *mich* vergiften wollte?« Seine Gnaden waren keineswegs schwer von Begriff.

»Nicht unbedingt, Sir. Vielleicht ein Diener.«

»Unsinn. Sind mir alle ergeben. Dienerschaft hat ohnehin gewußt, daß er für Greeves ist. Das Gift war für ihn bestimmt, ganz klar.« Seine Worte hatten etwas Endgültiges.

Als Bladons Zukunft bei der Kenter Polizei gerade äußerst ungewiß schien, entdeckte der Herzog den spaßigen Aspekt an der Sache. Sein rotes Gesicht sprühte vor Heiterkeit. Seine Gnaden dröhnten: »Warum nicht *ich*, was, Bladon? Haben wohl schon immer ein Faible fürs Femegericht der Aristokratie gehabt? Zur Hinrichtung verurteilt von seinen adligen Brüdern, was? Ist es das, was Ihnen im Kopf rumspukt?«

»Das werde ich Teddy erzählen, wenn ich ihn das nächste Mal sehe. Seine Königliche Hoheit wird es sehr amüsieren, zu hören, daß gegen mich ermittelt wird.« Lord Arthur Petersfield lachte hell auf.

Erleichtert, daß Seine Lordschaft die Befragung nicht als Beleidigung empfanden, fuhr Naseby fort. Hatte er am Montagmorgen eine Flasche Brandy im Frühstückszimmer gesehen? Hatte er Greeves gut gekannt? Hatte er sich mit Greeves unterhalten?

»Ich kann es wirklich nicht sagen, Inspector. Ich führe nicht Tagebuch über Begegnungen mit den niederen Ständen.«

Naseby hätte sich eigentlich erniedrigt fühlen können, aber Seine Lordschaft lächelten leutselig, wenn auch ein wenig reserviert. »Wußten Sie vom Brauch Seiner Gnaden, dem Butler jeden Montagmorgen eine Flasche Brandy zu geben?«

»Nein, Inspector, das war mir nicht bekannt. Ich bin hier Gast, wissen Sie. Es schickt sich nicht, näheres Interesse für die Haushaltsführung seines Gastgebers zu bekunden.«

Wieder das gleiche Lächeln.

Wo war er an jenem Montagmorgen gewesen?

»Mein lieber Freund, wo hätte ich denn sein sollen?« wollte er von Naseby wissen. »Jagen natürlich. Die Jagd auf Stockbery Towers ist zu verdammt gut, als daß man sie versäumt, nur um einen Dienstboten zu ermorden.« Er lachte unbefangen, während er den eleganten Ärmel seines Norfolkjacketts richtete. Mit etwas Glück könnte er vor dem Tee noch eine Stunde jagen gehen. Dann blieben vor dem Abendessen noch zwei Stunden zur Verführung von Lady Jane. Nicht physischer Art selbstverständlich – diese unangenehme Aufgabe konnte man aufschieben –, sondern zur Eroberung ihres Herzens.

»Und um welche Zeit kamen Sie zum Essen – äh – Lunch zurück, Sir?«

Lord Arthur überlegte. »Ich kann mich wirklich nicht genau erinnern, Inspector. Um zwölf, glaube ich. Wir kehrten natürlich alle zusammen zur Waffenkammer zurück und begaben uns dann zur Stiefelkammer, wann immer wir fertig waren. Ich ging fast augenblicklich dorthin.«

»Allein, Euer Lordschaft?«

Lord Arthur hielt inne. »Ich glaube schon. Seine Gnaden kamen in die Stiefelkammer und danach Marshall, während ich dort war. Der Kerl geht nicht jagen, wissen Sie. Komischer Kauz. Ich ging mich umkleiden, als Marshall reinkam. Also ja, Inspector, ich ging allein dorthin. Das ließ mir ausreichend Zeit, um durch die Tür in den Dienerschaftstrakt zu verschwinden, den Raum des Butlers zu betreten, Arsen ins Essen zu schütten und zurückzukehren, um den Lunch zu genießen.«

»Sie wußten, daß sich Greeves' Zimmer dort befand, Sir?«

Lord Arthur runzelte die Stirn. »Ja, Inspector. Das möchte ich wohl meinen. Regelmäßige Besucher dieses Hauses, und ich habe die Ehre, mich dazu zu zählen, haben Kenntnis von der Lage des Butlerzimmers wegen unserer Schirmherrschaft über den Dienerschaftsball am Silvesterabend. Wir haben uns nämlich dort getroffen, um von Greeves zum Ball geführt zu werden. Das ist jedoch etwas ganz anderes, als den Dienerschaftstrakt zu einer beliebigen anderen Zeit des Jahres zu betreten. Ich fürchte, ich müßte tatsächlich ein verwegener Mörder sein, um einen Mord auf die Art zu planen.«

»Und als Sie zum Lunch kamen, fiel Ihnen nichts Ungewöhnliches auf?« fragte Naseby einschmeichelnd, bestrebt, sich auf sichereren und unverfänglicheren Boden zu begeben.

Eine hübsche Augenbraue zuckte. »Ungewöhnliches? Ach ja, Inspector, mir fiel in der Tat etwas auf.«

Der Inspector und sein Untergebener beugten sich eifrig vor.

»Der Fasan war ein klein wenig zu lange gebraten. Nicht gerade eine Meisterleistung von Didier.«

»Guten Morgen, Gentlemen.«

Der Prinz hatte ein freundlicheres Auftreten. Trotz des starken Akzents fühlte sich Naseby in seiner Gegenwart unbefangener als in der des eleganten Lebemanns Petersfield. Eben wahrhaft fürstliches Geblüt, sagte er sich mit Kennerblick.

»Ich sehe nicht, wie ich Ihnen helfen kann, meine Herren.« Der Prinz lehnte sich behaglich im Ledersessel des Herzogs zurück. »Seine Kaiserliche Majestät würden aber wünschen, daß ich Ihnen helfe, wenn ich kann, ich sehe jedoch nicht, wie. Es ist ein Diener, der ermordet wurde, ja?«

»Ja«, antwortete Naseby zögernd, aber da war etwas im Auftreten des Prinzen, das ihn zu weiteren Erklärungen veranlaßte. »Es gibt jedoch einige Zweifel, ob er das beabsichtigte Opfer war.« Der Prinz schaute höflich interessiert drein. »Es wurde angedeutet, daß Seine Gnaden ...«

»*Was? Was ist das?*« Der Prinz war aus seiner Gemütsruhe gerissen. »Aber warum das? Er starb in seinem Zimmer, dieser Diener, ja?«

»Wir glauben aber, daß das Gift im Brandy gewesen sein könnte. Und die Brandyflasche stand an jenem Morgen unbeaufsichtigt im Frühstückszimmer, bis seine Gnaden sie Greeves gegeben haben. Das – äh – bringt uns in eine schwierige Lage, Euer – äh – Hoheit«, sagte Naseby, sich plötzlich entsinnend, mit wem er sprach. »Haben Sie die Flasche dort gesehen, Euer Hoheit?«

Das war nicht so diplomatisch, wie es erforderlich gewesen wäre.

Der Prinz fühlte sich ein wenig beleidigt. Das war offensichtlich. »*Nein*, Inspector, ich habe keine Brandyflasche im Frühstückszimmer gesehen. Noch würde ich sie vergiftet haben, falls ich sie gesehen hätte.« Sein Tonfall war nachsichtig, aber kühl. »In Deutschland gilt es als unhöflich, seinen Gastgeber zu vergiften. In Ihrem Land bin ich Gast, ebenso wie in diesem Haus. Das möchte ich Ihnen zu bedenken geben, Inspector.«

Unterwürfig entschuldigte sich der Inspector vielmals. Der Prinz habe ihn nicht richtig verstanden, habe ihn mißverstanden, er dachte ja nur, daß er vielleicht helfen könne ...

»Sie könnten vielleicht Näheres bemerkt haben«, fügte Bladon unterstützend hinzu, erntete dafür jedoch einen strafenden Blick seines Vorgesetzten. Gnädig lächelnd nahm der Prinz die Entschuldigungen an, dennoch war unterschwellig sein Mißfallen weiterhin spürbar. Trotzdem fand er sich bereit, fortzufahren.

»Was ich an jenem Morgen getan habe, Inspector? Ich ging um zehn Uhr fünfzehn zur Jagd. Die erste Treibjagd beginnt um zehn Uhr fünfundvierzig. Sie sehen, ich habe ein gutes Gedächtnis, *ja*? Sie können meinen Lader fragen, ich glaube aber, ich erlegte zwölf Fasane und zwei Rebhühner. Das ist kein schlechtes Ergebnis, meine Herren.«

Es waren willfährige Beifallsbekundungen zu vernehmen.

»Die zweite Treibjagd war um elf Uhr zwanzig. Nach der Treibjagd habe ich die Abschüsse mit meinem Lader verglichen und ging mit den anderen zur Waffenkammer zurück. In der Waffenkammer unterhielt ich mich über eines der Gewehre, das nicht gut schießt. Ich kam zurück ins

Haus. Ich entledigte mich meiner Stiefel. Ich ging mich umkleiden. Ich nahm am Lunch teil.«

Anscheinend gab es nicht viel mehr zu sagen.

François war weder so präzise noch so mitteilsam. Hauptsächlich deshalb, weil der Inspector selbst keine Veranlassung sah, sonderlich freundlich zu jemandem zu sein, der Franzose und zudem noch eine Art Diener war.

»*Non, Inspecteur,* ich habe die Flasche Brandy nicht gesehen.« Er flüsterte beinahe.

»Wußten Sie, daß sie dort stand, Sir?« Naseby beglückwünschte sich dazu, wie meisterhaft er die Situation unter Kontrolle hatte.

»Ich – äh – ja, *oui,* wußte es. Ich bin nicht das erste Mal auf Stockbery Towers, ich war über Neujahr hier, als die Madame la Marquise vom Herzog zum Ball eingeladen wurde ...« Seine Stimme versagte.

François, der sich verzweifelt fragte, ob nicht möglicherweise Offenheit die beste Taktik wäre, machte sehr vage Angaben, was er bei der Rückkehr von der Jagd getan hatte. Er verhedderte sich dabei dermaßen, daß Naseby einen Hoffnungsschimmer sah. Der Stockbery-Fall könnte vielleicht schon bald gelöst sein.

Das Problem war, daß er sich absolut kein Motiv für einen französischen Sekretär vorstellen konnte, den Herzog oder dessen Butler zu vergiften.

Die Damen erinnerten sich sogar noch weniger präzise an das, was sie getan hatten. Honoria und Laetitia lächelten bezaubernd und ließen sich zu der Erklärung herab, daß sie nur daran gedacht hätten, wann es endlich Zeit sei, sich für den Lunch umzukleiden – ihr zweiter Garderobenwechsel an jenem Tag oder der dritte, falls sie der Jagd beigewohnt hatten. Tatsächlich hatte das an diesem Montag keine von ihnen getan. Ihre Gnaden hatten die Zeit im Frühstückszimmer verbracht, und, nein, teilte sie Naseby frostig mit, sie habe keine Flasche Brandy bemerkt. Mrs Hartham war auf ihrem Zimmer gewesen, die Marquise in der Bibliothek. Lady Jane, deren Wangen vor Ärger leicht gerötet waren, zeigte sogar noch mehr Zurückhaltung. Als der Inspector sie nervös und eindringlich befragte, sagte sie kurz angebunden, daß sie in den Parkanlagen spazierengegangen sei – es war so ein schöner Tag. Hatte sie jemanden getroffen? Es stellte sich heraus, daß sie Mr Marshall getroffen hatte. Mr Marshall hatte die Jagd verlassen. Sie wollte eigentlich die Treibjagd beobachten gehen, Mr Marshall hatte sie jedoch aufgehalten. Ein gewisser Grimm schwang in ihrer Stimme mit.

Am Montagabend waren nur noch der Prinz, Mrs Hartham, Lord Arthur, die Marquise und François sowie Walter Marshall anwesend. Die von Freitag bis Montag geladenen Gäste hatten sich mit einer Menge von Gepäck und Kutschen nach Hollingham Halt begeben. Von dort aus würde der Zug sie erschöpft nach London zurückbringen, wo sie ein paar Tage tatkräftig dem Leben der Gesellschaft frönen könnten, bevor zwei weitere ruhige Tage auf dem Land folgen sollten. Diesmal waren sie hin- und hergerissen zwischen dem Widerstreben, den Schauplatz derartigen Nervenkitzels zu verlassen, und der Vorfreude auf die ergötzlichen Geschichten, die sie in London erzählen könnten. Die zurückgebliebenen Logiergäste der Jagdgesellschaft – man hatte sie ersucht, für die gerichtliche Untersuchung zur Verfügung zu stehen, und ihnen somit keine freie Wahl gelassen – richteten sich bedrückt im Haus ein. Die gerichtliche Untersuchung, die für Dienstag angesetzt war, um die Gäste des Herzogs nicht länger als unbedingt erforderlich zu belästigen, versprach Zerstreuung, gab jedoch auch Anlaß zu Verunsicherung. War der Tod anfangs Gegenstand überlegener Scherze gewesen, nahm jetzt das wenn auch noch so sehr um Nachsicht bittende Vordringen der Ermittlung auf ihre Seite der trennenden Tür unliebsam wirklichkeitsnahe Züge an.

Während die eine Gruppe von Gästen abreiste, reiste eine neue an, wurde aber durch andere Türen eingelassen. Seine

Gnaden hatten befohlen, daß Greeves' Verwandte – es war eine Neuigkeit für das Personal, daß er Familie besaß – mit allem Respekt zu behandeln seien. Als die Behelfswagen ihre Passagiere zum Eingang im Küchenhof brachten, stellte sich die höhere Dienerschaft in gebotener Feierlichkeit und Ehrerbietung auf, um sie willkommen zu heißen. In Mrs Hankeys Zimmer war für sie eine besondere Teezeit vorbereitet worden. Die Gästezimmer im Dienerschaftstrakt sollten jetzt von Fremden belegt werden, die mit der Etikette des Dienstbotenflügels nicht vertraut waren. Die höhere Dienerschaft erwartete diese Gäste deshalb mit Unbehagen. Auguste brauchte eigentlich nicht dort sein, er war jedoch neugierig, Beweise von Greeves' Privatleben in Augenschein zu nehmen. Nur wenige höhere Dienstboten hatten ein Privatleben. Von Dienstboten ihres Ranges wurde nicht angenommen, daß sie sexuelle Bedürfnisse hätten, und falls sie diese hatten, sollten sie durch die Arbeit sublimiert werden. Er war daher einigermaßen erstaunt, zu sehen, daß Greeves es fertiggebracht hatte, zwei Wagenladungen trauernder Familienangehöriger zu hinterlassen.

Als erste stieg eine stramme Mittvierzigerin mit stechenden schwarzen Augen aus, die eher resolut als fügsam wirkte, und rauschte mit vor die Augen gepreßtem Taschentuch in die Diele.

»Ich möchte wissen, was hier los war«, erklärte sie entschieden, ohne die sorgfältig eingeübten Beleidsbekundungen zu beachten.

Mrs Hankey versuchte, die Initiative wiederzuerlangen. »Und wer sind Sie?«

Die Frau schaute sie verächtlich an, musterte sie von oben bis unten. »Mrs Greeves. Mrs Archibald Greeves. Witwe.«

Witwe! Es folgte ein erstickter Aufschrei von May Fawcett. Mrs Hankey erbleichte. Auguste lachte. Edith Hankey hörte es. In gegenseitiger stiller Übereinkunft rückten sie und May Fawcett enger zusammen. Die Reihen hatten sich geschlossen.

Kapitel 4

»Hebt die Kruke an.«

Langsam, unendlich vorsichtig, während zwei Augenpaare den Vorgang hingebungsvoll beobachteten, legten sie Hand an. Ein kleiner Seufzer der Abwaschfrau war vernehmbar, deren Gedanken noch beim Mord und nicht bei ihrer Arbeit waren.

Auguste hielt die Luft an. Sogar jetzt noch, nach all den Jahren, vermochte eine einfache Sache wie diese, ihn zu erregen. Es war ein Kunstwerk, er und seine Gehilfen hatten sich gemeinsam bemüht, etwas zu erschaffen, das innerhalb von vierundzwanzig Stunden spurlos verschwunden sein würde, ohne daß auch nur einen Augenblick der Mühe und Liebe gedacht wurde, die auf seine Kreation verwandt worden waren.

»Jetzt, Joseph.«

Langsam und ängstlich zog Joseph Benson das große irdene Gefäß heraus, das in der Krukenpastete steckte. Sie war nur eine von vielen ähnlichen Krustenpasteten, die Augustes Aufmerksamkeit auf dem geschrubbten Holztisch harrten. Sie konnte nun gefüllt werden. Schweinefleisch, Rebhuhn, Fasan – die Füllungen waren bereits umsichtig vorbereitet worden, gewürzt mit all den Finessen eines englischen Kräutergartens.

Der Herzog hatte, zur Verärgerung seines Wildhüters wie auch seines Küchenpersonals, eine weitere Jagd angesetzt, mit einem Picknick-Lunch zur Zerstreuung der Gäste. Ein einfaches Picknick, bei dem selbstverständlich zehn Bediente in voller Livree aufwarteten, konnte garantieren, daß auch die Damen sich amüsieren würden. Sogar die Marquise schien geneigt zu sein, daran teilzunehmen. Als es Dienstag wurde, schien infolge derartiger Zerstreuungen die gerichtliche Untersuchung nur eine weitere Vergnügen zu sein, die extra für sie arrangiert worden war.

Das Vereinszimmer im »Fuhrmannswappen«, der größte Raum, der zur Verfügung stand, denn gerichtliche Untersuchungen gab es selten in Hollingham, wirkte aus diesem Anlaß ungewohnt düster. Die letzte gerichtliche Untersuchung mit Geschworenen hatte wegen der alten Knochen stattgefunden, die auf Amos Pickerings »Dreihügelfeld« gefunden worden waren, und es war eine große Enttäuschung gewesen, als man feststellte, daß sie nur von einer Kuh stammten. Die jetzige versprach mehr Nervenkitzel für die Zuschauer. Sogar der vertraute Anblick von Bill Bunch, dem Gastwirt, der hin- und hergerissen war zwischen dem Verlangen, das Beste aus dem zusätzlichen Geschäft zu machen, und seiner Neugier auf die Verhandlung, vermochte die Nervosität der höheren Dienerschaft nicht zu dämpfen, als diese zehn Minuten vor dem auf elf Uhr anberaumten Termin die ihnen zugewiesenen Plätze einnahm.

Die Ankunft der herzoglichen Familie und ihrer Gäste machte die Düsternis etwas freundlicher. Abgelegt waren die strengen dunklen Straßenkostüme, die die Damen trugen, wenn sie ihre Männer zur Jagd begleiteten. Die Damen hatten beschlossen, daß dies ein gesellschaftliches Ereignis sei. Komplettiert mit Pelzen, Federn und gewagten Hüten, traten Samt und Seide an die Stelle von Tweedstoffen, und es breiteten sich Wolken von Wohlgerüchen aus, die dem »Fuhrmannswappen« so fremd waren wie Minze dem Garten eines Franzosen. Obwohl ihr Taktgefühl den Aristokraten nicht erlaubte, bei diesem Anlaß zu lächeln, gab es nicht ein einziges Herz unter den Anwesenden, das durch den Anblick der sanften, lieblichen Gesichter der Damen nicht leichter wurde. Unmöglich, sich vorzustellen, daß jemand diese lilienweißen Hände mit einer Mordanklage beflecken würde.

Die stattliche Reihe von Hüten, die über den Gesichtern der adligen Damen wippten, ließ den Untersuchungsrichter noch nervöser werden. Als Anwalt aus Maidstone war Jacob

Pegrim mehr mit dem Maidstoner Gefängnis und geringfügigen städtischen Vergehen vertraut als mit der Märchenwelt von Stockbery Towers, und er verbarg seine Verlegenheit hinter einem Übermaß an Strenge. Er starrte auf die vier grundverschiedenen Stände, die vor ihm saßen: die herzogliche Familie, die Dienerschaft, die Verwandten und diejenigen, die bloß aus Neugier hier waren. Zu seiner Linken hatten zehn redliche und treue Männer Platz genommen. Mit ihren hohen weißen Kragen, die mühevoll um daran nicht gewohnte Kinne geknöpft und unter rote Gesichter gelegt worden waren, saßen sie steif da, sich der Bedeutsamkeit ihrer Pflicht voll bewußt. Nachdem die interessante Aufgabe der Leichenschau erledigt war, warteten sie auf den Beginn der Befragung.

Der Anblick der britischen Justiz in Aktion faszinierte Auguste. Es war beeindruckend. In diesem Raum einer Bierkneipe, die von einem Mann geführt wurde, von dem er auf der Straße keine Notiz nehmen würde, herrschte eine Atmosphäre von Zeitlosigkeit und unerbittlicher Wahrheitssuche, die beeindruckender war als die blumenreichen, leidenschaftlichen Plädoyers der Inquisitionsgerichte von Albi. Ethel saß nervös an seiner Seite, schicklich in ihren Sonntagsstaat gekleidet, und rutschte unbehaglich auf der harten Bank hin und her, die aus dem Klassenzimmer des Ortes entliehen war. Seine Hand tastete sich hinab, um aufmunternd ihren Schenkel zu drücken, der sich warm gegen seinen preßte. Ein leichtes Rot auf ihren Wangen verriet sein Tun.

Untersuchungsrichter Pegrim schien aufs Essen fixiert zu sein. Einzelheiten von Greeves' letzter Mahlzeit wurden wieder und wieder durchgenommen, mit Mrs Hankey, mit Jackson, mit Hobbs und schließlich mit Auguste. Aller Augen und besonders die des Untersuchungsrichters waren auf diesen Ausländer gerichtet, der das Essen zubereitet hatte, das dem Unglückseligen, wie ihn der Untersuchungsrichter nannte, serviert worden war. Es herrschte eine ausgesprochen mißtrauische Atmosphäre. Er war Franzose, nicht wahr? Man konnte ja nicht wissen, was für ausländisches Zeug er vielleicht ins Essen gibt. Die Geschworenen lauschten deshalb sehr aufmerksam seinen Antworten auf Fragen bezüglich der letzten Mahlzeit des Unglückseligen.

»Haben Sie Kenntnis davon, Mr – äh – Didier, daß diese Eisenhutsubstanz«, fuhr der Untersuchungsrichter gewichtig fort, »aus Sturmhut, einem gewöhnlichen Gartenunkraut, gewonnen werden kann?«

»Ja, Monsieur.«

»Und ist es wahr, daß Sie Sauerampfer für das Mittagessen pflückten, das der Verblichene erhalten hat?«

Ma foi, nicht schon wieder, dachte Auguste. Er erklärte geduldig, daß es ausgeschlossen war, daß man Eisenhut mit Sauerampfer verwechselte, daß es ausgeschlossen war, daß Eisenhut nur auf den Teller des Unglückseligen gelangen konnte, es sei denn vorsätzlich. Er begriff, daß diese letzte Bemerkung ein Fehler gewesen war, denn sie veranlaßte ihn, zuzugeben, daß es unüblich für einen Küchenchef sei, sich sogar für das Dienstbotenessen das Gemüse selbst zu holen, und zu erklären, daß der Sauerampfer wie auch die Kräuter nur von ihm zubereitet würden. Er war jetzt froh, der Polizei nicht gesagt zu haben, daß Edward aus der vergifteten Flasche getrunken hatte. Das hätte sein Schicksal endgültig besiegelt.

Schließlich der Einzelheiten über die Zubereitungen von Speisen überdrüssig, die den Geschworenen größtenteils unbekannt waren, da sie sich von Melassepudding und gutem Kenter Steak sowie Nierenpastete mit einem großen Bier, gebraut aus Kenter Hopfen, ernährten, wandte sich der Untersuchungsrichter der Familie des Unglückseligen zu.

»Dreiundzwanzig Jahre warn wir verheiratet, Sir«, schniefte Mrs Greeves.

»Sie lebten aber nicht zusammen?« fragte der Untersuchungsrichter mißbilligend. Das war eine Situation, die ihm und seiner treuen Dora völlig fremd war.

Er wurde diesmal nicht mit einem Schniefen, sondern mit

einem funkelnden Blick bedacht. »Archibald war immer bemüht, mir ein gutes Heim zu geben. Er kam mich regelmäßig besuchen, mittwochnachmittags.«

Mrs Hankeys Augen wurden hart, und sie warf einen verstohlenen Blick auf May Fawcett. Deren Lippen waren fest zusammengepreßt.

»Und haben Sie Nachkommenschaft, Mrs Greeves?« Diese Frage mußte umformuliert werden, bevor Mrs Greeves zu antworten geruhen konnte, daß die Nachkommenschaft aus einem Sohn bestand, der, wie sich herausstellte, gegenwärtig im Gefängnis saß. Auguste lächelte. Er konnte keinen Sinn in diesen Fragen sehen. Es war jedoch trotzdem amüsant, die gespannte Aufmerksamkeit zu beobachten, mit der May Fawcett und Mrs Hankey, die zu ihrer gegenseitigen Unterstützung nebeneinander saßen, die Aussage verfolgten.

Als die Polizei zur Befragung an die Reihe kam, lehnte sich Auguste erleichtert zurück. Jetzt würde es keine weiteren verschleierten Anschuldigungen mehr hinsichtlich der Reinheit seines Sauerampferpürees geben. Er hörte gleichgültig zu, als Bladon feierlich über Gift redete, das man in einer Flasche Brandy entdeckt hatte, ein Gift, das jetzt als Eisenhut identifiziert sei.

Die Zusammenfassung des Untersuchungsrichters war knapp und gab den Geschworenen zu verstehen, daß eine tödliche Dosis Eisenhut in Greeves' Mund gelangt sei, wahrscheinlich mittels des Dämons Alkohol in Form von Brandy, und die Geschworenen zogen sich ins Wohnzimmer des Gastwirtes zu ihren Beratungen zurück. Es dauerte nicht lange, dann kamen sie wieder, um eine Frage zu stellen.

»Könnte das Gift später in diese Flasche gefüllt worden sein, um irgendwie eine falsche Fährte zu legen?«

Sergeant Bladon begriff nur langsam die Tragweite dieser Frage. »Könnte sein«, sagte er, und drehte sich zu Auguste um.

Sich ihrer Wichtigkeit voll bewußt, zogen die Geschworenen sich erneut zurück, und als sie wieder erschienen, verkündeten sie, daß sie zu dem Schluß gekommen seien, der Verblichene sei durch unbekannte Hand zu Tode gekommen.

Jacob Pegrim, dankbar, daß die Sache so glimpflich abgelaufen war und seine Geschworenen im Übereifer nicht den Herzog angeklagt hatten, begann, den Urteilsspruch zu wiederholen; der Sprecher der Geschworenen hatte jedoch noch etwas hinzuzufügen. »Außerdem«, setzte er hinzu, »möchten wir, die Geschworenen, sagen, daß der Koch vorsichtiger bei der Zubereitung seiner Speisen sein sollte.«

Sergeant Bladons Gesicht verzog sich bei dieser nicht üblichen Geschworenenerklärung zu einem breiten Grinsen. Auguste erhob sich halb vom Platz. Trogen ihn seine Ohren? An seiner Seite schrie Ethel auf, die in ihrer lebhaften Phantasie Auguste bereits am Ende eines Stranges baumeln sah. Ihre schlimmsten Befürchtungen wurden wahr, als sie bemerkte, daß Sergeant Bladon sich einen Weg zu Auguste bahnte. Sie brach in Tränen aus und schlang die Arme um ihren Geliebten. »Sie dürfen ihn nicht mitnehmen«, rief sie. »Lassen Sie es nicht zu, daß man Sie wegbringt, Mr Didier.«

Die Art, wie Mrs Hankey die Lippen zusammenkniff, verhieß nichts Gutes für Ethel, und ein Blick auf Sergeant Bladons Gesicht noch weniger Gutes für Auguste.

Das unumgängliche Verhör Augustes verlief jedoch nicht so, wie er erwartet hatte. Es begann damit, daß weder Naseby noch der Chief Constable anwesend waren. Ein hoffnungsvolles Zeichen, daß er nicht sofort in die Todeszelle sollte. Er hatte diskutiert, protestiert, erklärt, daß es ihm unmöglich sei, Speisen zu verderben; sich damit verteidigt, daß er kein inkompetenter Dummkopf sei, der in den Garten geht, um Sauerampfer zu holen, und mit Eisenhut zurückkommt und dann plötzlich soviel Intelligenz aufbringt, seine Schuld zu vertuschen, indem er dem Brandy Gift beimengt – diesmal selbstverständlich nicht in Form von Blättern, denn das würde auffallen –, um die Spuren noch gründlicher zu verwischen.

»Oh, das wissen wir, Mr Didier«, sagte Bladon gutgelaunt.

»Das wissen Sie?« wiederholte Auguste mit ersterbender Stimme.

»Natürlich hätten Sie es tun können, das läßt sich nicht bestreiten. Hätten es gerade in dem Moment tun können, als ich Sie in jener Nacht erwischte. Dieses Buch als falsche Fährte benutzend, wie man es ausdrückt.«

Auguste schloß für einen Moment verzweifelt die Augen. Dann öffnete er sie schnell wieder, denn Bladon fuhr fort: »Aber wir denken nicht, daß Sie es getan haben. Das heißt, zumindest im Augenblick nicht«, fügte er vorsichtig hinzu. »Schließlich haben Sie auf den Brandy hingewiesen und darauf, daß das Gift vielleicht für den Herzog bestimmt war. Natürlich hätten wir das sowieso herausgefunden. Es hätte also Schlauheit Ihrerseits gewesen sein können. Das bezweifle ich jedoch. Nur ein Engländer kann so schlau sein.«

Auguste preßte die Lippen aufeinander. »Aber die gerichtliche Untersuchung ...?«

»Ach, ja«, sagte Bladon bedeutsam. »War'n Glücksumstand. Gibt uns freiere Hand, verstehen Sie.«

Auguste sah ihn entrüstet an. »*Et moi?* Was ist mit meinem Ruf?«

Die Kenter Grafschaftspolizei schien sich keine Gedanken um Augustes Ruf zu machen. »Sie waren uns sehr behilflich, Mr Didier«, sagte Bladon freundlich. »Sehr behilflich.«

»Es freut mich, Ihnen dienlich gewesen zu sein«, murmelte Auguste. Der Sarkasmus entging Bladon. »Also, dann war es nicht der arme, dumme Koch, dem ein kleines Versehen mit dem Sauerampfer unterlief. Es war der Erpresser von der anderen Seite der grünen Friestür. Ja?«

Bladon sah ihn verschmitzt an. »Keine Erpressung, nein. Dem können wir nicht unbedingt folgen.«

Auguste machte große Augen. »Aber Sie haben das Buch gesehen, dieser Greeves, er erpreßt ...«

»Alles, was wir gesehen haben, war eine Liste mit Zahlen und Initialen, Mr Didier. Es könnte Erpressung gewesen sein, es könnte auch keine gewesen sein.«

»Sie glauben demnach auch, daß jemand den Herzog vergiften wollte? Weshalb? Eine Herzensangelegenheit?«

Bladon war schockiert. Seiner Meinung nach waren Seine Gnaden mit der Dame seines Herzens verheiratet.

»Es gibt neben Erpressung noch andere Motive, Greeves loszuwerden zu wollen. *Ohne* Seine Gnaden einzubeziehen«, sagte Bladon ernst. Er hatte mehr gesagt als beabsichtigt. Er wurde rot. Naseby würde seinen Skalp fordern, hätte er es gehört.

»Was für welche?« fragte Auguste. »Inspector, es sind meine Kollegen.«

»Also, wissen Sie, das kann ich Ihnen nicht sagen«, meinte Bladon verlegen. »Ich habe schon zu viel erzählt. Ich werde Ihnen jedoch folgendes sagen. Es gibt beispielsweise Eifersucht.«

»Mrs Hankey?« fragte Auguste. »Oh, aber, Inspector, sie würde Greeves nicht umbringen. Er war ihre einzige Hoffnung für die Zukunft.« Außer wenn sie natürlich von der echten Mrs Greeves erfahren hätte, dachte er bei sich.

»Mrs Hankey, das habe ich nicht gesagt.«

»Aber May war nicht eifersüchtig auf Mrs Hankey ...«

»Ich habe nicht gesagt ...«

»Wer dann?« Könnte er Kammer meinen? Eifersüchtig auf Greeves wegen May Fawcett. Aber wie konnte Bladon das wissen? Und das Problem blieb bestehen – wie hätte man es tun können?"

»Natürlich«, sagte Bladon, verärgert, daß seine Offenbarung abgetan wurde, »gibt es noch keinen Beweis, daß nicht Sie selbst das Gift in die Flasche Brandy geschüttet haben, Mr Didier.«

»Hm, hm«, meinte der Herzog, der sich mit der ihm eigenen Haltung am Kamin des Salons die Hände wärmte.

»Mein Gatte möchte sagen, Monsieur Didier«, fiel die Herzogin freundlich ein, »daß wir volles Vertrauen zu Ihnen haben. Wir sind ganz und gar sicher, daß alles ein schreckliches Mißverständnis ist. Daß es unmöglich durch ein Versehen Ihrerseits passiert sein kann.«

»Danke, Euer Gnaden«, sagte Auguste leise. Er war erschüttert. Nicht so sehr wegen Sergeant Bladons Offenbarungen, sondern wegen der vielleicht seiner Einbildung entspringenden merkwürdigen Blicke, die ihm von den niederen Dienstboten zugeworfen wurden, als er am Nachmittag nach Stockbery Towers zurückkam. Die höhere Dienerschaft war selbstverständlich nach außen hin in ihrer Loyalität formvollendet, obwohl er ein kleines schadenfrohes Funkeln in Crickets Augen bemerkte. Schlechte Nachrichten verbreiten sich schnell. Das Küchenmädchen war die Tochter von Joseph Turner, dem neunten Geschworenen, der Laufbursche war der Großcousin Matthew Bindens oben von der Roundtree-Farm, welcher wiederum der Schwager von Terence Makepiece war, dem Sattler und sechsten Geschworenen.

Zumindest in der Öffentlichkeit hatten sich die Reihen um Auguste geschlossen, jetzt, da er Schwierigkeiten hatte. Franzose oder nicht, er war einer von ihnen.

Die Einigkeit, die Auguste gespürt hatte, war jedoch oberflächlicher Natur. Kaum hatten die Geschworenen ihren Spruch gefällt, als sich auch schon wieder der tiefe Unfrieden zwischen den höheren Bedienten Bahn brach. Sie mochten vielleicht zusammengehören, aber ihre individuellen Hoffnungen, Ängste und Qualen behielten die Oberhand.

May Fawcett wurde, als sie vom Ankleiden der gnädigen Frau für den Lunch zurückkam, von Frederick Kammer in der Eingangshalle angesprochen und in das Vorzimmer gezogen.

Kammer blickte in ihr eigennütziges, selbstsüchtiges Gesicht. Wie hatte er sie nur jemals schön finden können? Er packte sie an der Schulter. »Du hast es ihm gesagt, nicht wahr? Du hast ihm von uns erzählt? Mit ihm über mich gelacht?«

Sie riß sich los und rieb ungehalten ihre Schulter. »Nein, hab' ich nicht. Und wenn schon, was dann? Zwischen uns ist doch sowieso nichts. Als ob ich dich je in Betracht gezogen hätte!«

»Du hast mich beim letzten Dienerschaftsball sehr wohl gemocht«, sagte Kammer mit belegter Stimme.

»Nein, ich ...« May hielt inne und überlegte. Archibald gab's jetzt nicht mehr. Und sie war achtundzwanzig Jahre alt. »Ja«, sagte sie ungehalten, »ja, das hab' ich schon, nehm' ich an.«

»Du wußtest doch, daß er verheiratet war, nicht wahr?« sagte Kammer. »Du hattest es herausgefunden, nicht wahr?« Er triumphierte.

Sie sah ihn erschrocken an. »Woher weißt du das?«

»Ich hab' gehört, wie er es dir sagte, May. Dich auslachte. Ich habe Euch belauscht, verstehst du. Hast du ihn umgebracht, May? Ich würde es dir nicht verdenken.«

Sie schaute ihn an. Er war keine tolle Partie, aber sie streckte die Hand nach ihm aus und dicke Tränen traten ihr in die Augen ...

Hobbs hatte dann unter Mays Frustration, daß sie bisher verschmähten Verehrern gefallen mußte, zu leiden. Sie suchte sich immer ein leichtes Opfer aus. »Ich nehme nicht an, daß es Mr Greeves gefallen hat, gesagt zu bekommen, was Sie von ihm gehalten haben, Mr Hobbs. Fand er die Zeit, zum gnädigen Herrn zu gehen, wie er androhte? Oder ist er vorher gestorben? Sie waren erkältet, nicht wahr, Mr Hobbs ...? Haben Sie Dr. Parkes' Arznei genommen? Haben Sie sich selbst etwas davon hergestellt ...?«

»Was haben Sie hier drin zu suchen, Mr Kammer? Mrs Hankey würde das nicht gefallen, oder?«

Cricket hatte sich von hinten an ihn herangeschlichen, als er vor dem Arzneischrank in Mrs Hankeys Vorratskammer stand.

Kammer fuhr herum, sein Gesicht war knallrot. »Ich wollte nur mal nachsehen, Mr Cricket. Nur nachsehen, wie leicht es für jemanden gewesen sein könnte, hier einzudringen ...«

»Ach ja? Waren Sie das denn nicht selbst und wollten nachsehen, ob die Polizei die Flasche mitgenommen hat?

Immerhin hatten Sie gute Gründe, ihn loswerden zu wollen, nicht wahr?«

John Cricket würde es sehr gefallen, könnte man den Mörder von Mr Greeves unter seinen Kollegen finden. Es wäre dann wenig wahrscheinlich, daß die Verbindung zwischen ihm, Greeves und der herzoglichen Seite des Hauses ans Licht käme.

»Miss Gubbins, ich möchte kurz mit Ihnen sprechen.«

Mrs Hankey steuerte wie ein Schiff unter vollen Segeln auf sie zu. »Ich habe mich gerade an etwas erinnert, das Mr Greeves mir gesagt hat. Er sagte, er hätte vor, mit mir über Sie zu sprechen. Etwas sehr Ernstes. Was war es, Miss Gubbins? Er hatte keine Gelegenheit mehr, es mir zu sagen, armer Kerl.« Ihre Stimme war bedeutungsschwer.

Ethel errötete leicht, wurde dann knallrot. »Das weiß ich ganz sicher nicht, Mrs Hankey. Und falls Sie andeuten ...«

»Ich deute gar nichts an, Miss. Ich möchte nur wissen, wer meinen Archibald ermordet hat. Und mir scheint ...«

»Mir scheint, Sie kannten ihn am besten, Mrs Hankey. Eigentlich sollten Sie wissen, wer ihn ermordet hat.«

Mrs Hankey blieb bei diesem unerwarteten Angriff der Mund offenstehen. »Ich? Ich soll wissen, wer Mr Greeves ermordet hat?«

Auguste, der nichts von dieser aufgeheizten Atmosphäre wußte, wollte, da seine Audienz bei der Herrschaft vorüber war, gerade in die Küchenräume zurückkehren, als er von Walter Marshall angehalten wurde.

»Darf ich Sie um einen Augenblick Ihrer kostbaren Zeit bitten?«

Auguste folgte ihm in die Bibliothek, die auf Stockbery Towers selten zweckentsprechend genutzt wurde. Die prächtiggebundenen Bücher, darunter eine Erstausgabe von Lambarde über Kent, blieben unberührt und gewannen durch ihren funkelnagelneuen Zustand an Wert. Lady Jane war das einzige Familienmitglied, das ihre Ruhe störte. Ihre Streifzüge beschränkten sich jedoch mehr auf den Teil der Bücherschränke, der die leichtere Lektüre – die Romane und gebundenen Exemplare von »Das Theater« – enthielt.

»Wir sind uns schon einmal begegnet, Mr Didier, nicht wahr?«

Auguste lächelte. Er hätte nicht gedacht, daß Walter Marshall sich daran erinnerte.

»Voriges Jahr im Savoy, Monsieur. Als ich Monsieur Escoffier besuchte.« Sein alter Maître und hochverehrter Mentor, Auguste Escoffier, der vor kurzem eingetroffen war, um die Küche des neuen Savoy Hotels zu leiten, hatte Auguste bei sich empfangen. Als er gerade bei ihm war, kam Walter Marshall ins Zimmer des Chefkochs, um ebenfalls eine in Nizza begonnene Bekanntschaft aufzufrischen. Auguste war damals erstaunt, denn der ernsthafte junge Politiker glich nicht der Sorte von Engländern, die die französische Küche schätzen. Sein erster Eindruck hatte sich als falsch erwiesen. Walter Marshall war ein Verehrer der französischen Kochkunst. Und er mochte Auguste. Er bewunderte die französische Bereitschaft, ohne Einhaltung von Klassenschranken Ehre zu geben, wem Ehre gebührt. Er selbst fand, so oft er konnte, ein Schlupfloch durch diese Schranken; und wenn es kein Schlupfloch gab, übersprang er sie sogar. Er war ein entschlossener junger Mann.

»Das ist selbstverständlich alles Unsinn«, erklärte Walter Marshall jetzt rundheraus. »Diese Bauerntölpel wissen nicht, was sie sagen.«

Nach einem Moment der Überraschung, daß er wie ein menschliches Wesen und nicht wie ein untergeordnetes, wenn auch lebenswichtiges Rädchen im hierarchischen Getriebe angesprochen wurde, zuckte Auguste die Schultern.

»Es ist ganz natürlich«, erwiderte er. »Man glaubt, kein Engländer könnte so unfair sein, einem Menschen Gift ins Essen zu geben; keine englische Lady würde so etwas auch nur in Betracht ziehen, also muß es ein Ausländer gewesen sein. Damit bleiben Prinz Franz, die Marquise, ihr Sekretär und ich selbst übrig. Und wer ist am besten in der Lage,

Essen zu vergiften? Ich. Der Koch. *Voilà.* Der Fall ist gelöst.«

»Aber es läßt sich leicht beweisen, daß Sie nichts damit zu tun hatten; oder vielmehr, um genau zu sein, es ist unmöglich, das Gegenteil zu beweisen ...«

Auguste sträubten sich die Haare.

»Nichts für ungut, mein Lieber«, sagte Walter. »Ich sehe absolut keinen Grund, weshalb Sie den Butler vorzeitig ins Jenseits befördern sollten, auch wenn Sie mit ihm auf Kriegsfuß standen ...«

»Woher wußten Sie ...?«

»Das war nicht sehr schwer«, entgegnete Walter trocken. »Archibald Greeves war sich nicht zu fein, hier und da Bemerkungen über seine Kollegen fallen zu lassen – über diejenigen, die eine Bedrohung für seine unumschränkte Herrschaft darstellten. Zum Glück neigt der Herzog auch – äh – instinktiv dazu, das zu erkennen.

Mir scheint, Didier", fuhr Walter Marshall fort, »daß die örtliche Kriminalpolizei, nach ihrem heutigen Auftreten zu urteilen, kaum zur richtigen Antwort gelangen wird. Es ist ein Problem, das Sie und ich, ungeachtet unserer jeweiligen Stellung als Gast bzw. – äh – Dienstbote lösen müssen, weil wir diejenigen unter den Anwesenden sind, die am besten logisch denken können.«

Auguste hielt den Atem an. Seine Augen leuchteten. Jetzt wurde es ihm klar. Waren nicht die Franzosen die Nation, die am besten logisch denken konnte? Er setzte also seine Logik ein. Weshalb sollte Walter Marshall derart am Schicksal eines einfachen Kochs interessiert sein? Es konnte doch nicht nur Marshalls Liebe zur Feinschmeckerei sein, daß er Auguste der Nation erhalten wollte.

»Warum?« fragte er kurz und bündig.

»Sie würden doch zustimmen, Didier, daß jemand in diesem Haus Greeves ermordet hat? Und wenn dem so ist, würden Sie dann nicht auch zustimmen, daß weiterhin Gefahr besteht?«

»Sie meinen«, sagte Auguste nachdenklich, »daß es wieder passieren kann? Diesmal aus nichtigerem Anlaß, wenn er sich bietet, da die Sache beim ersten Mal unaufgeklärt blieb. Das ist möglich, ja.«

»Ich hätte kein gutes Gefühl«, sagte Marshall zurückhaltend, »dieses Haus zu verlassen, wenn diejenigen, die noch hier sind, vielleicht in Gefahr schweben.«

Auguste bemerkte die absichtliche Beiläufigkeit.

»Und sind Sie, mein lieber Didier, im Augenblick nicht der Hauptverdächtige? Es muß in Ihrem Interesse liegen, diesen Fall lösen zu helfen.«

Auguste schüttelte den Kopf. »*Non*, Monsieur, ich bitte Sie, mir zu glauben. Die Polizei interessiert sich nicht für mich. Man hat es mir gesagt. Und wenn es wirklich der Fall wäre, würde ich im Gefängnis von Maidstone sitzen und nicht in der Küche von Stockbery Towers frei herumlaufen.«

»Dann, Monsieur Didier, bitte ich Sie, zu bedenken, daß Ihre hübsche, kleine Freundin, die bei der Urteilsverkündung so besorgt war, die nächste sein könnte«, sagte Walter unerschütterlich.

Estelle? Seine Estelle? Unmöglich, sich seine hübsche Ethel als nächstes Opfer eines Giftmischers vorzustellen. Unwahrscheinlich ...

»Also gut, Monsieur Marshall. *Écoutez.*« Da sich Auguste der Vorteile eines Verbündeten auf der anderen Seite der Friestür bewußt war, begann er zu sprechen. 15 Minuten später besaß Walter Marshall volle Kenntnis von der Erpressungstheorie, vom schwarzen Buch, das so vielversprechende Erwartungen geweckt hatte und offensichtlich in Wirklichkeit so enttäuschend war. Er besaß auch Kenntnis von der »Polizei«-Theorie, daß der Herzog das beabsichtigte Mordopfer gewesen sei. Auguste erzählte Walter Marshall jedoch nichts von Edwards Schluck aus der Brandyflasche. Er vertraute ihm noch nicht genug, um derart unumstößliches Beweismaterial, daß der Mörder von jener Seite der Friestür kam, preiszugeben. Vielleicht würde er es ihm bald mitteilen. Sein Gefühl sagte ihm, daß die Marinade zu wirken begann und alles allmählich den richtigen Geschmack bekam; bald würde er die Lösung finden.

»Sie glauben also, einer von den Gästen ist dafür verantwortlich?« meinte Marshall stirnrunzelnd.

»Es ist wahrscheinlicher, daß Greeves sie oder die Familie erpreßt hat«, erklärte Auguste kühn.

»Nur wenn er sich seiner Kollegen bedient hätte«, erwiderte Walter. »Schließlich mußte er seine Informationen irgendwoher bekommen. Die Familie oder die Gäste würden nicht so einfach die Karten vor ihm aufdecken.«

»Das träfe nur auf die Familie zu«, bemerkte Auguste.

»Also sind die Gäste sowieso ausgenommen«, sagte Walter.

»Nein«, entgegnete Auguste langsam. »Nicht unbedingt. Die augenblicklichen Gäste sind alle häufig geladen. Sie waren schon hier. Sie wissen alle, wie das Anwesen organisiert ist. Und«, seine Augen wurden lebhafter, »Greeves' Pflichten führten ihn mit Seiner Gnaden zum Stockbery House in London, um die Buchführung zu überwachen. Wir wissen nicht, welche Möglichkeiten er dort vielleicht hatte. Kammerdiener vornehmer Herrn sind manchmal Schwachstellen, und Greeves könnte reichlich Gelegenheit gehabt haben, sich mit ihnen zu unterhalten, ihnen ein *pourboire*, ein Trinkgeld, als Gegenleistung für Informationen zu geben.«

»Im Stockbery House, ja ...«, sagte Marshall nachdenklich. »Es gab einen Ball dort, zum Beispiel im August, auf dem wir alle waren. Und einen anderen – im Frühsommer. Ascot im Juni beispielsweise. Eine große Hausparty auf Chivers, Lord Brasserbys Wohnsitz. Greeves ist sicher auch dort gewesen. Da hätte er reichlich Gelegenheit gehabt, die Diener zu bestechen.« Er hielt inne, als ihm ein Gedanke kam, den er Auguste noch nicht offenbaren konnte. Statt dessen fragte er zögernd: »Ich kann Ihnen doch vertrauen, Monsieur Didier, nicht wahr?«

Auguste nahm Haltung an. »Ich bin ein Mann von Ehre, Monsieur«, sagte er würdevoll.

»Also gut. Es liegt im Bereich des Möglichen, daß es Angriffsflächen für Erpressung bei den Gästen gab – dort oder hier –«, sagte Walter vorsichtig, »falls Greeves, wie auch immer, Beweise an sich gebracht haben sollte.«

Mann von Ehre oder nicht, Auguste amüsierte es, von den Intrigen der Ehrenwerten Mrs Hartham, von der mutmaßlichen Liaison zwischen dem Prinzen und der Herzogin zu erfahren.

»Aber das sind doch Herzensangelegenheiten? Mordet man deswegen in England?«

Walter dachte an den Verhaltenskodex der Gesellschaft, in der er sich bewegte. An die unauslöschliche Schande, falls Affären ans Licht der Öffentlichkeit gelangten, besonders für diejenigen aus dem Kreis des Prinzen von Wales, zumal der Prinz noch in den Beresford-Scheidungsskandal verwickelt war. »Oh ja«, sagte er bedächtig, »ich glaube, gewisse Morde würden um einen sehr geringen Preis begangen werden.«

»Und was ist mit Lord Arthur?« fragte Auguste unbedacht. Gerüchte breiteten sich im Reich der Dienstboten in Windeseile aus. »Auch eine Herzensangelegenheit?«

»Nein«, sagte Walter kurz angebunden. »Es gibt aber Gerüchte, daß er hohe Spielschulden beim Bakkarat hat. Er schätzt die Freundschaft des Prinzen von Wales, und der Prinz hat wegen Bakkarat genügend Probleme mit Tranby Croft und dem Gordon-Cumming-Skandal, die jedermann noch in Erinnerung sind.«

Auguste schüttelte verwundert den Kopf. Ein Prinz, der als Zeuge dafür angerufen wird, ob ein Freund beim Kartenspiel betrogen hat. Eine Sache der Ehre das Ganze, hieß es. Ehre, ja. Jeder hat seine eigenen Vorstellungen von Ehre. Daß sie aber in Karten liegen könnte! Es ist nicht leicht, die vornehmen Herrschaften zu verstehen.

»Es gibt auch noch andere Gerüchte über Petersfield«, sagte Marshall langsam. »Aus der Luft gegriffen, aber ständig im Umlauf.« Er zögerte. »Über die Gründe, weshalb er nicht verheiratet ist.« Seine Handknöchel waren weiß. Er konnte die Gedanken an Jane nur schwer verdrängen.

»Aha«, meinte Auguste interessiert. Das englische Laster, wie es seine Landsleute nannten. Dann begriff er den Grund für Marshalls Zögern und wechselte schnell das Thema. »Und dieser deutsche Prinz? Was ist mit dem? Könnte der *salaud* Greeves vom Kammerdiener etwas Schlimmes über ihn erfahren haben?«

»Da begeben wir uns in tiefe Wasser, mein Freund. Nicht nur tiefe, sondern auch gefährliche. Ich muß vorsichtig sein, weil vieles davon meine Arbeit betrifft. Ich kann Ihnen aber soviel sagen: Es gibt Leute, die meinen, daß Gladstone zu alt ist und daß die Liberalen noch jahrelang nicht an die Macht kommen werden. Ich glaube jedoch, wenn nächstes Jahr die allgemeinen Wahlen stattfinden, wird nicht Lord Salisbury, sondern Gladstone der Sieger sein. Und meine Kollegen denken genauso. Lord Salisbury ist ein großartiger Mann, Didier, nach Meinung seiner Kollegen hat er aber nicht genug Weitblick. Er denkt, ich bitte um Vergebung, daß Frankreich und Rußland unsere Feinde sind. Das mag zwar unter Bismarck, diesem schlauen Teufel, richtig gewesen sein. Bismarck aber ist weg, und der Kaiser kann sich nicht entscheiden, ob er England lieben oder hassen soll. Solange Victoria am Leben ist, sind wir vielleicht sicher. Wenn sie aber sterben sollte ... Überdies gibt es einen Machiavelli in Deutschland, der hinter den Kulissen viel Einfluß ausübt, der die Dinge im Fluß hält – von Holstein. Ist er ein Freund oder ein Feind? Wir wissen nur, daß er alles, was ihm in die Hände gerät, ins Schlechte verkehrt.«

»Wie Greeves«, meinte Auguste interessiert.

»Er ist Ihrem Mr Greeves sehr ähnlich. Wenn ich den Prinzen sehe, muß ich immer daran denken, daß er Diplomat der Botschaft ist und daher wahrscheinlich durch von Holstein persönlich ausgewählt wurde, und von Holstein ist die *eminence grise* in Deutschland. Zu Beginn seiner Karriere war von Holstein Hauptzeuge in der Gerichtsverhandlung gegen Arnim, welcher der Spionage in der Pariser Botschaft angeklagt war. Inzwischen meinen aber einige, daß von Holstein selbst die gesamte Spionagetätigkeit in den deutschen Botschaften im Ausland lenkt. Es ist eine kühne Vermutung, die ich eigentlich nicht äußern sollte. Wenn dieser Greeves jedoch vielleicht durch den Kammerdiener des Prinzen auf etwas gestoßen sein sollte, was dessen Diplomatenposten gefährdet ... Es ist nur so ein Gedanke.«

Zehn Minuten später besaß Walter Marshall Kenntnis über alle Motive der höheren Bedienten, die Auguste bekannt waren oder die er ahnte. Nach einigem Zögern hatte Auguste auch Ethels Motiv mit einbezogen. Er fühlte sich zwar unwohl dabei, aber wenn Ethel sicher sein sollte, mußte Greeves' Mörder gefunden werden, und zwar schnell.

»Und Ihr eigenes Motiv, Didier?« fragte Marshall sachlich.

»Mein Motiv?« fragte Auguste ungehalten.

Ein leichtes Lächeln huschte über Marshalls Gesicht. »Ich muß dazu sagen, daß ein neues Salonspiel, das viel Heiterkeit auslöst, zur nachmittäglichen Entspannung erfunden worden ist – ›Erraten der Motive für das Ableben von Archibald Greeves‹. Natürlich handelt es sich nicht um die Motive von unserer Seite der Tür.«

»Und welches wurde mir zugedacht?« fragte Auguste grimmig.

»Oh, Sie würden es bestätigen, Monsieur Didier. Soweit ich mich erinnere, hätte Greeves Sie dabei erwischt, wie Sie die Soße für ein Wildragout zum Kochen brachten.« Er lachte, als er Augustes Gesichtsausdruck sah. »Also«, fuhr er fort, »wenn ich das recht verstehe, Didier, sagen Sie, es ist unmöglich, daß die höheren Bedienten den Brandy während des Mittagessens vergiftet haben. Ist es aber nicht möglich, daß auch sie Zutritt zum Frühstückszimmer hatten, während die Flasche für den Herzog dastand?«

Auguste überlegte und nickte. »Sie konnten aber nicht *wissen,* daß der Herzog sie nicht selbst trinken würde« fügte er rasch hinzu.

»Ernest Hobbs schon«, sagte Marshall ruhig. »Lassen Sie uns diese Beweisführung jedoch zu Ende bringen. Der Logik zuliebe. Sie sagen auch, es ist unmöglich, daß einer von uns durch die Dienstbotentür auf die andere Seite eingedrungen ist, um ihn zu vergiften, während sie alle beim Mittagessen waren. Vielleicht die Damen? Sogar ich selbst? Ich bin an jenem Tag nicht bei der Jagd geblieben.«

»Nein, Monsieur, das Risiko wäre zu groß.«

»Auch die Männer nicht, als sie von der Jagd zurückkamen? Bevor die Oberen Zehn den Dienstbotenspeisesaal verließen? Die Tür zum Dienerschaftstrakt ist ganz in der Nähe der Tür, die die Männer bei der Rückkehr von der Jagd benutzen. Es wäre leicht, durchzuschlüpfen; uns allen ist der Grundriß des Hauses gut bekannt. Beim Dienerschaftsball bin ich selbst durch diese Tür gegangen und kenne Greeves' Zimmer. Und man weiß, daß das Mittagessen der Dienerschaft um zwölf Uhr beginnt.«

»Die Zeit reicht nicht, Monsieur. Es ist auch zu riskant – man könnte vom diensthabenden Lakaien im Vorderhaus gesehen werden, wenn man durch die Tür geht, oder von den Herren, die von der Jagd zurückkommen. Die Herren ziehen ihre Stiefel aus und machen ein Schwätzchen. Um halb eins kommen wir immer ins Dienstbotenzimmer zurück, und die Lakaien ziehen im kleinen Raum auf der anderen Seite der Tür ihre Livree an ...«

»Es ist also anzunehmen, daß die Flasche höchstwahrscheinlich im Frühstückszimmer vergiftet wurde«, sagte Marshall bedächtig. »Dennoch scheint mir, daß es etwas gibt, was Sie übersehen haben, Didier.«

»Monsieur?«

»Falls dieses Buch, von dem Sie sprachen, wirklich die Auflistung von Greeves' Erpressungen enthält, wo ist das Belastungsmaterial? Und was hat er mit all dem Geld gemacht? Man muß ihn in bar bezahlt haben. Und man erpreßt niemanden, ohne daß man stichhaltige Beweise hat. Er konnte nicht auf jemanden zugehen, sagen wir mal auf Petersfield, und behaupten: ›Oh, ich weiß was, Euer Lordschaft.‹ Wo ist das Belastungsmaterial?«

Auguste zog einen Schollmund. »Damit, Mr Marshall, sind meine Träume, ein großer Detektiv zu sein, zerstoben. Daran habe ich nicht gedacht. Sie haben natürlich recht. Es kann nicht in Greeves' Zimmer sein, sonst hätte es die Polizei gefunden – und niemand würde mehr über das Sauerampferpüree sprechen. Außerdem wäre es zu riskant. Was das Geld betrifft – ich denke, diese Ehefrau, oder nicht? Seine freien Nachmittage?«

»Jetzt ist die Reihe an mir, etwas außer acht gelassen zu haben. Begeben wir uns also auf die Jagd, Sie und ich, Didier. Ich auf meiner Seite der Tür, Sie auf der Ihren. Und, Didier, denken Sie immer daran – Lady Jane hat kein Motiv«, sagte Walter ernst.

Auguste lächelte. »*Je comprends.* In dem Fall, Monsieur, hat auch Miss Gubbins keins. Abgemacht?«

»Abgemacht«, sagte Walter Marshall und lachte.

Das Begräbnis von Archibald Greeves war eine seltsame Angelegenheit. Es stellte die naturgegebene Hierarchie auf den Kopf. Die Verwandten, die von den Oberen Zehn zwei Tage und einen Abend lang luxuriös, wenn auch nicht herzlich bewirtet worden waren, befanden sich vor der Kirche – ganz vorn die weinende Mrs Greeves, die eindrucksvoll hinter einem dicken schwarzen Schleier nach Luft rang. Ihnen folgte die höhere Dienerschaft. Hinter der Kirche standen die herzogliche Familie und die Gäste, um Greeves durch ihre Anwesenheit die letzte Ehre zu erweisen. Drei Gutsarbeiter und überraschenderweise der Herzog selbst hoben den Sarg vom Wagen, dessen Pferde ihren schwarzen Federschmuck trugen. Mürrisch bestand der Herzog gegenüber Lord Arthur auf der Behauptung, daß Greeves ein verdammt guter Butler gewesen sei, was immer er auch sonst getan haben mochte. Das war vielleicht das einzige anerkennende Wort für den Verblichenen, das an diesem Tag geäußert wurde.

May Fawcett beobachtete mit zusammengekniffenen Lippen, wie der Sarg vorübergetragen wurde. An ihrer Seite befand sich Edith Hankey. Ihre beiden Gesichter waren tränenüberströmt, weniger um Greeves' als um ihrer selbst willen. Bei Auguste stand Ethel, ein Nebeneinander, das unter gewöhnlichen Umständen streng verboten gewesen wäre. Es waren aber keine gewöhnlichen Umstände, und Mrs Hankey war zu gedankenverloren und Ernest Hobbs zu überwältigt von der Würde seines neuen Amtes, um Einspruch zu erheben. Auguste rührte die Zuneigung des Mädchens, und er kam sich wie ein Kavalier alter Schule vor, zu den Waffen gerufen, um das edle Fräulein zu beschützen, das er liebte. Es würde ihm leichtfallen, Ethel zu lieben. Sie würde eine gute Ehefrau sein – *jemandem* eine gute Ehefrau sein, dachte er eilends. Er mußte vorsichtig sein. Ethel war nicht jemand, den man leichthin lieben konnte. Ethel würde erwarten, geheiratet zu werden. Und auch wenn es keine Tatjana gegeben hätte, ein guter Maître sollte mit seiner Kunst verheiratet sein, nicht mit einem Weibchen, das häusliche Gemütlichkeit schätzte. Er mußte sich dem Zölibat verpflichten – na ja, zumindest in Gedanken. Trotzdem schienen Tatjana und das Zölibat weit entrückt zu sein, wenn er Ethel anschaute, die Silhouette ihres Kinns, während sie vor sich hinstarrte, in stillem Gebet für das Seelenheil eines Mannes, der es nie gut mit ihr gemeint hatte.

Wie wäre es, eine Frau zu haben? Aus der Sicht eines Junggesellen war die Ehe eine sonderbare Angelegenheit. Sein Blick richtete sich auf Mrs Greeves. War der alte Teufel einmal leidenschaftlich verliebt in diesen dicken, energischen Drachen gewesen?

Auf dem Rückweg nach Stockbery Towers paßte er den Drachen ab.

»Gestatten Sie mir, Madame, Ihnen mein aufrichtiges Beileid auszusprechen.«

Sie blickte zu ihm empor, und sogar durch den dicken schwarzen Schleier hindurch konnte er die Feindseligkeit in ihren Augen erkennen.

»Sie sind doch dieser Koch, nich wahr?« sagte sie. »Die Geschworenen denken, daß Sie ihn getötet haben. Ich weiß nich, warum man Sie nich eingesperrt hat«, fügte sie haßerfüllt hinzu.

Er zuckte zurück. »Man hat mich nicht eingesperrt, Madame, weil ich Ihren Gatten nicht vergiftet habe.«

»Sie wollen wohl sagen, man kann's noch nicht beweisen.«

»Madame, Sie sind Engländerin, und Engländerinnen haben immer einen Sinn für Gerechtigkeit. Es ist nicht bewiesen, daß ich schuldig bin, und solange bin ich unschuldig. Das hier ist nicht Frankreich, Madame.«

Vielleicht überzeugte sie etwas an seinem Gesichtsausdruck, denn ihr Tonfall war weniger scharf, als sie sagte: »Sei dem, wie's sei. Das Ergebnis is dasselbe. Er is tot. Und wo kriege ich jetzt mein Geld her, jetzt ...«

»Ich bin sicher, der gnädige Herr wird ...«

Sie lachte verächtlich. »Dieses Almosen – nach allem, was mein Archibald ...« Sie schaute ihn an. »Er war ein großzügiger Mann.«

»Dürfte ich Sie vielleicht aufsuchen, Madame? Ich möchte mit Ihnen sprechen ...«

Sie blickte zu ihm empor. »Glauben Sie etwa, ich werde Ihnen sagen, wo ich wohne? Ich könnte ja im Schlaf ermordet werden.«

Auguste fiel ihr teurer Hut auf – er war ein Kenner, was Frauenkleidung betraf. Der war nicht vom Gehalt eines Butlers gekauft. Entweder brachte Archibald Greeves die Einnahmen aus seiner Erpresserei jeden Mittwochnachmittag nach Hause, oder aber sie war eine *poule de luxe*, eine Luxusdirne. Letzteres schien, bei näherer Betrachtung, außerordentlich unwahrscheinlich zu sein.

Kapitel 5

»Sie ist hinüber, Mr Didier.«

Fünf Augenpaare sahen Auguste ängstlich und besorgt an. Man vertraute darauf, daß er dieses Unglück beheben könne. Mr Didier war ihr Maître, egal, was die Geschworenen gesagt hatten. Ihm würde etwas einfallen.

Er schaute verzweifelt auf seine Untergebenen. Gab es denn nicht einen einzigen unter ihnen? Trotz der Ausbildung bei ihm? Sollte das Unglück sie wieder vollkommen ungehindert treffen?

»Schnell, Gladys. Kaltes Wasser, *vite, vite.*«

In blindem Gehorsam trippelte Gladys mit dem Krug in der Hand zur Spülküche und kehrte zurück, noch immer vor Furcht zitternd, daß die Verantwortung für die Katastrophe allein auf ihren schwachen Schultern lasten würde.

Auguste nahm den Krug und goß das Wasser behutsam, ganz behutsam auf die tote Masse. Unter seiner zarten Hand liefen die Eidotter langsam ineinander und banden ab. Die Katastrophe war abgewendet, die Hollandaise gerettet. Nun war Zeit genug für Schuldzuweisungen. Auguste seufzte. Vielleicht war es falsch von ihm, zu denken, daß er einem Untergebenen jemals auch nur den einfachsten Teil einer Soße überlassen könne. Er erinnerte sich an Monsieur Escoffier, der niemals einen Teil von *la sauce* einem Lehrling, wie vielsprechend dieser auch sein mochte, anvertraut hätte. Wie aber sollten sie etwas lernen, wenn man ihnen nie wirkliche Verantwortung auferlegte?

Eine schnelle Kontrolle des gefüllten Hechtes, der Hühnerpastete mit Portwein, des Truthahns in Aspik, der Fasane mit Trüffelfüllung, der pochierten Seezungen, und Auguste war erleichtert. Es ging ja schließlich nur um einen leichten Freitagslunch, und die Braten, das wußte er, konnten unbesorgt William Tucker überlassen werden, die Pasteten Joseph Benson. Sie würden natürlich nie Maîtres werden, aber sie waren verheißungsvoll, ja, sehr verheißungsvoll. Tucker hatte ein Gespür für Bratspieße und -röhren, kannte genau die Auswirkung jeder Lageveränderung, jeder Temperaturerhöhung. Es war schade, daß sich seine Fähigkeit mehr auf altmodische Küchenherde als auf Gasröhren bezog; letztere verabscheute er. Seltsam für einen jungen Mann, aber so war es eben. Fortschritt habe seine Nachteile, sagte er, und er lobe sich die alten Öfen.

Ja, Auguste konnte im Augenblick die Lunchvorbereitungen getrost aus den Augen lassen, um sich mit einem ebenso dringlichen, wenn nicht noch dringlicherem Problem zu befassen. Miss Gubbins geriet ganz aus der Fassung, als sie mitten in den täglichen Routinearbeiten unterbrochen wurde, auch wenn es sich um einen so willkommenen Besucher wie Mr Didier handelte. Sie fühlte sich veranlaßt, ihm mit der Macht zu imponieren, die sie über die kleine Schar von Untergebenen in Kattunkleidern hatte, bevor sie diese entließ und sich mit freudig schlagendem Herzen Auguste zuwandte.

»Meine Estelle, es wird ernst, nicht wahr?«

Ethel nickte inbrünstig. Sie war durch die Untersuchung verängstigt worden, weil man nie wissen konnte, ob Sergeant Bladon nicht jeden Augenblick mit der gesamten Streitmacht von Gesetzeshütern anrückte, ihren geliebten Auguste in Handschellen legte und ihn irgendwohin brächte, wo sie ihn nie wiedersehen würde. Ethel war ein vernünftiges Mädchen, aber sie war jung, und sie stand auch zu sehr unter dem Einfluß der schrecklichen Abenteuer jener Peggy aus der letzten Auflage des »Leitfadens für junge Mädchen«.

»Wir müssen an uns beide denken, nicht wahr?«

Ethel nickte noch begeisterter. Das kleine Wort 'beide' ließ ihr junges Herz erbeben. Sie konnte nicht ahnen, daß Auguste dabei nur an Sergeant Bladon gedacht hatte, der in seiner Torheit nach wie vor sowohl sie als auch Auguste

als Schuldige greifen könnte. Wenn er herausfinden sollte,
daß Edward aus der Brandyflasche getrunken hatte, dann
würde die Kenter Grafschaftspolizei den Verbrecher nur
noch unter den Gästen des Dienstbotenzimmers suchen. Bis
jetzt konnte sich Auguste trotz seiner französischen Logik
nicht erklären, wie die Familie oder die Gäste in den Fall
verwickelt sein sollten, dennoch hielt er mit dem ganzen
Starrsinn seiner englischen Mutter an der Erpressungstheorie fest.

»Mein Täubchen, hör genau zu.«

Ethel hörte zu. Ihr rundes, unschuldiges Gesicht errötete
immer mehr. »Oh, das könnte ich nicht, Mr Didier.«

»*Ma petite crème*, du kannst, und du mußt.«

Ethel suchte zaghaft nach einem Ausweg, es gab jedoch
keinen. Auguste hielt sie an den Schultern gegen die Tür
des Wäschezimmers gepreßt, auf eine Art, die unter anderen
Umständen höchst befriedigend gewesen wäre. Sie sprach
so leise, daß er gezwungen war, sich ihrem Gesicht noch
weiter zu nähern, um etwas verstehen zu können.

»Und diese Sandwichteller, mein Täubchen. Vor wessen
Türen stehen sie?«

Sie begriff sofort. Alle höheren Bedienten wußten, daß
die nächtlichen Teller ein Signal für glühende – oder auch
weniger glühende – Liebhaber waren.

Es folgte eine lange Namensliste, Auguste schüttelte jedoch ungeduldig den Kopf. »Nein, die Nacht des letzten
Dienstags. Des Tages, an dem die Gäste eintrafen. Kannst
du dich erinnern?«

Ethel schaute ihn fragend an. »Wie immer, Mr Didier.«

»Und das heißt?«

»Mrs Hartham.«

»Und welcher Gast schleicht nachts zu ihr?«

Ethel zierte sich. »Ich *weiß* es nicht mit Bestimmtheit,
Mr Didier, aber ...« Sie zögerte, schloß dann die Augen und
antwortete entschlossen: »Seine Gnaden.«

Auguste fuhr unbarmherzig fort. »Und bei wem noch?«

»An der Tür der gnädigen Frau«, sagte Ethel bereitwilliger.

Sie mochte Ihre Gnaden nicht, die einmal das Polieren des Sheraton-Tisches im Boudoir kritisiert hatten.

»Der Prinz ...«

Ethel wurde rot.

Also hatte Walter Marshall recht.

»Und Lord Arthur und Mr Marshall?«

»Bleiben auf ihren Zimmern im Junggesellenturm, sagt man.«

»Und, meine Ethel, was meinst du zu diesen nächtlichen Spaziergängen?« Sie errötete, weil sie sich plötzlich an ihren eigenen kürzlichen Spaziergang nachts erinnerte. Ihr kam erst jetzt zu Bewußtsein, was Auguste gedacht haben mußte. Als würde sie jemals ..., aber Mr Auguste war ja ein Gentleman.

»Sie sind die Herrschaft ...«, erwiderte sie ganz erstaunt. Auguste beugte sich die weiteren dreizehn Zentimeter zu ihr hinab, die aus seiner Höhe von 1,73 m erforderlich waren, um einen Kuß auf ihre Lippen zu drücken. Er dachte dabei wieder über die Moral der Dienstboten nach, die ihre Herrschaft nie nach den Maßstäben beurteilten, die ihnen selbst auferlegt waren.

Auguste ging zurück, um die letzten Handgriffe für den Lunch zu überwachen. Irgendwie übte sogar der erregende Anblick von zerlegten und gebratenen Aalen und Kartäuserrebhuhn nicht den üblichen Reiz auf ihn aus. Er hatte eine Aufgabe, die fast interessanter war: er mußte den Mord an Archibald Greeves aufklären. Während er rührte, würzte, abschmeckte, fiel ihm auf, daß das Leben eines Detektivs eigentlich dem eines Kochs sehr ähnelte – die Experimente, das Schlußfolgern, das Zusammenspiel wesentlicher Details, die grundlegende Routinearbeit ... Er kontrollierte die Garnierung für die Koteletts, die Tunke für den St Pierre – den Fisch mit dem Daumenabdruck Gottes oder dem des Teufels, den John Dory, wie die Engländer den Petersfisch nannten. Er bedeckte den Fisch mit der Soße und garnierte diese dann. Etwas ging ihm durch den Kopf. Er versuchte, es greifbar werden zu lassen, es blieb jedoch verschwommen. Etwas, das Walter Marshall gesagt hatte? Etwas, das der Herzog gesagt hatte? Es ließ sich nicht fassen. Er mußte es weiter dort garen lassen ...

Als der Lunch zur Zufriedenheit fertiggestellt war – Auguste fühlte sich trotz seiner Erfahrung jedes Mal wieder erleichtert, wenn alles ohne Katastrophen abgegangen war –, begab er sich zur Bibliothek, wo er sich mit Walter Marshall verabredet hatte. Es war jedoch nicht Mr Marshall, der sich der Gefilde der Gelehrsamkeit von Stockbery Towers erfreute. Es waren vielmehr Lady Jane und Lord Arthur, die er mitten in einem Kuß störte. Lady Jane sprang zurück, wobei sie versehentlich auf die Seidenschleppe ihres Nachmittagskleides aus Musselin trat. Ihre Verlegenheit schlug in Ärger um, als sie den Eindringling erkannte. Lord Arthur blieb gelassen, obgleich ein Funkeln in seinem Blick nichts Gutes für Auguste verhieß, sollten sie sich zu einer Zeit begegnen, da er nicht genötigt wäre, vor seiner zukünftigen Braut den Schein zu wahren.

»Verlassen Sie gefälligst sofort den Raum, Didier«, sagte Lady Jane schroff. »Wie können Sie es wagen, hier hereinzukommen?«

»Ich bitte um Entschuldigung, My Lady«, erwiderte Auguste, bemüht, zerknirscht auszusehen. »Ich hatte erwartet, Mr Marshall hier vorzufinden.«

Das war das falscheste, was man zu Lady Jane sagen konnte. Ihr kühler Blick wurde noch eisiger. »Mr Marshall ist, wie Sie sehen können, nicht hier«, teilte sie ihm hochmütig mit.

»Das sehe ich, My Lady.«

»Dann machen Sie, daß Sie rauskommen, Mann«, sagte Lord Arthur ruhig. Er sprach leise, sein Gesicht blieb freundlich, es schwang jedoch etwas mit, was Auguste den Entschluß fassen ließ, den Befehl schnell zu befolgen. Als er nachdenklich die Tür hinter sich schloß, überquerte gerade Walter Marshall die Tanzfläche des Ballsaales. Er nickte Auguste zu und wollte die Bibliothek betreten.

»Sie ist belegt, Sir«, sagte Auguste entschuldigend.

Augustes Tonfall veranlaßte Marshall, ihn scharf anzusehen. »Ihre Gnaden?«

»Nein, Sir.«

»Aha.«

Einen Augenblick lang stand Marshall da, hatte die Hand am Türknauf und starrte diesen unverwandt an. Dann ließ er ihn los. »So machen Verstand und Gewissen Feige aus uns allen ...«, murmelte er. Dann faßte er sich sofort wieder und sagte energisch: »Also gehen wir eben ins Frühstückszimmer. Es wird jetzt nicht genutzt.«

Auguste sah ihn voller Respekt an. Das war die französische Haltung. Er war nicht gewohnt, sie bei Engländern zu finden. Zurückhaltung, ja, sich nichts anmerken lassen, aber die Fähigkeit, trotz Gefühlsaufwallung den Verstand zu gebrauchen ...

Auguste fand es ungewöhnlich, im Frühstückszimmer zum Sitzen aufgefordert zu werden – für ihn war es der Ort, wo er ehrerbietig stand und auf Befehle wartete.

»Also, nun, mein Freund, was gibt's Neues?«

Auguste zögerte einen Augenblick. Er hatte jedoch den Entschluß gefaßt, daß er Walter jetzt, wo in seinem Kopf dieser verschwommene Gedanke garte, von Edward Jackson erzählen könnte. »Es sieht nicht gut für uns aus, gar nicht gut.« Er begann, über den Brandy und den so bedeutsamen kleinen Schluck zu berichten, den Edward genommen hatte.

»Sagen Sie mal, Didier«, meinte Marshall, »warum ist denn die Polizei dann immer noch so interessiert an *unserer* Seite Ihrer berühmten Tür?«

»Die Polizei weiß nichts davon«, antwortete Auguste widerwillig.

Walter zog die Augenbrauen hoch. »Sie haben es nicht gesagt ...«

»Nein«, entgegnete Auguste würdevoll. »Ich wollte darüber nachdenken, bevor ich Edward erlaube, es ihnen zu mitzuteilen.«

»Sie sind ein Risiko eingegangen, mein Freund, und ein

weiteres, indem Sie es mir erzählten. Was ist, wenn ich es dem guten Sergeant sage?«

Auguste zuckte die Achseln. »Das bleibt Ihnen überlassen, Monsieur. Ich glaube jedoch fest daran, daß *niemand* von uns der Mörder ist. Mir kam ein Gedanke, aber er will sich nicht fassen lassen. Er wird sich jedoch bald materialisieren. Er ist da. In meinem Kopf.«

Walter lächelte. »Und ich soll bei dieser schmerzvollen Geburt helfen?«

»*Alors,* Mr Marshall«, erwiderte Auguste würdevoll. »Nur Sie können es. Ich überlege ..., die Jagd am Tag von Greeves Ermordung. Sie haben daran teilgenommen?«

»Natürlich«, sagte Walter. »Wir alle haben an jenem Tag teilgenommen. Sogar die Frauen waren begeistert, da es der erste Tag war. Die Sonne schien, und die Herzogin zwang uns alle zu kommen. Selbst ich mußte für ein paar Minuten ein Gewehr in die Hand nehmen.«

»Und wann kamen Sie alle zurück?«

»Ach«, meinte Walter und blickte ihn an, »das kann ich Ihnen nicht sagen. Ich – äh – ging früher weg und machte einen Spaziergang durch die Parkanlagen. Aber, Monsieur Didier, ehe Sie mich auch zu den Verdächtigen zählen, gestehe ich lieber, daß ich nicht allein war. Jedoch«, sagte er, schnell darüber hinweggehend, »schließe ich aus der kürzlichen Unterhaltung, daß die Herren gemeinsam gegen zwölf zur Waffenkammer zurückkehrten. Die Damen kommen normalerweise früher – Ihre Gnaden brauchen einige Zeit, um die Spuren der morgendlichen Anstrengung zu beseitigen und frisch zum Lunch zu erscheinen. Warum fragen Sie?«

»In welcher Reihenfolge aber kamen sie zurück, Monsieur Marshall?« fragte Auguste beharrlich weiter.

»Ich verstehe nicht – nun, soweit ich mich erinnern kann, kehrten Ihre Gnaden, Mrs Hartham und die Marquise als erste zurück, dann folgten Seine Gnaden. Als ich mit Lady Jane zurückkehrte – «, er hielt stirnrunzelnd inne, »fand ich Seine Gnaden in der Stiefelkammer, und Petersfield ging gerade. Ich glaube, François Pradel kam als nächster rein und dann der Prinz.«

»Und in welcher Reihenfolge haben sie die Stiefelkammer verlassen?«

Walter hob hilflos die Hände. »Ich habe keine Ahnung. Wir waren alle bis zum Lunch fertig. Daran erinnere ich mich, obwohl es eine Hetzerei war. Das ist es eigentlich immer.«

»Und um welche Zeit kehrt die Jagdgesellschaft normalerweise zum Haus zurück?«

»Oh, ungefähr zur gleichen Zeit wie heute. Wir verlassen das Jagdgebiet gegen drei Viertel zwölf und sind gewöhnlich ungefähr Viertel eins in der Stiefelkammer.«

»Und wo wurde gejagt?«

Walter warf ihm einen belustigten Blick zu. »Sie 'aben schon la Theorie, Inspector Didier?« spottete er freundlich.

»Nein«, entgegnete Auguste traurig. »In besagtem Topf kocht es immer noch nicht.«

»Und, angenommen, es wird kochen, was dann? Haben Sie Beweise? Bereits Beweise für Erpressung?«

»Nein«, erwiderte Auguste verdrießlich. »Aber diese Mrs Greeves ist ein fetter, unnützer Vogel mit teurem Federschmuck, oder etwa nicht? Ich denke, eine wie die lebt nicht in Angst vor dem Armenhaus. Ich würde gern ihr Haus sehen, wissen, wie es beschaffen ist, aber sie hält mich für den Mörder.«

»Das läßt sich leicht bewerkstelligen«, sagte Walter. »Ich werde morgen hinfahren. Aber glauben Sie, daß sie das Beweismaterial dort hat? Ist das der Ort, wo Sie es vermuten?« Walter kam eine Idee, er sagte aber nichts. Er wollte sie auch noch garen lassen.

»Nein, das glaube ich nicht. Einer wie Greeves würde sich an seinem Beweismaterial weiden wollen. Hier auf Stockbery Towers hatte er einen fischreichen Fluß, in dem er die Forellen mit der Hand fangen konnte«, bemerkte Auguste, »wenn all Ihre Gerüchte der Wahrheit entsprechen.«

»Und bin ich auch eine der Forellen, Messieurs?«

Die Marquise de Lavellée hatte unbemerkt den Raum betreten und stand gebieterisch und imposant an der Tür. Sie erhoben sich schnell. Sie runzelte die Stirn, als sie Augustes Anwesenheit bemerkte. Die Marquise hielt nichts von Nachmittagskleidern. Sie blieb den ganzen Tag über gleich straff geschnürt, und ihr schweres blaues Satinkleid war für gegenwärtige Modebegriffe sehr einfach. Dadurch wurde die Aufmerksamkeit auf die prächtigen Perlen um den hohen Kragen gelenkt, die einen vorteilhaften Kontrast zu ihrem weißen Haar bildeten. Ihre lebendigen dunklen Augen blickten interessiert von einem zum anderen.

»Behalten Sie Platz, Gentlemen«, sagte sie freundlich.

Auguste blieb unsicher stehen.

»Monsieur Didier, nehme ich an. Ich bitte Sie, setzen Sie sich doch«, befahl sie.

Auguste nahm Platz. Sie war in seiner Achtung gestiegen, denn sie hatte ihm den Monsieur zuerkannt; sie kannte den Unterschied zwischen einem Maître und einem Chefkoch. Sie selbst setzte sich nicht, sondern begab sich in die Mitte des Zimmers und stellte sich in hübscher Pose auf, die Hände so haltend, wie nur eine Französin es konnte. »Sie sprechen also von *la chantage*, von Erpressung? Und von unserem guten verstorbenen Butler.«

»Sie haben das erraten, Madame la Marquise?« fragte Marshall erstaunt.

»Aber natürlich. Dieser Greeves versuchte, mich zu erpressen. Mich«, sie hielt empört den Atem an. »Es ist also wahrscheinlich, daß er auch andere erpreßt hat. *Pas difficile.*«

»Und war sein Erpressungsversuch bei Ihnen erfolgreich, Madame?« fragte Marshall sachlich.

»Nein, Monsieur Marshall, das war er nicht. Ich sagte ihm, er möge es allen erzählen. Möge es der Herzogin erzählen, dem Herzog, dem Stalljungen. Ich sagte ihm, er solle sich zum Teufel scheren.« Sie hielt inne, und ein äußerst liebenswertes Lächeln trat auf ihr Gesicht. »Also, jetzt fragen Sie sich, womit dieser Greeves eine alte Frau wie mich erpressen könnte, ja?«

Sie wiesen das mit ablehnendem Gemurmel weit von sich.

»Ach!« sagte sie und setzte sich in einen Sessel. »Ich werde es Ihnen sagen. Denn ich kann nicht des Mordes an diesem Mann beschuldigt werden, wenn ich Ihnen erkläre, daß ich bereit bin, Ihnen zu sagen, was er über mich wußte. Also, Gentlemen, ich sage es Ihnen. Monsieur Didier, Sie sind Franzose, Sie werden nicht schockiert sein, denke ich.« Sie hielt jedoch etwas inne, bevor sie zu sprechen begann, und die beringten Finger auf ihrem Schoß waren verkrampft. »Monsieur François, mein Sekretär. Dieser Greeves fand heraus, daß François für mich mehr als ein Sekretär ist. Viel mehr.«

»Er kann sich glücklich schätzen«, sagte Auguste, ihr schnell und galant beispringend.

»Danke, Monsieur Didier.« Sie neigte den Kopf und erhob sich dann sofort. »Und jetzt, meine Herren«, scherzte sie freundlich, »werde ich die beiden Detektive ihren Ermittlungen überlassen.« Sie zögerte und wandte sich an Marshall. »Als Ehrenmann, Mr Marshall ...«

»Selbstverständlich, Madame.« Walters Gesicht war ernst, vielleicht doch ein wenig schockiert, dachte Auguste.

»*Et* Monsieur Didier? Die Ehre einer Französin liegt in Ihren Händen.«

»Madame.« Als er sich über ihre Hand beugte, wurde er einen Augenblick lang an Tatjana erinnert – etwas an ihrem Lächeln, an der Art, wie sie den Kopf hielt. Diese Erinnerung verschwand dann gleich wieder.

»Ethel, meine Liebste, ich bitte dich nicht nur wegen des Weinpflückens, mich zum Gewächshaus im Küchengarten zu begleiten«, sagte Auguste bestimmt.

»Nein?« fragte Ethel mit aufkeimenden Hoffnungen. Sie sollten schnell zerschlagen werden.

Es war Marshall gewesen, der ihn darauf hingewiesen hatte, und Auguste war erstaunt, daß er Ethel nicht selbst schon danach gefragt hatte.

»Wie kommt es, Estelle, daß du weißt, wer in der Nacht

die Besuche abstattet, wo brave junge Mädchen wie du —
und du bist doch brav? — im Bett liegen? Du stellst die Sandwiches hin, woher aber weißt du, für wen dieses Zeichen bestimmt ist?«

»Ich weiß es nicht«, sagte Ethel mit gerunzelter Stirn. »Ich nehme es an, auf Grund der Gerüchte.«

»Aber von wem hörst du diese Gerüchte?«

Ethel dachte nach. »Von Mr Cricket«, sagte sie schließlich, »oder von Miss Fawcett, manchmal von Mr Kammer. Aber meistens von Mr Cricket.«

»Aha«, sagte Auguste. Zweifellos hatte auch Greeves auf die Weise seine Informationen erhalten.

Seine nächste Aufgabe bestand darin, Hobbs zu treffen. Da die Polizei jetzt die Wache vor dem Dienstbotenzimmer abgezogen hatte, war Hobbs eingezogen, hatte liebevoll von Ledersessel und Marmorkamin Besitz ergriffen und alle Erinnerungen an den früheren Bewohner beseitigt. Es stimmte — seine Besitztümer waren nicht so schön wie die seines Vorgängers, die jetzt von der trauernden Witwe abgeholt wurden, Hobbs hatte aber seine Freude an ihnen. Es schien ihn bemerkenswert wenig zu berühren, daß seine Füße jetzt da ruhten, wo noch vor einer Woche die sterblichen Überreste des ehemaligen Butlers gelegen hatten.

Mit ausgesprochenem Sinn für Schicklichkeit nahmen die höheren Bedienten immer noch ihre Mahlzeiten in Mrs Hankeys Zimmer ein, Hobbs war jedoch ganz versessen darauf, jede freie Minute in seinem eigenen Raum zu verbringen.

Dort traf Auguste ihn an. Er hatte Hobbs immer gemocht. Alle anderen, außer Auguste, fanden ihn ziemlich farblos.

»Nun, Mr Hobbs, gehört das Dienstbotenzimmer endlich Ihnen«, bemerkte Auguste nichtssagend und sah sich in dem vertrauten Raum um, der plötzlich so fremd wirkte.

»Ja, Mr Didier.« Jahrelange Gewohnheit ließ sich schwer ablegen. Es war das Vorrecht des Butlers, die Anrede wegzulassen. Mr Hobbs nahm sich aber noch nicht die Freiheiten heraus, die ihm in seiner Position zustanden.

»Wir sollten wieder hier zu essen anfangen – ich habe es vermißt«, sagte Auguste, was ganz und gar nicht der Wahrheit entsprach. Mrs Hankeys Zimmer war nämlich trotz seiner ungeschützten Lage sehr viel wärmer und freundlicher. Vielleicht hatte das etwas mit den der Besitzerin eigenen üppigen Kurven zu tun. »Sie haben trotz des Ausgangs der Untersuchung keine Angst vor meinem Essen?« fragte Auguste scherzhaft.

»Ich halte nichts von ausländischem Essen«, meinte Hobbs bedächtig, »möchte aber mal sagen, für einen Ausländer kochen Sie ganz gut, und keiner wird glauben, daß Sie die Sache verbockt haben, Mr Didier.«

»Die Polizei denkt das aber«, murmelte Auguste. »Doch ich hatte keinen Grund, ihn umzubringen. Sie aber, Mr Hobbs, Sie hatten Gründe, nicht wahr? Gute Gründe. Deshalb ist es wichtig, daß Sie mir helfen, herauszufinden, wer es wirklich getan hat.«

Es herrschte Schweigen. Dann fragte Hobbs: »Sie haben der Polizei von Rosie erzählt, nicht wahr?«

»Nein«, antwortete Auguste.

»Es war nicht ihre Schuld«, sagte Hobbs, auf irgendeinen fernen Punkt hinter Auguste starrend. »Sie war ein gutes Mädchen, bis er sie in die Finger bekam. Er hat sie verdorben.«

»*La pauvre.*«

»Und deshalb ging sie ins Wasser – war wirklich das beste für sie.«

Auguste erschauerte. Das beste? Er begann, Hobbs in ganz neuem Licht zu sehen.

Der Sonnabend begann zeitig für das Personal von Stockbery Towers und besonders für Auguste Didier, den Küchenchef. Heute abend wurde wieder ein Ball gegeben. Bei einem Ball auf Stockbery Towers erlebte das gute, alte England seine Wiedergeburt. Der heutige Ball war kurzfristig anberaumt worden, und die Gereiztheit in den Küchenräumen war größer als die Hitze, die von den Herden und Backöfen ausging, die bereits auf Hochtouren brannten, um der Zahl der erwarteten Gäste gewachsen zu sein. Es war nur ein kleiner Ball; nicht mehr als sechzig Leute sollten bewirtet werden. Die Gefrierfächer schwankten vor Eis; die Kühlschränke quollen über von aufgestapelten Pasteten, Aspiks und gekochtem Schinken. Ab acht Uhr kamen ununterbrochen Lieferanten zur Küchentür. Auguste bewegte sich bereits so gewandt wie Jacques, der Jongleur. Er jonglierte geschickt mit Anweisungen und fing Mißgeschick auf, bevor es passierte. Die Garnierungen waren vorbereitet. Alle Zutaten waren bereitgestellt, um in letzter Minute dem Aspikgelee hinzugefügt zu werden: die Trüffel, die Kiebitzeier, die Wachteleier, die *entremets,* die Sülzen, die Charlotten – Auguste hakte sie vor seinem geistigen Auge systematisch in der Reihenfolge ab, die er selbst festgelegt hatte. Der Lehrling lernt von seinem Meister, er erlernt sein Vorgehen, seine Methoden, er erlernt das Grundhandwerk, die Tricks, die Feinheiten. Die Kunst eines Maître ist jedoch nicht erlernbar, als Maître wird man geboren. Nachdem man den Meister verlassen hat, ist man auf sich selbst und auf seine natürliche Begabung angewiesen, deren Stempel man seiner Kunstgattung aufdrücken muß. Auguste schnitt dem Eberkopf eine Grimasse, der ihm reglos aus der Aspikgarnierung entgegenstarrte. Das war natürlich kein richtiges *sanglier.* Man war hier schließlich nicht in *La France.* Aber es war ein annehmbarer Ersatz. Der Kopf eines Speckschweins, tief ausgehöhlt und sorgfältig ausgeschält, die Borsten weggesengt und gefüllt mit einem speziellen, weingetränkten Kraftfleisch aus Zunge, Schinkenspeck und Trüffeln. Vor dem Kochen war es zehn Tage lang im eigenen Pökelsud mariniert worden. Eigentlich für ein großes Picknick vorgesehen, mußte es jedoch anläßlich dieses Balls zwei Tage vor der Zeit herausgenommen werden. Er würde Gladys bitten, einige Chrysanthemen aus dem Park zu holen, um die Dekoration zu vervollkommnen; das vorige Mal hatte er nach kontinentaleuropäischer Art Gummipaste benutzt, und auf Grund der Raumtemperatur hätte sich beinahe ein Mißgeschick ereignet – der Eberkopf hätte beinahe »Schmerzenstränen« vergossen. Auch ein Maître ist nicht unfehlbar.

Im Zimmer des Butlers wurde unterdessen ein widerspenstiger Edward Jackson überredet, eine Lakaienlivree anzuziehen.

»Wir brauchen da oben alle Hilfe, die wir bekommen können«, sagte Hobbs streng. »Behalt mich einfach im Auge. Ich werd' dir sagen, was du machen mußt.«

»Ich bin aber noch nie oben bei der feinen Herrschaft gewesen«, jammerte Edward, als er in Strümpfe und Kniehosen gezwängt wurde; er wurde erst still, als man ihm die Perücke aufsetzte. Traditionsverbunden bis ins Mark, bestand der Herzog darauf, daß man volle Livree wörtlich verstand. Für seine Lakaien reichte es nicht, die eigenen Haare bei offiziellen Anlässen mit Veilchenwurzelpuder aufzuhellen. Es mußten Perücken getragen werden.

Edward sah sich im Spiegel an.

Zwei rosige Wangen schauten unter einer fast schneeweißen Perücke hervor und verliehen seinem frühreifen Jungengesicht eine Unschuld, die ihm weitgehend abhanden gekommen war.

»Ein Glück, daß wir diese Reservelivree hatten«, bemerkte Hobbs selbstzufrieden. »Ab mit dir und geh Mr Kammer zur Hand, Edward, mein Junge. Und denk dran, sprich mit niemandem, wenn du's vermeiden kannst. Mach deine kleine Londoner East-End-Schnauze bloß nicht häufiger auf als nötig. Solange du nicht sprichst, siehst du aus wie alle anderen.«

Der Junge blieb halsstarrig stehen und betrachtete im Dienstbotenkorridor angewidert sein Spiegelbild. »Ich seh' genau wie 'n Fred aus«, murmelte er fassungslos. »Ich will nich gehn, Mr Hobbs.«

Hobbs erhob drohend die Stimme. »Raus, Edward. Rauf mit dir, sofort.«

Der Allmächtige hatte gesprochen. Es war zwar nicht Greeves, wahrhaftig nicht, aber ein anderer Allmächtiger schien seinen Platz eingenommen zu haben. Edward warf ihm einen ängstlichen Blick zu und rannte los.

Walter war nachdenklich gestimmt, als er in der leichten Kutsche gerade rechtzeitig von einem Tagesausflug zurückkam, um sich zum Abendessen noch umkleiden zu können. Er hatte nicht lange gebraucht, um den fünfzehn Meilen entfernten Wohnsitz von Mrs Greeves ausfindig zu machen. Es war eine Queen-Anne-Villa von großzügigen Ausmaßen. Sie war bekannt als Witwe Greeves, die wöchentlich einmal von ihrem Bruder besucht wurde. Walter dachte gründlich über Greeves und dessen Charakter nach, und die Idee, die tief in seinem Hinterkopf schmorte, begann Formen anzunehmen. Morgen würde er etwas deswegen unternehmen. Er würde den Herzog aufsuchen.

Viel sollte sich jedoch noch ereignen, bevor dieser Sonntagmorgen heraufgrauen würde.

Hinter der Friestür wurde die Entladung der vielen schwelenden Frustrationen nur durch die Beschränkungen verhindert, die die Pflichten des bevorstehenden Abends auferlegten. Trotzdem gab es gewisse Vorkommnisse.

Frederick Kammer küßte May Fawcett und erhielt für seine Bemühungen einen Schlag ins Gesicht. May Fawcett teilte dann Mrs Hankey mit, die sie dabei überrascht hatte, daß sie eine eifersüchtige alte Krähe sei. Mrs Hankey brach unverzüglich in Tränen aus und teilte Miss Fawcett gleichzeitig mit, daß sie entlassen sei. Miss Fawcett wies darauf hin, daß nur Mr Hobbs und die gnädige Frau sie entlassen könnten. Ernest Hobbs appellierte an das bessere Ich der beiden. Man schenkte ihm keine Beachtung. Ethel stellte sich auf May Fawcetts Seite, und Mrs Hankey teilte ihr mit, daß sie entlassen sei. Mr Cricket spielte einmal in seinem Leben den Helden und verteidigte die Rechte von Miss Ethel Gubbins; Mrs Hankey warf mit einem Zuckerhut nach Mr Cricket. Das Geschoß verfehlte ihn und traf Auguste, der gerade das Dienstbotenzimmer betrat, um das Abenddessert in den Anrichteraum zu stellen; es versetzte ihm einen leichten Schlag an der linken Schulter, was dazu führte, daß Auguste einen großen Blaubeerkuchen mit der Oberseite nach unten zu Boden fallen ließ. Französische Flüche schwirrten durch die Luft.

»Ihr seid verrückt, Ihr Engländer. Mesdames, Messieurs. *Der Ball.* Wenn Sie sich bitte daran erinnern wollen.«

Kutschen fuhren vor und ließen in raschelnde Seide gekleidete Damen aussteigen, deren zarte Arme voller Besitzerstolz von Herren mit seidenen Zylindern gehalten wurden. Equipagen entfernten sich leise und geräuschlos, während deren Eigentümer die sechs weißen Stufen von Stockbery Towers hinanstiegen, die täglich so gewissenhaft von Ethels Untergebenen gekalkt wurden und an diesem Tag zweimal eine derartige Behandlung erfahren hatten. Scharen von Schönheiten schwebten durch die Säulengänge, ein Kaleidoskop farbenfreudiger Kleider, die unter den Mänteln hervorlugten und darauf warteten, in der Verschwiegenheit der Suite der Herzogin glatt gestrichen und gerichtet zu werden, Busentücher aus Spitze wehten gekonnt, um das zur Schau zu stellen, was sie verbergen sollten. Man mußte sich sofort vergewissern, wer anwesend war, Beute für den Abend auswählen, sicherstellen, daß nur die von einem selbst Erwünschten Gelegenheit hätten, ihren Namen in die Tanzkarte einzutragen, und daß nur dem einen Auserwählten der letzte Tanz gewährt würde.

Nur ein Dutzend Diener in voller Livree, sechs davon waren aus dem Dorf geholt worden, ließ erkennen, daß auf Stockbery Towers noch eine andere Welt existierte, wo ein riesiges Heer mit Hingabe und teilweise mit Befriedigung schuftete, um zu gewährleisten, daß der Ball des Herzogs und der Herzogin von Stockbery ein Erfolg werden und ihren gekrönten Häuptern den verdienten Ruhm einbringen würde. Ein Zug dieses Heeres gab eifrig dem Büfett den letzten Schliff. Für den Kitzel übersättigter Gaumen verschönerte er die besten Kreationen von Augustes Kunst.

»Das Geheimnis, Joseph, ist«, sagte Auguste belehrend, denn er hielt viel davon, seine Weisheit, wann immer möglich, zu vermitteln, »daß sie alle gleich aussehen.«

Gerade damit beschäftigt, der Kräutermayonnaise auf dem *darne de saumon* eine Garnele hinzuzufügen, erstarrte Auguste plötzlich. So geschah es, daß ein einfaches Krustentier Anlaß dafür war, daß er erkannte, wie Archibald Greeves ermordet worden war.

Unten im Polizeihauptquartier der Grafschaft Kent in Maidstone machten Sergeant Bladon und Inspector Naseby Überstunden, und zwei kalte Hammelpasteten aus Meister Tuckers Pastetenladen warteten darauf, von ihnen verspeist zu werden. Was Mrs Bladon dazu zu sagen hätte, würde man nie erfahren; der Sergeant selbst jedoch war zum einen erfreut, daß seine Ansichten so bedeutsam waren, daß sie Überstunden erforderlich machten, und zum anderen verärgert, weil er die Gesellschaft eines gewissen Joseph Hopson und besonders die von dessen molliger, lustiger Frau Nancy missen mußte, die Mrs Bladon heute zum gemeinsamen Abendessen eingeladen hatte. Aber wie dem auch sei, der Stockbery-Fall hatte Vorrang. Zum zigsten Male versuchten Inspector Naseby und Sergeant Bladon zu begreifen, wie die Ehrenwerte Mrs Honoria Hartham es angestellt haben könnte, den Brandy für den Herzog zu vergiften.

Die Spieler machten jetzt ihre Eröffnungszüge; die Kapelle hatte schon eine Weile musiziert. Lord Arthur schritt auf Lady Jane zu. Sie zum ersten Tanz aufzufordern, zeugte von einer gewissen ihm eigenen Großtuerei, vom meisterlichen Handhaben einer Situation, gegen die Lady Jane anscheinend nichts einzuwenden hatte. Eigentlich war sie mißmutig, weil sie es nicht geschafft hatte, Mr Marshall auszuweichen, der sich höflich für den letzten Tanz eingetragen hatte. Ihre Gefühle hatte er damit auf himmelschreiende Weise mißachtet, denn jeder Gentleman hätte aus ihrem Benehmen schließen müssen, daß sie sich genau das nicht gewünscht hatte.

»Jane«, sagte Lord Arthur, als sie sich zu den Klängen der Musik drehten. »Ich möchte mit dir über etwas ganz Besonderes sprechen. Wollen wir in die Orangerie gehen?«

Das Herz schlug ihr bis zum Hals. Sie schloß die Augen. Das war er also. Der Moment, auf den alle Frauen warteten. Wenn ein Mann – *der* Mann – sagen würde ... Sie sah in sein unerforschliches, hübsches Gesicht, das ihrem so nah war, und dachte, wie unglaublich glücklich sie doch sei.

Seine Gnaden waren weit davon entfernt, unglaublich glücklich zu sein. Gestern nacht war ihm der Zutritt zu Honorias Armen mit der Begründung verwehrt worden, daß sie zum Ball bestens aussehen müsse, und er sollte verdammt sein, wenn sie nicht versuchte, ihn auch heute abend auf Abstand zu halten. Er hatte sie um den letzten Tanz gebeten und prompt mitgeteilt bekommen, daß der Prinz sie zu diesem Tanz führen würde. Verdammter Preuße! Schöne Sorte Prinz! Jeder, der Schleswig-Holstein sagen konnte, rühmte sich heutzutage damit, irgendein Prinz zu sein.

»Aber, George, was für ein schrecklich unglückliches Gesicht du machst. Man könnte denken, du würdest dich nicht freuen, mich zu sehen.«

Honoria war endlich erschienen. Sie war äußerst aufreizend, und Seine Gnaden hatten soviel Chancen wie eine fußlahme Fliege, dieser Venusfalle zu entgehen.

»Warst den ganzen Tag kaum in meiner Nähe«, war alles, was er als Protest zustande bringen konnte.

»Aber ich wollte, George, oh, ich wollte so sehr. Du weißt nicht, wie eifersüchtig ich bin, dich mit all diesen wunderschönen Frauen auf der Jagd zu sehen. Und zu wissen, daß wir vorsichtig sein müssen.«

»Ich habe es satt, vorsichtig zu sein, Honoria. Verdammt noch mal, ich will dich – und bei Gott, kein verdammter Ausländer wird dich bekommen.«

Honoria guckte schelmisch. Es hatte eine Zeit gegeben, da hatte dieser Blick Feuer in ihm entfacht; jetzt ließ er ihn wütend werden, obgleich ihm auffiel, daß sie ein wenig dümmlich aussah. Aus irgendeinem Grund machte ihn das sogar noch ärgerlicher. Wie auch immer Laetitia sein mochte, dachte er, als er seine Herzogin anschaute, dumm war sie nicht, und, bei Gott, eine Frau wie Honoria würde den zwölften Herzog von Stockbery nicht zum Narren halten.

Nein, Laetitia war bestimmt nicht dumm. Sie dachte gerade angestrengt nach. Sie durchleuchtete ihre beste Freundin, machte sich Gedanken darüber, was für furchtbare Rache sie an ihr nehmen könnte. Im Augenblick schien das Sieden dieses schönen Körpers in Öl noch ein zu mildes Schicksal für sie zu sein.

Ihre Gnaden, deren Gedanken durch den willkommenen Anblick ihrer Tochter, die gerade von Lord Arthur zur Orangerie geführt wurde, abgelenkt wurden, waren gar nicht erfreut, nur wenig später feststellen zu müssen, daß der Prinz Honoria zum Essen geleiten würde; seine Beteuerungen über die Notwendigkeit von Diskretion verfehlten diesmal ihre Überzeugungskraft.

»Ich habe das Gefühl, mein lieber Franz, daß meine Reputation einem gelegentlichen Angriff standhalten kann.« Dann spürte sie, daß das etwas schroff war, und setzte ein fröhliches Lachen auf.

»*Liebling*, wir werden uns später treffen. Viel später. Wenn wir beide allein sein können.«

Er liebkoste sie mit seinen dunklen Augen, aber erstmals kam es Laetitia so vor, als geschähe das vielleicht ein klein wenig mechanisch. Sie war trotzdem eifersüchtig. Honoria vergaß, wer sie war.

»Sie setzen vieles als selbstverständlich voraus, Eure Hoheit«, erwiderte sie ein wenig kühl. »Vielleicht möchte ich heute abend nicht mit Ihnen allein sein. Die Kuckucksuhr schlägt heute nacht vielleicht nicht.« Ihr ganz persönliches geheimes Zeichen.

»Liebste«, die Augen des Prinzen verfinsterten sich, »habe ich dich beleidigt? Natürlich mußt du allein sein können, wenn du es wünschst, so verzweifelt ich auch sein werde.«

Das war nicht, was Laetitia beabsichtigt hatte. Sie zog einen Schmollmund und warf ihre Locken nach hinten. »Wenn du heute nacht nicht bei mir sein *willst* ...«

»Aber, *Liebchen*, du wolltest allein sein ...«

»Wenn Honoria Hartham so attraktiv ist ...«

Diese Frauen. Diese englischen Frauen. Derart fordernd. Er haßte streitsüchtige Frauen.

»Liebste, heute nacht bist du vielleicht erschöpft vom Ball ...« Er küßte sie und entfloh, mächtig erleichtert.

Die Herzogin, die von ihren weiblichen Listen völlig verlassen worden war, versuchte, sich in der Gewalt zu behalten.

Jane lächelte Lord Arthur glückselig, voller Einverständnis an, und eigentlich führte sie ihn zur langen Orangerie, die hinter dem Haus die ganze Längsseite der Bibliothek einnahm. Es war eine weitere Marotte des elften Herzogs gewesen, darauf zu bestehen, sie unpassenderweise an die Rückseite des Hauses bauen zu lassen. Vor lauter Ärger und Wut darüber war der Architekt vorzeitig gestorben. Die Orangerie war ein bewährter Ort für Tändeleien, auch wenn die Skulpturen der nackten Götter und Göttinnen als Kunst und nicht als erotische Stimulanz galten.

Es stellte sich heraus, daß Lady Jane einen kleinen Staubfleck auf ihrem liebreizenden Gesicht hatte, der näherer Untersuchung durch Lord Arthur bedurfte, um beseitigt werden zu können. Als das erledigt war, schien es ihm schwerzufallen, wieder Distanz zu gewinnen.

»Du wirst mich heiraten, nicht wahr, Jane? Du mußt. Ich möchte, daß du meine Frau wirst. Mein Leben lang habe ich auf jemanden wie dich gewartet ...«

Als sie diese Worte hörte, die sie sich tagelang ausgemalt hatte, konnte Jane, statt zu antworten, wie es jeder wohlerzogenen jungen Lady beigebracht worden war, nur ein Schluchzen hervorbringen und sagen: »Ja, gern.«

»Du wunderbarer kleiner Wildfang. Darf ich dich küssen, Jane?«

Ein unartikuliertes Gemurmel gab ihm zu verstehen, daß kein Einspruch erhoben wurde, und seine Lippen legten sich respektvoll auf die ihren. Sie schloß die Augen, um jeden Augenblick zu genießen, und war ziemlich überrascht, daß sie nicht ohnmächtig wurde – vielleicht war das nicht unbedingt erforderlich. Sie versuchte angestrengt, wie Evelina zu fühlen, als Lord Orville vor ihr auf die Knie fiel, konnte jedoch nur Lord Arthurs Schnurrbart spüren, der sie an der Oberlippe kitzelte. Trotzdem, es war alles sehr zufriedenstellend, und zweifellos würden ihr mit der Zeit die Gefühle besser gelingen.

In diesem unpassenden Moment kam Walter Marshall durch die Tür gestürmt, um Jane zum Tanz zu bitten. Sein Gesicht war verärgert, seine Augen loderten, und er hatte wenig Ähnlichkeit mit dem kühlen jungen Politiker, dessen Zurückhaltung eine so wertvolle Eigenschaft für seine Karriere darstellte.

Er pflanzte sich halsstarrig vor den beiden auf und sagte in einer Art, die eindeutig zu Unverschämtheit tendierte: »Lady Jane, ich glaube, das ist unser Tanz.«

Sie straffte sich würdevoll.

»Mr Marshall«, erwiderte sie, »Ihnen muß doch klar sein, daß Sie stören.«

»Ganz ohne Zweifel«, sagte er kurz, »dennoch ist es unser Tanz.«

Lord Arthur lachte. Er konnte sich das leisten. »Geh ruhig, Liebste, ich kann warten. Soll dieser junge Flegel doch seinen Tanz haben.«

Walters Hände ballten sich, er zügelte sich jedoch – gerade noch.

Lady Jane warf Lord Arthur einen hingebungsvollen Blick zu und Walter einen gänzlich gegensätzlichen. Sie marschierte an Walters Seite zur Orangerie hinaus und zur Tanzfläche. Steif akzeptierte sie seinen Arm, ihre Lippen waren fest aufeinandergepreßt, ihr Gesicht zur Grimasse verzerrt.

»Mr Marshall«, zischte sie, »das werde ich Ihnen nie verzeihen.«

»Daß ich Sie zu unserem Tanz aufforderte?« fragte er, ebenso frostig.

»Daß Sie in dem Moment hereingekommen sind. Lord Arthur hatte mich gerade gebeten, seine Frau zu werden.« Noch während sie sprach, spürte sie, daß die voreilige Bekanntgabe dieser Tatsache etwas unklug gewesen war.

Walter Marshall blieb wie angewurzelt mitten auf der Tanzfläche stehen. Er nahm sie bei der Hand und führte sie ins Frühstückszimmer.

»Haben Sie eingewilligt?« fragte er düster.

»Natürlich«, antwortete sie würdevoll. »Ich liebe ihn.«

»Sie Närrin«, sagte er schlichtweg.

Sie schnappte nach Luft. »Wie können Sie es wagen, so mit mir zu sprechen?«

»Ganz einfach. Er ist gut und gerne mehr als doppelt so alt wie Sie. Er ist nie verheiratet gewesen. Es gehen allerlei Gerüchte um, vor denen er nur sicher ist, weil er dem Prinzen von Wales nahesteht. Und er ist total pleite. Er will Sie nur, weil Sie die Tochter eines Herzogs sind.«

Ein glühender Zornesfleck wurde auf Janes Wangen sichtbar. »Ich nehme an, es ist nicht vorstellbar, daß er mich vielleicht um meiner selbst willen haben möchte?«

Walter erwog es reiflich. »Nein, das ist es nicht. Ich kann mir jemanden vorstellen, der Sie um Ihrer selbst willen möchte. Er ist es nicht. Er kann Sie nicht einmal richtig küssen.«

Diesmal griff sie ihn nicht nur mit Worten, sondern auch körperlich an. »Sie haben zugesehen? Aber das war ein — ein geheiligter Moment. Sie durften nicht ...«

Er packte ihre Hände und zog sie an sich. »So solltest du geküßt werden.« Und er ging daran, es ihr zu demonstrieren. Das war nicht mit Lord Arthurs Kuß vergleichbar. Erstens gab es keinen Schnurrbart, der sie kitzelte. Und außerdem waren da verschiedene andere interessante Empfindungen, die sie fast wünschen ließen, mit dieser amüsanten Beschäftigung fortfahren zu können. Dann erinnerte sie sich wieder an Arthur.

Als es ihr gelang, sich zu lösen – was einige Zeit in Anspruch nahm –, schritt sie zur Tür und sagte mit mühsam beherrschter Stimme: »Mr Marshall, Sie werden dieses Haus verlassen.« Eine würdige Bemerkung, die etwas beeinträchtigt wurde durch die Locke. die ihr ins Auge hing.

»Sie haben mir nicht ins Gesicht geschlagen«, stellte er sachlich fest. »Sie lassen mich sehr leicht davonkommen.«

Sie zögerte. Es juckte ihr in den Fingern. Er hielt jedoch ihrem Blick stand. Plötzlich stürzte sie aus der Tür und warf sie hinter sich zu.

Prinz Franz von Herzenberg war froh. Endlich ein Hoffnungsschimmer, daß er sich vielleicht mit Anstand von der Herzogin lösen könnte. Er wußte gar nicht genau, wie er in ihre Umgarnung geraten war. Der Kaiser führte ein beispielhaftes Familienleben; er erwartete von seinen Diplomaten, es ihm gleichzutun. Victorias Hof war ebenfalls beispielhaft. Deshalb war er nicht auf die Machenschaften der Londoner Gesellschaft gefaßt gewesen und hatte hoffnungslos den Boden unter den Füßen verloren. Er lebte in Angst, daß Gerüchte den Kaiser erreichen könnten. Und in noch größerer Angst vor ...

»Euer Hoheit«, flüsterte Honoria, tief zu Boden sinkend, mit dem gewünschten Resultat, daß ihr hübscher Busen unter dem Decolleté deutlich sichtbar wurde. »Unser Tanz. Der letzte Tanz.«

Die Ehrenwerte Mrs Hartham war beschwipst. Beschwipst vom Champagner und vom berauschenden Überschwang weiblichen Machtgefühls.

»Euer Hoheit«, zwitscherte sie. »Dieses auserlesene Büfett. Die gute Laetitia. Sie übertrifft sich selbst. Und doch«, sie sah den Prinzen kokett an, »habe ich das Gefühl, daß ich am Ende des Abends noch etwas Hunger verspüren könnte.«

»Wirklich, Madame?« erwiderte der Prinz, etwas verwundert.

»Ich könnte vielleicht um einen Teller mit Sandwiches

bitten«, sagte Honoria bedeutsam und versetzte ihm einen leichten Klaps mit dem Fächer.

Daß sich seine Muskeln vor Ärger verkrampften, entging ihr, wie ihm die Bedeutung ihrer Worte entging.

»Hätten Sie Lust, diese Sandwiches mit mir zu teilen?« Sie sah ihn schüchtern an, dann senkte sie sittsam den Blick.

»Das wäre entzückend«, erwiderte der Prinz, der nun völlig im dunkeln tappte.

»Natürlich, die gute Laetitia ... Sie wird doch nichts dagegen haben? Sie ist meine beste Freundin.«

»Ich bin sicher, Ihre Gnaden haben nichts dagegen einzuwenden, wenn Sie den Butler um Sandwiches bitten.«

Sie kicherte. »Was für ein entzückend amüsanter Mann Sie sind.«

Der Prinz konnte nichts Amüsantes an seinen Worten finden, lächelte aber und verneigte sich.

»Natürlich habe ich mich noch nicht *entschieden;* eine Dame könnte das nicht. Aber ich werde Ihnen meine Antwort später am Abend mitteilen.«

Der Prinz starrte sie sprachlos an. Waren denn alle Engländerinnen verrückt?

»Falls ich ja sage, falls, vergessen Sie das nicht, Sie unartiger Mann, entzückender Mann, wird es ungefähr eine Stunde dauern, bis ich Hunger verspüre. Wenn Sie die Sandwiches sehen, werde ich die Ihre sein. Die Ihre«, sagte sie mit bebender Stimme und schlug ihn nochmals kokett. »Gehen Sie jetzt, Euer Hoheit, man beobachtet uns.«

Langsam begann Prinz Franz von Herzenberg die furchtbare Wahrheit zu dämmern.

Die Herren hatten sich in die Bibliothek zurückgezogen, Gläser mit bestem Napoleon in den Händen. Sie diskutierten natürlich über die internationale Lage. Das war ein sicherer Hafen.

»Salisbury hat es kapiert. Alle sprechen von der Marine, es ist aber die Armee, auf die wir achten müssen«, polterte der Herzog los. »Ich denk' mir, Cambridge ist nicht auf dem laufenden. Wir brauchen einen neuen Mann. Nichts gegen die Königin. Gott segne sie, es wird aber Zeit, daß ihr Cousin verschwindet. Es ist die Armee, die uns das Weltreich erobert hat.«

»Und die Marine erhält es«, meinte Walter ruhig.

»Mein Lieber«, sagte Petersfield schleppend, »was hat denn die Marine seit Trafalgar getan? Ich glaube, sie hat auf der Krim eine Kanone abgefeuert, nicht wahr?«

»Ganz richtig«, entgegnete Walter. »Das ist ihre Funktion. Verteidigung.«

»Und Ihr Liberalen glaubt, daß man Deutschland fürchten muß. Daß wir die Marine sogar noch mehr ausbauen sollten, um uns vor Deutschland zu schützen. Ergibt nicht viel Sinn. Frankreich und Rußland sind die Feinde, gegen die man Seestreitkräfte aufbauen muß, nicht eine Landmacht wie Deutschland«, sagte Petersfield herablassend.

»Ich persönlich mag die Deutschen«, stellte der Herzog nachdenklich fest. »Halte jedoch nicht viel von diesem neuen Kaiser. Mag ja der Enkelsohn der Königin sein, ist aber viel zu gewieft. Also, da geb' ich Marshall recht – der Kaiser ist von einer fixen Idee besessen, was unsere Marine angeht und die Notwendigkeit, mit uns Schritt zu halten. Nun, ich erinnere mich, in Cowes ...«

»Ich kann Ihnen versichern, Marshall«, unterbrach Arthur, diese Erinnerungen, »daß Deutschland keine aggressiven Absichten hegt. Rußland ist unser gemeinsamer Feind. Also, denken Sie doch nur an das Bündnis, das der Kanzler voriges Jahr mit uns abgeschlossen hat.«

»Es gibt Gerüchte, daß er von einem Krieg spricht, den man ausgetragen muß ...«

»Unsinn, mein Lieber. Und falls, wäre es ein Krieg gegen Rußland. Nein, sie wollen mit uns befreundet bleiben. Glauben Sie mir, ich kenne diese Burschen. War mal mit Teddy dort. Der Kaiser will Frieden und das Außenministerium auch.«

»Wen haben Sie dort getroffen?« fragte Walter.

»Caprivi.«

»Nicht von Holstein?« fragte Walter langsam.
»Von Holstein? Wer spricht über von Holstein?«
Prinz Franz von Herzenberg hatte unbemerkt den Raum betreten; er war kreidebleich.

Honoria begann über die bevorstehende Nacht nachzusinnen. Sie erinnerte sich an die Berührung durch die Hand des Prinzen während des Walzers, den Druck seines Arms, als er sie zum Essen führte, die geflüsterten Worte über dem Huhn in Gelee. Dieser Ausdruck in Laetitias Augen! Nun, in der Liebe war alles erlaubt. Und Laetitia würde ihr das nicht vorhalten. Der Prinz war viel zu attraktiv, als daß sie das nicht verstehen könnte. Sie wandte ihre Gedanken von kommenden Freuden ab und bemerkte, daß Lord Arthur ihr ein Glas Champagner reichte. Honoria machte sich nichts aus Lord Arthur – er war zu verbindlich für ihren Geschmack und überdies offensichtlich nicht in sie verliebt, was ihm nicht ihre Zuneigung eintrug – ihr Schwips ließ sie jedoch ihre Abneigung vergessen. Außerdem war sie vorhin Zeuge einer interessanten kleinen Szene geworden. Sie entschloß sich, kokett zu sein.

»Arthur, mein Lieber, was für ein reizender Abend! Die gute Laetitia ist so hervorragend in der Organisation dieser kleinen Bälle. Jetzt müssen Sie mit mir tanzen. Ich Ärmste bin ganz einsam.«

»Liebe Mrs Hartham, das wäre mir eine Freude. Wie freundlich von Ihnen, mich aufzufordern.«

Der Sarkasmus entging ihr. Sie ergriff die Schleppe ihres hellblauen Satinkleides, und man begab sich auf die Tanzfläche.

»Lieber Lord Arthur, erinnern Sie sich an die Soirée des Marquis von Stevenage Anfang diesen Jahres? Der werte Mr Wilde war da. Der gute, gute Oscar.«

Lord Arthur runzelte die Stirn. »Schreibt etwas seltsame Bücher, der Knabe.«

»Unsinn, Lord Arthur. Was soll das heißen? Reizende, ganz reizende kleine Bücher über Schwalben und Prinzen, glückliche Prinzen.« Sie bekam einen leichten Schluckauf. Sie hatte ihrem jüngeren Sohn »Der glückliche Prinz« vorgelesen. Sie hatte geweint. *Guter* Oscar. So dachte sie über ihn, obgleich sie ihm nur einmal begegnet war. Stolz auf ihre Verbindung zu den Künsten, war sie sich der Tatsache nicht bewußt, daß sich sein Ruf mit dem dekadenten, Anfang diesen Jahres veröffentlichten »Bildnis des Dorian Gray« etwas gewandelt hatte, und war deshalb ein wenig verwundert über Arthurs Reaktion.

»Kenne den Burschen kaum«, sagte Arthur kurz angebunden. »Hab' seine Frau getroffen. Hat mir gefallen. Bin kein Freund von ihm.« Wenige aus der guten Gesellschaft waren das jetzt noch.

Das erinnerte Mrs Hartham an die interessante kleine Szene, deren Zeuge sie vorhin geworden war. »Nicht doch, Lord Arthur. Sie sind zu bescheiden. Jetzt sind wir doch Freunde, nicht wahr? Immerhin kenne ich ja Ihr kleines Geheimnis.«

Als sie sah, daß sie ihn diesmal aus der Fassung gebracht hatte, schlug sie ihn ausgelassen mit dem Fächer. »Kommen Sie, Lord Arthur, ich bin sicher, Sie würden nicht wollen, daß ich es bin, die es der guten Laetitia sagt, nicht wahr? Oder dem guten Herzog? Also seien Sie einfach ein bißchen nett zu mir.« Sie warf ihm ein strahlendes, kleines Lächeln zu, als der Tanz zu Ende war.

Lord Arthur erwiderte es nicht. Sein Gesicht war vollkommen ausdruckslos.

»Mein Tanz mit dir, Honoria«, sagte der Herzog grimmig. Er hatte beschlossen, genug sei genug, und kam, seinen Teil zu fordern, auch wenn die Dame es schmerzhaft deutlich gemacht hatte, daß seine Gesellschaft heute nacht nicht erforderlich sei.

»Oh, George«, kicherte Honoria. »Wie entzückend. Ich habe dich nicht gesehen. Und Mr Marshall auch nicht.« Marshall war hinzugetreten, offensichtlich darum bemüht, einige Worte mit Lord Arthur zu wechseln, wozu Seine Lordschaft nicht aufgelegt zu sein schienen.

Honoria hielt wieder ihr Glas hin. Das schwindelerregende Gefühl, Anziehungspunkt für so viele männliche Blicke zu sein, war genauso berauschend wie der Champagner. »George, mein Champagner. Ich bin ja *so* durstig.«

Der Herzog war verstimmt und entschlossen, nicht klein beizugeben, daher wandte er sich demonstrativ Marshall zu: »Wer ist dieser von Holstein, von dem Sie vorhin gesprochen haben?«

»Von Holstein? Möglicherweise der gefährlichste Mann in Europa heutzutage«, sagte Walter finster. »Er zieht es vor, im Hintergrund zu bleiben, denn der äußere Prunk von Macht interessiert ihn nicht, nur deren Ausübung. Er zieht die Fäden von Deutschlands Außenpolitik, da er aber im Hintergrund bleibt, weiß keiner, was seine Ziele sind. Er ist ein Machiavelli. Ein Erpresser. Ein Intrigant. Er legt Akten über die an, die sein Mißfallen erregen, und wartet ruhig wie eine Katze den rechten Zeitpunkt ab. Ein Junggeselle, ein Weinliebhaber – und ein sehr mächtiger Mann. Man sagt, daß er bei der Auswahl aller deutschen Diplomaten seine Hand im Spiel habe.«

»Wie etwa bei diesem Herzenberg?«

Walter nickte. »Vermutlich. Möglicherweise auch beim Baron von Elburg. Haben Sie von ihm gehört? Ein anderer Londoner Diplomat. Ist er ein Gefolgsmann des Kaisers? Oder des Kanzlers? Oder von Holsteins? Wer weiß, wie diese Fäden verknüpft sind?«

Von dem Augenblick an gelangweilt, als Politik ins Gespräch kam, begann Honoria nochmals, über die bevorstehende Nacht nachzusinnen. Es war an der Zeit, Seine Hoheit von seiner Qual zu erlösen. Ihn von der Wonne wissen zu lassen, die seiner harrte. Sie, Honoria, würde die Seine sein. Ach, wie glücklich er sein würde. Glücklicher, glücklicher Prinz. Sie kicherte. Er würde der Glückliche Prinz von Herzenberg sein. Vom Champagner beflügelt, kicherte sie leise vor sich hin. Sie zitierte den nächst stehenden Lakaien zu sich. Er war nur ein Lakai für sie, eine Person in Livree. Sie sah nicht das runde Gesicht des Jungen, die erstaunten Augen ob der Plauderei, des Parfüms, des Raschelns von Seide und Satin. Das war Edward Jacksons erster Ball.

»Du da«, sagte Honoria Hartham gebieterisch. Falls George es merken würde, ging sie ein Risiko ein, andererseits hoffte sie, daß er es bemerken würde. »Ich möchte, daß du das Seiner Hoheit bringst.« Sie riß eine Blüte aus ihrem kleinen Blumenstrauß am Mieder.

»Was für 'ne Hoheit?« gelang es Edward zu stottern, wobei er ängstlich nach Mr Hobbs Ausschau hielt, ob der vielleicht hörte, daß er, entgegen der Anweisungen, doch seinen Mund aufgemacht hatte.

Honoria seufzte. Wirklich, das Niveau der Diener, die die gute Laetitia in letzter Zeit einstellte, war ziemlich unmöglich.

»Der Prinz von Herzenberg.« Sie drehte sich um und zeigte ihn Edward. Er grinste, als Honoria fortfuhr: »Sag ihm, er soll an Mr Wildes Erzählung denken und diese Blume für mich tragen.«

Edward war schon seit langem zu der Überzeugung gelangt, daß vornehme Herren dumm waren, feine Damen aber sogar noch dümmer. Trotzdem machte er sich gehorsam auf den Weg und hielt krampfhaft die gelbe Nelke in seinen Händen, die in inzwischen leicht angeschmutzten Strickhandschuhen steckten.

Honoria drehte sich um und sah die Augen des Herzogs auf sich gerichtet. Hatte er es gehört? Er trat vor Lord Arthur und ergriff nicht gerade zart ihren Arm. Genau in dem Augenblick kam Edward Jackson aufgeregt von seiner Mission zurück.

»Der Prinz sagt, daß ich Ihnen sagen soll, er hat's verstanden, Madame.«

Sie lächelte ihn an. »Danke, mein Junge. Vielen herzlichen Dank.«

Ziemlich verwundert stierten der Herzog und Lord Arthur den noch unsicher zögernden Edward Jackson an, bis der Junge errötete und sich entfernte.

»Was hat dieser Junge gemeint?« fragte der Herzog langsam. »Dir zu sagen, er hat's verstanden?«

»Nichts, du ungezogener Mann. Nur ein Frauengeheimnis. Und ich kann ein Geheimnis wahren. Ich kann jedermanns Geheimnis wahren. Ihres und Ihres – und auch Ihres!« Sie lachte glucksend und schlug dabei kokett jeden der Reihe nach mit dem Fächer.

Es war weit nach ein Uhr morgens, als der letzte Gast ging und die Hausangestellten erschöpft in ihre Betten krochen. Es war dementsprechend fast zwei, als der letzte Lakai erschöpft zu seiner winzigen Kammer auf der zweiten Etage hochstieg, zu müde, um auch nur über die Freuden der Frauengemächer auf der ersten Etage nachzudenken, deren Genuß ihm so streng untersagt war. Auguste, dessen Dienst seit einer Stunde beendet war, schlummerte bereits unruhig, träumte von einem Schaukochen von Panzerkrebs *à la provençale,* dem ein lächelnder Escoffier billigend beiwohnte. Die Panzerkrebse wurden immer größer, ihre Scheren immer stärker, umfingen ihn schließlich; dann plötzlich war es Ethel, die ihn umarmte – ach, leider nur in seinen Träumen.

Der Schlummer hatte sich jedoch noch nicht vieler Gäste- und Familienzimmer bemächtigt. Lady Jane lag im Bett wach und träumte nicht von Ehe, sondern von Hochzeit; ungefähr hundert Meter entfernt im Junggesellenturm wälzte sich Walter Marshall hin und her, schimpfte sich einen Narren und erinnerte sich an die Berührung von Janes Lippen. Der Herzog und die Herzogin waren in ihren jeweiligen Ankleidezimmern und zogen eine ungewohnte Nacht ehelicher Freuden in Erwägung. Lord Arthur dachte befriedigt an die Zukunft, die er so sorgfältig für sich organisiert hatte. Die Ehrenwerte Honoria Hartham, schicklich in weißen Satin gehüllt, wartete in ihrem Zimmer auf ihren neuen Liebhaber. Und um zwei Uhr öffnete sich die Zimmertür des Prinzen von Herzenberg, und der Prinz schlich verstohlen den Korridor entlang.

Kapitel 6

In der Geborgenheit ihres Zimmers drehte sich Edith Hankey, von der Glocke halb aus dem Schlaf gerissen, wieder auf die andere Seite, dankbar, daß die Tage vorüber waren, da sie solchen Aufforderungen Folge leisten mußte. Es war weder ungewöhnlich, daß die Nachtglocke in der ersten Etage auf dem Korridor des weiblichen Dienstpersonals läutete, noch daß sie so anhaltend läutete. Ungewöhnlich war jedoch der darauf folgende Schrei, als das bedauernswerte Hausmädchen am Ausgangspunkt des Rufs angekommen war.

Dieser Schrei aus den Gästezimmern der zweiten Etage drang nicht bis zu Mrs Hankey. Auguste Didier im winzigen, direkt darüberliegenden Raum und die zwanzig Anwohner jenes Korridors schreckten jedoch aus ihren keuschen Betten hoch. Wie durch Osmose wurde ihr Erschrecken zur ersten Etage und von da zu Mrs Hankey weitergeleitet, die allmählich begriff, daß sich etwas Ungewöhnliches ereignet haben mußte. In den weniger keuschen Betten des Haupthauses zögerte man verunsichert. Im Verhaltenskodex der Gesellschaft gab es keine Regel für diese Eventualität.

Ethel war als erste am Ort des Geschehens. Was sie sah, ließ sie bis zum Haaransatz erbleichen. Und zum zweiten Mal innerhalb von zehn Tagen sah sich Mrs Hankey mit einer gebieterischen Aufforderung konfrontiert, die diesmal schluchzend von einem niederen Hausmädchen vorgebracht wurde.

»Es ist diese Mrs Hartham – sie ... sieht merkwürdig aus ...«

Mrs Hankey erhob sich wortlos, zog ihren unaufdringlichen wollenen Morgenmantel über, griff nach Brechwurzel und Brechnuß und lief die Frauentreppe hoch. Als sie die zweite Etage erreichte, stieß sie mit Auguste zusammen. Er hatte die Ursache des Lärms ergründen wollen und seine

Ethel vorgefunden, die sich schreckensbleich, aber tapfer um die offensichtlich sterbende Mrs Hartham bemühte. Nun eilte er auf schnellstem Weg zurück, um Ernest Hobbs zu suchen.

»Mr Didier, was machen Sie auf der Frauentreppe, wenn ich fragen darf?«

»Für solche Nichtigkeiten ist jetzt nicht die Zeit, Mrs Hankey. Ich glaube, es ist dasselbe wie bei Mr Greeves – man muß den Doktor holen. Der gnädige Herr muß verständigt werden.« Ohne weitere Umstände sauste er an ihr vorüber.

Mrs Hankey war einen Augenblick lang unentschlossen, ob sie die Unverletzlichkeit der Frauentreppe verteidigen sollte. Sein Gesichtsausdruck wie auch seine Worte vermittelten ihr jedoch den Eindruck, daß tatsächlich etwas nicht in Ordnung sei, und sie ließ ihn passieren. Auf Stockbery Towers war man noch nicht so fortschrittlich, in ein Telefon zu investieren, deshalb wurde der Stallknecht wieder beauftragt, Dr. Parkes mit der Brougham-Kutsche im Dorf abzuholen.

»Oh, mein Gooott«, sagte Mrs Hankey, als sie zum zweiten Mal innerhalb von zehn Tagen mit einer Beinahe-Leiche konfrontiert wurde. Mrs Hartham war halb vom Bett geglitten und lag inmitten von Erbrochenem. Ihr mädchenhaftes Antlitz hatte sich zu einer erstaunten Grimasse verzerrt, als wollte sie sich dagegen auflehnen, daß ihr Leben, für das sie ein solches Ende nicht geplant hatte, ihr diesen grausamen Streich spielte.

Mrs Hankey trat vorsichtig näher und hob Mrs Harthams Arm an. »Sie wird sterben«, flüsterte sie Ethel ohne Umschweife zu, die jetzt, da ihr die Verantwortung abgenommen war, leise zu weinen begann. Mrs Hankeys Gedanken waren nicht vorrangig vom Mitleid für eine Frau beherrscht, die sie nicht einmal vom Sehen kannte, sondern von der sicheren Erkenntnis, daß das nichts Gutes für Stockbery Towers bedeutete, mit dessen Wohlergehen sie sich vollkommen identifizierte.

Ethel weinte um Mrs Hartham – um eine Frau, die sie

gestern gesehen hatte, die gelacht und herrlich geduftet hatte, die ein hellblaues Satinkleid mit echten Rosenknospen an der Seite getragen hatte und lange blaue, farblich dazu passende Handschuhe sowie Satinschuhe, Schuhe, die nie mehr tanzen würden.

Man konnte jetzt Schritte hören – die gewichtigen von Hobbs, der sich seiner Stellung als Butler wohlbewußt war und ein weiter entferntes Getrappel. Wie kleine Mäuse versammelten sich die niederen Dienstboten an der Tür zum Haupthaus, entschlossen, sich nichts von dem voraussichtlich aufregenden Geschehen entgehen zu lassen. Auf der anderen Seite wurden vorsichtig Türen geöffnet. Der Herzog, stattlich in einen dunkelroten seidenen Paisley-Morgenrock gekleidet, kam die Treppe vom ersten Stock herauf, gefolgt von seiner Herzogin, die überaus verärgert war, daß sie sich *en déshabille* zeigen mußte, zumal dies, da sie die Nacht mit ihrem Gemahl verbrachte, keineswegs so elegant wirkte wie vielleicht unter anderen Umständen.

An der geschlossenen Tür des Zimmers sahen sich Seine Gnaden Mrs Hankey gegenüberstehen.

»Was, zum Teufel, ist hier los?« knurrte er wütend. »Fühlt sich Mrs Hartham nicht wohl? Weshalb rennen alle herum? Es ist mitten in der Nacht, verdammt noch mal.«

Mrs Hankey sprach angemessen leise. »Sie hat's erwischt, Sir.«

»Hat's erwischt?« Der Herzog guckte sie verständnislos an. »Sie ist krank, meinen Sie?«

»Ich fürchte, sie stirbt, Sir.«

Der Herzog stieß einen dumpfen Laut aus, wurde rot im Gesicht und stieß Mrs Hankey schroff zur Seite. Ihre Gnaden, deren Verstand schnell und mit Sinn für Schicklichkeit funktionierte, schoben sich rasch hinter ihm ins Zimmer. Mrs Hankeys Lippen preßten sich zu einem dünnen Strich zusammen. Sie konnte Seiner Gnaden kaum den Zutritt verweigern, aber trotzdem ... Wenn sie sich vorstellte, wie Mrs Hartham dalag – nun, wenigstens hatte sie etwas an, aber doch nur ein Nachthemd!

Der Herzog blieb wie angewurzelt stehen, als er die Schreckensszene sah. »Honoria«, rief er mit erstickter Stimme. Er lief zu ihr hin und beugte sich kreidebleich über sie. Dann schaute er auf den Nachttisch. Er griff nach einem Teller mit Sandwiches, der darauf stand.

»Sir, ich denke«, stammelte Ethel, »das sollten Sie nicht tun.«

Die Herzogin bemerkte Ethels Anwesenheit und drehte sich nach ihr um. Dann sagte sie: »Das Mädchen hat recht, George. Laß alles, wie es ist. Die Polizei möchte sicher ...« Ihre Stimme war ungewöhnlich sanft. Das war Honoria, die dort lag und sich in Todeskrämpfen wand, Honoria, ihre beste Freundin, mit der sie so viele Geheimnisse geteilt, so viele Vertraulichkeiten ausgetauscht hatte. In diesem Augenblick hätte sie aber ebensogut eine Fremde sein können. Ihre einzige Sorge galt ihrem Gemahl. Sie war die Stärkere von beiden, und jetzt brauchte er sie.

»Die Polizei?«

»Na ja, George, es könnte vielleicht kein Unfall gewesen sein.«

Der Herzog richtete sich auf und sah seine Gemahlin an. Sie wechselten einen Blick. Dann legte er den Kopf an ihre Schulter; sie drehte sich um und führte ihn aus dem Zimmer.

Dr. Parkes brauchte nicht lange für die Untersuchung. Als er eintraf, war Honoria Hartham bereits tot. Er hatte vor zehn Tagen im gleichen Haus schon einmal die gleichen Symptome gesehen, den gekrümmten Körper, das angstverzerrte Gesicht. Er schaute finster drein, als er sich aufrichtete. Die Anstrengung ließ ihn etwas nach Luft ringen. Da Seine Gnaden den Ort des Geschehens verlassen hatten, mußte der Doktor mit Hobbs vorliebnehmen, der umgehend den Stallknecht mit dem Behelfswagen ins Dorf schickte, um Sergeant Bladon zu wecken.

Dann holte der Doktor Mrs Hankey ins Zimmer zurück. »Also, gute Frau«, sagte er.

Sie starrte ihn an. Sie hatte Dr. Parkes nie gemocht.

»Diese Sandwiches.« Er zeigte auf den Teller mit hauchdünnen Sandwiches. »Wann sind die gemacht worden?«

»Sie sind«, antwortete sie hochmütig, »natürlich frisch zubereitet worden, kurz bevor die bedauernswerte Dame zu Bett ging. Als sie darum gebeten hat. Das versteht sich wohl von selbst.«

Er ging nicht weiter darauf ein; das war Aufgabe der Polizei. Es schien offensichtlich zu sein, daß eines der Sandwiches die Ursache für diesen weiteren plötzlichen Todesfall gewesen war. Außer der Wasserkaraffe und dem Glas neben dem Bett der Dame gab es sonst nichts, womit man Gift hätte verabreichen können.

Als Sergeant Bladon eintraf, fühlte Mrs Hankey wieder sicheren Boden unter den Füßen. Seine Möglichkeiten und Grenzen kannte sie. Constable Perkins wurde vor der Tür postiert, eine Aufgabe, die ihm weniger zusagte als letztens. Beim vorigen Mal war er unter seinesgleichen gewesen und hatte gelegentlich Miss Gubbins gesehen, das hatte die Sache erträglicher gemacht; jetzt stand er auf dicken Teppichen und blickte auf ein Fenster, das zum Dach des Ballsaals hinausging; auf der ganzen Länge des Korridors gab es Türen mit vergoldeten Klinken und gemalten Verzierungen. Sie öffneten und schlossen sich, und Leute kamen heraus, wie aus dem Wetterhäuschen, das seine Mutter auf einem Jahrmarkt gewonnen hatte und das ihr so gut gefiel. Frauen in zarter, durchsichtiger Kleidung, wie sie Perkins noch nie zuvor gesehen hatte, schwebten an ihm vorüber. Errötend hielt er die Augen zu Boden gesenkt. Eben das hatte er jedoch nicht getan, als er herkam. Da war, zu seiner Freude, Miss Gubbins hier gewesen, und obgleich er versucht hatte, wegzusehen, hatte er doch bemerkt, daß sie unter dem dicken blauen Morgenmantel nur ein Nachtgewand trug und ihr Haar in Zöpfen herabfiel, wie vor Jahren, als sie zusammen im Heu gespielt hatten. Zu seiner ohnmächtigen Wut hatte dieser Franzmann ihr besitzergreifend den Arm angeboten, wenn ihn nicht sogar um sie gelegt, und sie zurück in den Dienerschaftsflügel geführt. Die Vorstellung, was *da* drin wohl vor sich gehen mochte, raubte ihm völlig den Verstand.

Da drin im Zimmer taten Sergeant Bladon und Dr. Parkes ihr Bestes, Mrs Hankey zu beschwichtigen, während Seine Gnaden, jetzt angekleidet und zum Bleiben entschlossen, grimmig danebenstanden. Der Herzog betrachtete das als seine Pflicht. Honoria war Gast seines Hauses gewesen – abgesehen von allem anderen. Bladon machte sich eifrig Notizen, wobei Mrs Hankey ihn mit Adlerblick beobachtete. Er lief herum, untersuchte mehrfach den Teller mit Sandwiches.

»Das Gift war selbstverständlich in diesen Sandwiches«, meinte Parkes ernst und wichtig. »Sie werden herausfinden müssen, wer sie zubereitet hat.«

Bladon ärgerte sich. Er warf einen Blick auf den Doktor, der seinen Weg mehr als einmal gekreuzt hatte. Er spielte Golf mit Naseby, und das genügte Bladon. Sie hatten einleuchtend nachgewiesen, wie Mrs Hartham den Brandy vergiftet haben könnte, und es war bitter, feststellen zu müssen, daß sich die Dame den Konsequenzen dieser Entdeckung entzogen hatte, auf die er soviel Zeit verwandt hatte.

»Die Wasserkaraffe hier«, sagte er zum Doktor. »Das Gift – falls die Dame auf *die* Art gestorben ist – könnte doch da drin gewesen sein oder etwa nicht?«

Der Doktor schüttelte den Kopf. »Derart viel Gift, um so schnell zu sterben, könnte sie nicht in Wasser zu sich genommen haben, ohne den Geschmack zu bemerken. So kann sie nicht getötet worden sein. Außer natürlich, sie hätte das Gift absichtlich genommen.« Bladon schaute schnell hoch. »Nein, es müssen die Sandwiches gewesen sein.«

Eigensinnig beugte sich Bladon vor, um das Glas zu untersuchen. »Hier«, bemerkte er aufgeregt. »Kommen Sie und sehen Sie sich das an. Das ist doch kein Wasser in dem Glas, oder?«

Überreste einer hellen Flüssigkeit hatten sich auf dem Boden abgesetzt. Der Doktor roch vorsichtig daran. »Nein«, sagte er bedächtig, »das ist kein Wasser.«

Bladon frohlockte.

»Das ist Wein oder vielleicht Champagner«, fuhr Parkes fort.

Niedergeschlagen sah sich der Sergeant um. »Es sind keine Flaschen hier«, brummte er.

»Wahrscheinlich hat sie das Getränk aus dem Ballsaal mitgebracht«, meinte der Herzog.

Mrs Hankey warf ihm einen so vernichtenden Blick zu, wie sie wagen konnte. »Nicht in dem Glas, Euer Gnaden«, sagte sie. »Das ist ein *Nachttischglas*.«

Seine Gnaden dachten darüber nach, welche Schlußfolgerungen sich daraus ergeben würden. Er runzelte die Stirn. Es war also jemand bei ihr gewesen, er hatte recht gehabt, verdammt noch mal. Und wer das war, wußte er. Die Schamlose! Zu sagen, daß sie müde sei. Also, was sollte er tun? Wenn dieser Bursche von Prinz Honoria vergiftet hatte, würde er ihn mit dessen eigener Waffe erschießen. Wenn er aber etwas sagte, würde er Honoria in Mißkredit bringen. Sie hatte noch einen Ruf zu verlieren, verdammt. Nein, Laetitia war zehnmal mehr wert als sie ...

Das war eine kurze Nacht. Als Mrs Hankey wieder zu Bett ging, waren die Hausmädchen bereits aufgestanden und bei der Arbeit – diesmal gähnten sie noch mehr als sonst. Ethel hatte nicht geschlafen und fand es leichter, mit ihnen aufzustehen, als ihr Vorrecht auf die zusätzliche halbe Stunde Schlaf in Anspruch zu nehmen. Es war besser, tätig zu sein, als wieder an das verzerrte weiße Gesicht zu denken, und besser, ihre Gedanken erfreulicheren Dingen zuzuwenden, zum Beispiel daran zu denken, wie freundlich Mr Didier zu ihr gewesen war, wie er ihre Gefühle für Mrs Hartham verstanden hatte, wie er seinen Arm um sie gelegt hatte, um sie zu trösten – selbstverständlich, als niemand sie sehen konnte –, und wie er sie geküßt hatte; es schien ihn nicht zu stören, daß ihr Haar herabhing und sie den häßlichen alten Morgenmantel trug. Das war überhaupt nicht die übliche Art von Kuß gewesen ... Er hatte sie nur einmal zuvor so geküßt, als er sie an jenem unvergeßlichen Tag zur Matinée von Mr Irving nach London und später ins Savoy mitgenommen hatte, um Mr Escoffier zu treffen, und sie ziemlich spät zurückgekommen waren, so daß es schon ganz dunkel war, als sie von Hollingham Halt raufliefen ... ganz dunkel.

Als sie jedoch aufstand und sich in der Schüssel mit lauwarmem Wasser wusch, die ein Hausmädchen vor ihre Tür gestellt hatte, verschwanden diese angenehmen Gedanken, denn ihr fiel wieder ein, was sie bedrückt hatte – die Sandwiches. Der Doktor hatte nach den Sandwiches gefragt. Und die hatte sie zubereitet.

»Die Sandwiches, Miss. Sie bereiten gewöhnlich die Sandwiches zu?«

Sergeant Bladon ähnelte nicht sehr der Vaterfigur, für die sie ihn immer gehalten hatte, vielleicht auch deshalb, weil er die ganze Nacht wach gewesen war.

»Nein, ich ...«

»Ich kann Sie nicht verstehen, Miss.«

Sie mußte sich zum Sprechen zwingen. Sie war unschuldig. Sie hatte nichts zu verbergen. »Nein«, war alles, was sie herausbringen konnte.

Auguste stellte sich schützend vor sie. »Nein, Sergeant Bladon, aber alle anderen waren zu Bett gegangen. Deshalb war Ethel die einzige, die noch auf war, als Mrs Hartham nach Sandwiches klingelte.«

Wie eine Katze schnurrend, wandte sich Sergeant Bladon sofort Auguste zu. »Aha, Mr Didier, wie kommt es dann, daß Sie so viel darüber wissen?«

»Weil ich da war«, sagte Auguste. »Ich habe Miss Gubbins das Entenfleisch gegeben, mit dem die Sandwiches belegt werden sollten.«

»Oh, tatsächlich, Mr Didier?« strahlte Bladon. »Das ist wirklich bedauerlich. *Sehr* bedauerlich, könnte man sagen. Wo Sie doch in so – äh – engem Zusammenhang mit dem Ableben des armen Mr Greeves standen.«

Auguste gelang es nur mit Mühe, sich zu beherrschen. »Monsieur *le Sergeant,* Sie wissen doch genau, daß sich das Gift, das Mr Greeves tötete, in der Brandyflasche und nicht im Mittagessen befunden hat.«

»Oh, weiß ich das wirklich, Mr Didier? Nun, Sie mögen denken, daß ich es weiß, aber was ich weiß, wird nicht mehr lange von Bedeutung sein. Den neuen Mann werden Sie überzeugen müssen. Als erstes haben Seine Gnaden heute morgen nämlich darauf bestanden, daß so ein Bursche von Scotland Yard herkommt. Er wird uns eine Zeitlang zugewiesen sein.« Bladon war hin- und hergerissen zwischen Erleichterung, weil nunmehr die Verantwortung von seinen Schultern genommen wäre, und Verärgerung, weil das ein schlechtes Licht auf die Fähigkeiten der Kenter Polizei werfen könnte, selbst wenn dieser Tiefschlag Naseby gälte. »Er wird Sie sehen wollen, Mr Didier. Sie auch, Miss Gubbins.«

»Mich?« Ethel sah erschrocken aus.

»Sie haben die Sandwiches zubereitet, wissen Sie.«

»Aber, Sergeant«, sagte Auguste ungehalten, als spräche er mit einem Kind, »Miss Gubbins war doch allein in Mrs Harthams Schlafzimmer – warum hat sie die Sandwiches denn nicht entfernt, wenn sie von ihr vergiftet worden wären?«

»War vielleicht ein Trick«, antwortete Bladon hintergründig, »um von ihrer Spur abzulenken.«

Ethel zerfloß in Tränen, als ihr die ganze Tragweite der Lage, in der sie sich befand, bewußt wurde.

Bladon war bestürzt. »Aber, aber«, sagte er verlegen. »Nehmen Sie's nicht so schwer. Ich denke, man wird nicht zu hart mit Ihnen umspringen.«

Seltsamerweise vermochte das Ethels Ängste nicht zu zerstreuen.

Auguste war verwirrt. Beim Zubereiten der Mayonnaise hatte alles so einfach ausgesehen. Ihm war einfach klar gewesen, wie Greeves ermordet wurde, und er ahnte, weshalb. Wegen Erpressung. Weshalb wurde dann aber Mrs Hartham umgebracht? War das vielleicht ein Versehen? Nein, das war es nicht. Marshall hatte also recht – es bestand für alle auf Stockbery Towers Gefahr, bevor dieser Mörder nicht entlarvt worden war. Und jetzt Scotland Yard. Auguste hatte eine hohe Meinung von *La Sûreté*, von Scotland Yard jedoch ..., die machten Fehler. Das wußte er. Es gab dort gute Leute; sie hatten Charlie Peace gefunden, auch viele andere Mörder. Wie war es aber um die Anwendung von Logik, von geduldiger Überlegung bestellt? Das war eine französische Begabung. Keine englische. Man würde voreingenommen sein. Sie kannten diese Hitzköpfe von Emigranten, wie sie sie zu nennen pflegten, die der Londoner Boheme angehörten. Sie würden, wenn auch auf andere Art, ebenso voreingenommen wie Bladon sein. Ein Franzose ist im Spiel? Laßt uns dem Franzosen die Schuld geben.

Als er ins Dienstbotenzimmer kam, wußte er sofort, daß etwas nicht stimmte. Es herrschte Schweigen, als man ihn sah, tiefes Schweigen, und Ethel war inmitten davon. Sie sprang auf, als er eintrat, und warf sich ihm ohne Rücksicht auf Schicklichkeit in die Arme. May Fawcett kniff die Lippen zusammen; Mrs Hankey stockte der Atem.

»Mr Didier«, schluchzte Ethel, »sie denken, sie haben gesagt ...« Und sie brach in Tränen aus.

»Ach, ja, was sagen sie denn?« erwiderte er beherrscht und hielt weiter herausfordernd den Arm um sie gelegt, während sie nach einem Taschentuch suchte.

Keiner klärte ihn auf. Einige scharrten verlegen mit den Füßen.

May Fawcett, mutiger als die anderen, wagte schließlich zu sagen: »Es ist doch merkwürdig, nicht wahr, Mr Didier, daß Sie die Sandwiches zubereitet haben, besser gesagt, Sie beide?«

»Das macht mich also zum Mörder, ja?« fragte Auguste nachsichtig. »Zuerst töte ich Greeves, dann gehe ich hin und bringe eine Frau um, die ich nicht kenne.«

»Wir dachten nicht an Mord, nein«, sagte Mrs Hankey, schnell beschwichtigend. »Eher an ein Versehen.«

»Sie haben gesagt, Sie wären vielleicht einer von denen,

die einfach aus Spaß Leute umbringen«, meinte Ethel, laut schluchzend. »Wie dieser Dr. Palmer.«

»Hat man das tatsächlich gesagt?« Auguste betrachtete seine Kollegen voller verwundertem Entsetzen.

»Sagen Sie, was Sie wollen, Mr Didier, das Gift war im Essen, und Sie haben es zubereitet«, erwiderte Cricket mit feindseligem Funkeln im Blick.

Fünf Augenpaare starrten, ohne mit der Wimper zu zukken, auf Auguste. Er war nun nicht länger einer von ihnen. Die zuvor geeinte Front zerbrach. Und er war der Außenseiter. Er mußte sich beeilen, diesen Mörder zu finden. Die Zeit in der Sanduhr war fast abgelaufen.

Inspector Rose von Scotland Yard saß auf der Nebenstrecke nach Hollingham Halt in seinem Abteil zweiter Klasse und erwog trübsinnig die nahe Zukunft. Wenn er diesen Fall nicht in der halben Zeit und auf eine Art lösen könnte, die dem Herzog die wenigsten Unannehmlichkeiten bereitete, würde es möglicherweise unangenehm für ihn werden. Er machte sich keine Illusionen darüber, weshalb er für diese Aufgabe abkommandiert worden war, nachdem er die Notizen gelesen hatte, die ihm vorige Nacht per Eilboten übersandt worden waren. Die Kenter Polizei umging geschickt ein mögliches Versagen, indem sie sich der Bitte des Herzogs an den Commissioner beugte, die fadenscheinig damit begründet worden war, daß die Ursachen für das Verbrechen sehr wohl in London liegen könnten. Walter Marshalls plötzliches Interesse am Augustball im Stockbery House in Mayfair war dem Herzog nämlich nicht entgangen.

Rose machte sich auch keinerlei Illusionen darüber, weshalb gerade er dafür auserkoren worden war. Man konnte keinen Beamten zu niederen Ranges nach Stockbery Towers schicken; und ein zu hochrangiger Beamter würde befürchten, degradiert zu werden. Rose war ein Mann, der die Welt nicht durch eine rosarote Brille sah – seine Brillengläser tendierten eher zu einem ausgesprochenen Grau. Er hatte auch nicht viel Humor. Das war gut so – bei diesem Namen.

Wäre er sich nämlich bewußt gewesen, wie unpassend sein Name für einen grimmigen höheren Beamten von Scotland Yard war, hätte ihm das wirklich zum Nachteil gereicht. Statt dessen war sein Name ein Vorteil. Die Schurken wußten genau, was sie von Rose zu erwarten hatten. Sein Trübsinn war zum Teil angeboren, zum Teil jedoch auch auf seinen empfindlichen Magen zurückzuführen, dem durch die Kochkünste von Mrs Rose, oder vielmehr durch deren Ermangelung, keineswegs Linderung verschafft wurde. Er war der Sohn eines Vikars und hatte von Kindesbeinen an engen Kontakt mit dem Londoner East End gehabt, deshalb verstand er es, mit Schurken, wie er sie nannte, in einer Art umzugehen, die ihnen gesunden Respekt vor Egbert Rose einflößte, und zum anderen war es ihm dadurch auch möglich, die Denkweise von Verbrechern zu verstehen, was ihm bei Scotland Yard gut zustatten kam.

Stockbery Towers würde jedoch nicht sein Milieu sein; das spürte er instinktiv. Was wußte er denn von Herzögen und Herzoginnen und Ehrenwerten Damen und Herren? Er lobte sich einen Gangster, einen Einbrecher, einen kleinen Betrüger, da wußte er, woran er war. Aber diese feinen Herrschaften – das war eine fremde Welt.

Verdrießlich zog er das Fenster herunter, um die Kenter Landschaft zu betrachten, und eine Rußwolke wehte ihm ins Gesicht, ließ ihn nach Luft schnappen und nach seinem Taschentuch greifen. So kam er, halb blind und mit tränenden Augen, in Hollingham Halt an.

»Hum ha«, bemerkte Rose trübsinnig. Er hatte eine Stunde lang den Ausführungen Nasebys zugehört, die gelegentlich von Bladon unterbrochen worden waren. Die Besprechung fand hinter verschlossenen Türen im Schreibzimmer des Herzogs statt. Das war eine hohe Ehre und ebenso wie die herzogliche Kutsche, die ihn bei seiner Ankunft in Hollingham Halt abholte, ein untrügliches Zeichen für die Erkenntnis Seiner Gnaden, daß der Mord nunmehr durch das Hauptportal nach Stockbery Towers gekommen war.

»Was – hm – denken Sie?« fragte Naseby unterwürfig.

Rose starrte aus dem Fenster. Er dachte eigentlich bloß, daß all die Gartenanlagen dort draußen wohl ganz schön viel Pflege benötigten; es gab natürlich nicht so viele Blumen wie in seinem kleinen Haus in Highbury, dafür aber auf jeden Fall mehr nackte Statuen. Er fragte sich, ob die Statuen abgeschrubbt würden, und wenn ja, von wem ...? Er verdrängte diesen Gedanken und versuchte, sich zu konzentrieren. Er hatte tatsächlich bereits gewisse Schlüsse hinsichtlich dieses Falls gezogen. Einer davon war, daß er Naseby nicht leiden könne.

Sergeant Bladon betrachtete ehrfürchtig das lange, hagere Gesicht und versuchte, den unpassenden Gedanken zu unterdrücken, daß dieser Kerl von Scotland Yard ein wenig wie ein trauriger Spürhundwelpe aussähe. Er schob diese eigenartige Vorstellung beiseite. So jung war Rose ja auch gar nicht mehr, mochte vierzig sein, vielleicht fünfundvierzig.

»Der Koch«, sagte Rose unvermittelt. »Ich möchte mit dem Koch sprechen.«

Naseby sah ihn groß an. »Aber, Sie möchten doch sicher Seine Gnaden sehen, mit Seiner Gnaden sprechen wollen?«

Rose überlegte. »Nein«, sagte er schließlich, »mit dem Koch.«

»Aber Sie müssen erst den Herzog begrüßen.« Naseby war schockiert.

Rose gab widerwillig nach. »Also dann eben den Herzog.«

Seine Gnaden waren etwas verwundert, sich nach nur fünf Minuten wieder allein zu finden. Rose hatte ihm eingeredet, daß es besser sei, ihr Gespräch aufzuschieben, und ihm zu verstehen gegeben, daß er viele Informationen auch von anderen Personen erhalten könnte, so daß er Seiner Gnaden nur wenige Unannehmlichkeiten bereiten brauchte. Unerwartet hatte Rose gelächelt, Seine Gnaden hatten ihm, ehe er sich's versah, beigepflichtet, daß das in der Tat das beste sei, und Rose war gegangen.

»Sie sind also der Koch«, sagte Rose. Das war eher eine Feststellung als eine Frage. Er winkte Auguste zu einem Stuhl im Schreibzimmer heran. Seine Gnaden hatten vorgeschlagen, die Dienstboten vielleicht besser anderswo zu befragen, Rose hatte jedoch darauf hingewiesen, daß dann die Küche und somit das leibliche Wohl des Herzogs beeinträchtigt werden könnten.

Auguste nahm sich Zeit. Man soll seinen Gegner immer erst abschätzen. Er sah einen Mann mit nichtssagendem Gesicht, aber intelligenten, durchdringenden Augen. Der war kein Bladon und ein Naseby auch nicht. »Ich bin der Maître.«

»Französisch für Koch, ich weiß«, sagte Rose absichtlich beiläufig.

»Maître – das ist nicht das gleiche.«

Sie beäugten einander gründlich, schätzten ihre geistigen Kräfte ab.

»Die Geschworenen bei der gerichtlichen Untersuchung haben ihrem Urteil eine Warnung vor Ihnen hinzugefügt«, bemerkte Rose unvermittelt.

»Die Geschworenen waren Dummköpfe – sie verstehen nichts von der Zubereitung von Speisen.«

Das tat Rose ebenfalls nicht, überging es aber.

»Auch nichts von Logik«, fuhr Auguste fort.

»Redliche und treue Männer«, murmelte Rose.

»Das ist wahr«, pflichtete Auguste bei. »Ihr Spruch war richtig, sie wußten aber nicht, wie sie dazu kamen. Logik ist nicht ihr Metier. Es ist das Ihre – und das meinige.«

Rose legte den Stift hin, mit dem er sich Notizen zu machen vorgegeben hatte – das hatte sich immer als nützlich erwiesen, um seine Opfer abzulenken. »Und was sagt Ihnen die Logik, Mr Didier?« Es war unmöglich, dessen Gedanken zu erraten.

»Daß wir zwei Morde haben, einen auf der einen Seite der grünen Friestür und einen auf der anderen. Daß diese aber höchstwahrscheinlich – falls nicht in ein und demselben Haus zwei Mörder frei herumlaufen – von der gleichen

Person begangen wurden. Und daß Mr Greeves vielleicht von jemandem aus dem Haupthaus ermordet werden konnte, daß es jedoch ausgeschlossen ist, daß Mrs Hartham von jemandem aus dem Dienerschaftstrakt ermordet wurde.«

Rose betrachtete Auguste schweigend. Er spielte mit dem Stift, der aus der Zeit George III. stammte, zollte diesem Umstand jedoch nur wenig Respekt. »Eine bequeme Theorie, Mr Didier«, meinte er trocken. »Da, wie ich höre ...«, er gab vor, einige neben ihm liegende Notizen zu konsultieren, »ah, ja, Sie die Ente für das Sandwich zubereitet haben, an dem Mrs Hartham starb.«

Auguste winkte ab. »Ja, rein theoretisch hätten *wir* die Sandwiches vergiften können; Gladys, das Küchenmädchen, hätte mitten in der Nacht aus ihrem Bett kriechen und die Sandwiches vergiften können, das würde sie aber nicht tun, Monsieur *l'Inspecteur.*«

»Warum nicht?«

Auguste versuchte es zu erklären. »Das Haupthaus ist eine andere Welt, Monsieur. Was für ein Motiv sollte ein Dienstbote haben, Mrs Hartham zu töten? Angst vor Entdeckung, werden Sie sagen. Man hat Greeves getötet, weil er die Grenze des Erträglichen überschritten hatte, Mrs Hartham wußte irgend etwas darüber, und deshalb wurde sie auch umgebracht. Ach, *Inspecteur,* das ist unwahrscheinlich. Für die meisten in der Gesindestube sind sie Wesen aus einer anderen Welt; und sogar für uns höhere Bediente sind sie kaum Menschen aus Fleisch und Blut. Der Gedanke an Tod kommt uns im Zusammenhang mit ihnen überhaupt nicht. Wir würden vor ihnen davonlaufen, vor ihnen fliehen, sie aber nicht töten. «Nein", fuhr er fort, »Sie müssen nach Erpressung suchen.«

Diesen verlockenden Köder ausschlagend, den ihm schon Naseby als belanglos ausgewiesen hatte, bemerkte Rose: »Über Ihre französische Logik hören wir so viel, Mr Didier. Meine Vorgesetzten möchten jedoch Fakten. Es ist zwecklos, mit Ihnen über vage Vermutungen oder ähnliches zu sprechen. Es waren nicht Vermutungen, durch die Charlie

Peace geschnappt wurde, sondern Jahre geduldiger Kleinarbeit. Nennen Sie mir einfach einen stichhaltigen Fakt, Mr Didier.«

»Gut, Inspector«, antwortete Auguste ruhig. »Ich will Ihnen einen Fakt nennen. Es steht doch wohl außer Frage, daß sich das Gift für Mr Greeves in der Brandyflasche befunden hat?«

Rose sah ihn nachdenklich an. »Lassen Sie diesen Franzmann bloß ja nicht glauben, daß er sich in Sicherheit wiegen kann«, hatte vor nur einer halben Stunde Naseby warnend gesagt. Rose war jedoch aus anderem Holz geschnitzt als Naseby. »Es scheint so zu sein«, antwortete er vorsichtig.

»Und Sie denken, das Gift könnte vielleicht im Frühstückszimmer des Herzogs in die Flasche gekommen sein? Nun, ich will Ihnen sagen, daß das nicht möglich ist. Weil Edward Jackson, der Bursche des Butlers, nämlich aus dieser Flasche getrunken hat, als sie im Anrichteraum neben dem Dienstbotenzimmer stand.«

»Mir scheint, Mr Didier, daß Ihre französische Logik ganz und gar nicht die richtige Richtung einschlägt«, sagte Rose freundlich. »Man könnte eher sagen, eine sehr ungünstige, zumindest für Sie und Ihre Kollegen.«

»Also, ich fahre fort, Ihnen zu beweisen ...«

»Nein, Mr Didier, ich bin mehr von der schwerfälligen Sorte. Ein Schritt nach dem anderen. Wir wollen erst mal mit diesem Jungen sprechen und sehen, was er zu sagen hat.«

Auguste dachte bei sich, daß Rose absolut nicht wie einer von der schwerfälligen Sorte aussähe, während er dessen wache Augen betrachtete.

»Klingeln Sie, Inspector.«

Rose schaute auf die kunstvolle Klingelschnur und zog mit zufriedenem Lächeln daran. Er sah Auguste an. »Hab' mich oft gefragt, was für ein Gefühl es wohl wäre, das zu tun«, meinte er freundlich. Ein Lakai wurde auf die Suche nach Edward Jackson geschickt, der, störrisch wie ein Maultier, einige Minuten später erschien. Er warf einen Blick auf Rose, dann hielt er die Augen gesenkt.

»Ist es wahr, mein Junge, was Mr Didier sagt? Du hast einen Schluck Brandy genommen, bevor du mit den anderen zum Mittagessen gegangen bist?«

»Ja«, murmelte er, mit den Füßen derart auf dem Wilton-Teppich scharrend, daß er sofort entlassen worden wäre, wenn Hobbs diesen Frevel gesehen hätte.

»Und das war in deinem Anrichteraum, neben Mr Greeves' Zimmer?«

»Ja. Der Alte – Mr Greeves – hatte die Flasche dort vorm Mittagessen hingestellt.«

»Und dieses Mittagessen, fand es in Mr Greeves' Zimmer statt?«

»Nee«, sagte Jackson, voller Verachtung für derartige Unkenntnis von den Bräuchen vornehmer Herrschaften. »Das war im Dienstbotenspeisesaal, wie immer. Der alte Greeves und die übrigen kamen dann dorthin, um ihre Nachspeise zu essen. Die serviere ich«, fügte er, nicht ohne Stolz, hinzu.

»Warum hast du der Polizei nicht erzählt, daß du aus der Flasche getrunken hast?«

Edward warf Auguste einen verstohlenen Blick zu und kam zu dem eindeutigen Schluß, daß er mehr zu verlieren hätte, wenn er, statt der Polizei, Auguste vor den Kopf stieße.

»Hab's vergessen«, erklärte er.

»Solltest du das tun, mein Junge, oder hast du's wirklich vergessen? Bist du sicher, daß du dich tatsächlich erst jetzt daran erinnert hast?« Welchen Vorteil das Edward jedoch bringen könnte, war Rose nicht klar.

»Nee.«

Rose schaute den Jungen verwundert an. »Hab' ich dich nicht schon mal irgendwo gesehen, mein Junge?«

»Nee«, murmelte Jackson, kurz angebunden.

»Hab' ein gutes Gedächtnis für Gesichter«, sagte Rose nachdenklich. »Muß ich ja beim Yard haben. Heutzutage laufen 'ne Menge Schurken rum. In Ordnung, mein Junge, kannst gehen. Sie nicht«, fügte er zu Auguste hinzu, der ebenfalls Anstalten machte, sich zu entfernen. Er blickte ihn bedeutsam an. »Warum gerade ich?« Es klang wie eine Anklage. »Warum nicht Naseby oder Bladon? Doch nicht wegen meines netten Gesichts, oder?«

»Nein«, antwortete Auguste wenig taktvoll. »Weil ich sicher bin, Monsieur, daß einer der Gäste Seiner Gnaden erst Greeves und jetzt diese Dame umgebracht hat, und ich Ihnen erklären möchte, wie er es angestellt haben könnte. Und dafür ist es notwendig, daß ich Ihnen alles erzähle. Verstehen Sie, wenn Edward die Wahrheit sagt, dann hätte niemand den Brandy vergiften können, nachdem er davon getrunken hat, weil wir alle im Dienstbotenspeisesaal zum Mittagessen waren. Und keiner, außer Edward, hat den Anrichteraum betreten, nachdem wir zurückkamen.«

»Soweit mir bekannt ist«, sagte Rose stirnrunzelnd, »haben Sie behauptet, daß niemand den Dienerschaftstrakt vom Haupthaus her hätte betreten können, ohne erkannt zu werden – das Risiko wäre zu groß gewesen. Und alle stimmten Ihnen zu.«

»Nein«, sagte Auguste theatralisch. »Das habe ich wirklich gesagt, ja. Was aber, Inspector, wenn er oder sie wie ein Diener gekleidet gewesen wäre, wie ein Lakai, und sich heimlich hineingeschlichen hätte – dann hätte man ihn für einen Lakaien gehalten, der vom Dienst in der Eingangshalle zurückkommt.«

Rose lachte auf. Das war nicht gerade die Reaktion, die Auguste erwartet hatte. »Haben eine Lecoqsche Ader, was, Didier? Nein, mein Freund, Morde werden nicht so verübt, daß sich alle verkleiden und auf Gängen herumschleichen; Mord – das sind Messer im Dunkeln und Eifersucht und würgende Hände. Nicht so was Ausgefallenes. Ist nicht wie im «Strand Magazine", wissen Sie."

Auguste war empört. »Monsieur, Sie verstehen nicht. Es *ist* möglich; es gibt keine andere Lösung. Lassen Sie mich also noch folgendes sagen: Am Nachmittag des Mordes«, fuhr er eifrig fort, »legte ich Ihrer Gnaden wie üblich die Speisepläne vor. Seine Gnaden waren auch anwesend. Er machte eine Bemerkung darüber, daß der Tagesablauf des Hauses durcheinandergeraten sei ..., und als Beispiel führte er an, daß Lakaien vor dem Lunch in voller Livree herumlaufen würden.«

»Na und?«

Auguste sah ihn gequält an. »Sie können das nicht verstehen, Inspector.«

»Natürlich nicht«, murmelte Rose.

Auguste sprach schnell weiter. »Das ist ein schweres Vergehen. Kleidung ist für einen Bedienten genauso wichtig wie für die hohen Damen und Herren. Die Regeln dürfen nicht verletzt werden. Die Hausmädchen tragen bis zum Lunch Kattunkleider, nachmittags müssen sie schwarz gekleidet sein. Kein Hausmädchen darf sich nach zwölf in den herrschaftlichen Gefilden blicken lassen. Und die Lakaien tragen erst nach dem Lunch Livree. Morgens sind sie zwanglos gekleidet, außer den beiden, die in der Eingangshalle Dienst haben und die sogenannte Interimslivree tragen ...«

Rose schaute verwirrt drein. »Das heißt, dunkle Jacke und Hose. Nachmittags ziehen sie die Galalivree an, jedoch *niemals* vor dem Lunch. Nur bei sehr förmlichen Anlässen setzen sie Perücken auf; mit Perücke wird die Livree zur vollen Galalivree. Normalerweise streuen sie nur Veilchenwurzelpuder aufs eigene Haar, um den Weißeffekt zu erzielen.«

»Und?« fragte Rose, mißtrauisch, daß dieses Geschwätz irgendein Ablenkungsmanöver sein könnte.

»Und – wo haben Seine Gnaden einen Lakai in voller Galalivree *vor* dem Lunch gesehen?«

»Vielleicht in der Eingangshalle?« warf Rose lakonisch ein. »Dort mußte doch jemand Dienst tun.«

»Nein«, sagte Auguste. »Nicht in *voller* Livree. Das würde auffallen wie eine schwarze Olive in einem *purée de marrons*. Und außerdem würden Seine Gnaden niemals vor dem Lunch durch die Eingangshalle gehen. Er würde in die Stiefelkammer gehen, dann ins Schlafzimmer, um sich zum Lunch zurechtzumachen, und er würde dafür die Hintertreppe benutzen, nicht die Haupttreppe bei der Eingangshalle.«

»Wenn«, sagte der Inspector stirnrunzelnd, »ich Ihrem Gedankengang zu folgen vermag, Mr Didier, deuten Sie an, daß der Herzog diesen Kerl irgendwo zwischen der Stiefelkammer und der Treppe gesehen hat ...«

»Vielleicht kam der Kerl sogar gerade aus dem Dienerschaftstrakt heraus«, sagte Auguste.

»Aber das Risiko, Menschenskind. Aus der Nähe würde der Herzog doch seine Familienangehörigen oder einen Gast erkennen, egal, welche Verkleidung derjenige trüge.«

»Es war aber ein kalkulierbares Risiko«, sagte Auguste aufgeregt. »Er hatte Pech, dem Herzog zu begegnen. Mit Perücke sieht jedoch ein Lakai wie der andere aus. Er ist einfach ein Lakai. Für Seine Gnaden sind sie alle Freds. Er nennt sie alle Fred, weil er sie nicht unterscheiden kann.«

Rose dachte darüber nach. »Derjenige hätte eine Menge über die hiesigen Gepflogenheiten wissen müssen«, meinte Rose warnend. »Der Herzog kann vielleicht einen Lakaien nicht vom anderen unterscheiden. Sie jedoch könnten es – mit oder ohne Perücke.«

Auguste zuckte die Schultern. »Unsere Gepflogenheiten sind allgemein bekannt, Monsieur. Er hätte eine halbe Stunde Zeit gehabt, bis die höhere Dienerschaft zum Dienstbotenzimmer zurückkäme und bis die Lakaien, die Tischdienst hatten, abgelöst werden würden. Das ist in allen vornehmen Häusern so. Dienstbotenmittagessen um zwölf. Und alle Gäste bringen ihre Diener mit – es ist also ein leichtes, den Plan des Hauses zu erkunden. Und die jetzigen Gäste sind häufig hier zu Besuch gewesen, unter anderem waren sie zum letzten Neujahrsfest da, wo sie am Dienerschaftsball teilgenommen haben und durch die Friestür auf unsere Seite von Stockbery Towers gekommen sind.«

»Die Familienangehörigen würden natürlich den Ablauf kennen«, meinte Rose nachdenklich. Er zündete sich eine Pfeife an, was er nicht allzu häufig tat und was hieß, daß er entspannt, aber aufmerksam war. Mrs Rose mochte Pfeifen nicht. Sie waren jedoch eine wunderbare Konzentrationshilfe. Er paffte schweigend vor sich hin.

Dann sagte er: »Es gibt einen Haken an Ihrer Geschichte, Mr Didier.«

»Und der wäre?«

»Es ist nicht üblich, denke ich mir, daß Familienangehörige oder Gäste eine Ersatzlakaienuniform zum Anziehen zur Hand haben.«

Auguste erklärte: »Der Lakaienumkleideraum ist neben der Hintertreppe, nur ein paar Meter von dem Eingang entfernt, der bei der Rückkehr von der Jagd benutzt wird. Und er befindet sich jenseits der Friestür. Dort werden die Livreen aufbewahrt, und dort ziehen die Lakaien sie um zwölf Uhr dreißig an und bestäuben sich mit dem Veilchenwurzelpuder. Und da sind immer Extralivreen vorhanden, für den Fall, daß zusätzliche Hilfe fürs Abendessen benötigt wird. Monsieur, der Mörder würde aus der Waffenkammer zurückkommen, in den Lakaienumkleideraum schleichen und die Livree anziehen, sich vergewissern, daß niemand in der Nähe ist, mit einem schnellen Blick aus dem Fenster prüfen, ob nicht gerade jemand durch die Gartentür käme, dann hinausschlüpfen und hinein in den Dienerschaftstrakt. Falls er durch unglückliche Umstände gesehen wird, würde niemand einen zweiten Blick auf ihn verschwenden. Man beachtet ihn nicht. Er ist ein Fred. Dann, nachdem er das Gift in die Flasche getan hätte, würde er durch die Friestür verschwinden und wieder in den Livreeraum zurückgehen. Für die gesamte Aktion hätte er ungefähr fünfundzwanzig Minuten Zeit, bis die Lakaien zum Umkleiden kämen. Dann würde er, wenn niemand zu sehen wäre, durchs Fenster steigen und durch die Gartentür kommen, als kehre er direkt von der Jagd zurück.«

Zwei tiefe Züge an der Pfeife waren das einzige Indiz dafür, daß Rose zuhörte. »Ich sag' Ihnen was«, meinte er abschließend nach langem Schweigen, »ich werde drüber nachdenken, Didier. Ja, ich werde drüber nachdenken.«

»Honoria war eine Freundin, eine gute Freundin«, erklärte mürrisch und bestürzt der Herzog. Seine Welt war aus den Fugen geraten.

Rose sagte sein Instinkt, daß etwas nicht in Ordnung sei;

der Herzog wich seinem Blick aus. Keine seiner bisherigen Erfahrungen hatte Rose jedoch mit der Möglichkeit heimlicher Leidenschaften unter den Aristokraten vertraut gemacht. Seine Mutter, eine schwer arbeitende Dorfschullehrerin, hatte ihm vielmehr beigebracht, die Adligen als ebenso untadelig wie die gute Königin selbst zu betrachten.

Der nicht unerhebliche Verstand des Herzogs arbeitete fieberhaft. Hin- und hergerissen zwischen der schlichten Verhaltensnorm, das Rendezvous des Prinzen nicht zu verraten, und dem Verlangen, Honoria zu rächen, zermarterte sich der Herzog das Hirn darüber, daß es eigentlich keinen erdenklichen Grund gäbe, aus dem der Prinz sie hätte vergiften sollen. Soweit er sehen konnte, war der doch nur zu scharf drauf, daß sie lebendig wäre.

»Euer Gnaden.« Jetzt, da Rose in Fahrt gekommen war, stellte er fest, daß der Herzog bequem in eine seiner sieben Kategorien von Zeugen paßte. Nachdem er ihn entsprechend eingeordnet hatte, fühlte er sich besser. Der Herzog war Kategorie vier – »er hatte etwas zu verbergen«. Er würde ihn in die Enge treiben, wie er es mit Archie Wilson, einem Pfandleiher und Hehler, getan hatte. Sie hatten tatsächlich ziemlich viel gemeinsam ... »Ich habe gehört, daß Sie und mehrere andere Herren sich kurz vor Ende des Balls mit Mrs Hartham unterhalten haben. Also, worüber denn?«

Seine Gnaden wurden aufgeschlossener. Nun, das war etwas, worüber er sprechen *konnte*. Und das tat er denn auch.

»Und ich habe auch gehört«, fuhr Rose vorsichtig fort, »daß Sie am fraglichen Tag, als Mr Greeves den Tod fand, einen Lakaien vor dem Essen in voller Livree gesehen haben.«

Seiner Gnaden blieben bei diesem plötzlichen Wechsel des Themas der Mund offenstehen. Geduldig wiederholte Rose die Frage.

»Lakai? Verdammt, Mann, Sie sind hier, um einen Mörder zu schnappen, nicht um die Führung meines Haushaltes zu untersuchen.«

»Wenn Sie sich erinnern könnten, Sir.«

Seine Gnaden runzelten die Stirn. »Keine Disziplin mehr heutzutage. Die Freds kennen ihre Grenzen nicht mehr. Warum, zum Teufel, erwarten Sie von mir, mich an einen Lakaien zu erinnern?« Er dachte jedoch nach, dann glättete sich seine Stirn. »War nicht vorm Essen, Mann. War vorm Lunch. Verfluchter Kerl. In voller Perücke. Hab' ihn angeschrien, hat aber nicht reagiert. Ich konnt' ihn ja nicht hinter die Tür verfolgen. Dort hab' ich ihn gesehen. Wie er gerade durch die Dienstbotentür ging.«

Nachdem die Herzogin ihrer unmittelbaren Pflicht Genüge getan hatte, war sie jetzt, da ihr die Unabänderlichkeit von Honorias Tod bewußt wurde, in Tränen aufgelöst. Diese Tränen würde Rose selbstverständlich nicht zu Gesicht bekommen, denn er war schließlich nur eine Art höherer Diener, wenn auch ein gefährlicher und einer, der zweifellos charmant behandelt werden mußte. Sie hatte trotzdem Angst. Was, wenn Franz in jener Nacht Honoria besucht hätte und ...? Sie kokettierte mit dem Gedanken, daß er Honoria aus Liebe zu ihr, Laetitia, vergiftet habe, ließ die Idee aber fallen. Sie war eine Frau, die der Realität ins Auge blicken konnte. Den lieben Franz würde sie jedoch kaum fragen können ... Sie würde sich weiterhin quälen müssen.

»*Oui*, Monsieur.« François' Antworten waren fast nicht zu hören.

Hätte er gewußt, daß er als einer von nur vier möglichen Verdächtigen für Greeves' und folglich Mrs Harthams Tod galt – die Frauen blieben unberücksichtigt, da es unwahrscheinlich schien, daß sie Lakaienuniformen anziehen würden –, wäre er sogar noch verängstigter gewesen.

Wann er in die Stiefelkammer zurückgekommen war? Es stellte sich heraus, daß François sich nicht genau erinnern konnte.

Hatte er auf dem Ball mit Mrs Hartham gesprochen?

Das hatte er nicht. Er war mit Madame la Marquise zusammen. Sie würde seine Aussage bestätigen.

Prinz von Herzenberg holte tief Luft. Das war keine angenehme Nacht gewesen, und nun schien der heutige Tag ebenso schlecht zu werden. Dieser Inspector stellte viel zu tiefschürfende Nachforschungen an. Fast, als ob er wüßte, daß Mrs Hartham nicht allein gewesen war. Das war jedoch nicht möglich. Er hatte den Champagner und das Glas entfernt. Er hatte nichts zurückgelassen, was darauf hindeuten könnte, daß Mrs Hartham Besuch gehabt hatte. Ihm kam nicht in den Sinn, daß jemand vielleicht die Möglichkeit erwähnt haben könnte, daß er sie besucht hatte. Was man keinem sagt, weiß auch keiner. So lautete die Regel.

»Sie kannten die Dame also nicht gut, äh, äh, Euer Hoheit«, fragte Rose unbeirrt.

»Sie war hier Gast wie ich auch. Ich kannte sie als entzückende Dame, als charmante Bekannte.«

»Und wann gingen Sie zu Bett?«

»Ungefähr um zwölf.«

»Und danach haben Sie die Dame nicht mehr gesehen?«

Der Prinz nahm eine straffe Sitzhaltung ein. »*Nein*«, sagte er nachdrücklich. »Ich bin nicht der Gatte dieser Dame.« Im Geist durchlebte er wieder das Grauen. Es war so furchtbar gewesen. Er hatte den Sandwichteller vorm Zimmer stehen sehen — als Zeichen, daß alles bereit war. Er hatte ihn hineingebracht und sie in ausgelassener Stimmung vorgefunden. Sie war kokett gewesen — man trank Champagner aus einem gemeinsamen Glas. Dann knabberte sie an dem kleinen Sandwich, ein weiteres Glas Champagner, ein kleines Liebesintermezzo, ... und er erschauderte. Es war so schnell gegangen. Von einem Augenblick zum anderen krümmte sie sich am Boden. Automatisch hatte er an der Klingelschnur gezogen und war dann geflohen. Er hatte keine andere Wahl. Hätte der Kaiser erfahren, daß jemand aus seinem Gefolge das Schlafgemach einer Dame aufgesucht hatte, mit der er nicht verheiratet war und die überdies mit jemand anderem verheiratet war, ganz zu schweigen von einer Dame, die gestorben war, würde er höchstwahrscheinlich von seinem Posten in England abberufen werden.

Er müßte zurück nach Deutschland, zurück in von Holsteins Netze ...

»Sie haben auf dem Ball mit der Dame getanzt, höre ich. Und sie hat Ihnen eine Nachricht gesandt. Was mag wohl deren Inhalt gewesen sein, frage ich mich, Euer Hoheit?«

Der Prinz erstarrte. Er mußte Vorsicht walten lassen. Äußerste Vorsicht. »Nur eine Verabredung für den letzten Tanz, Inspector. Sie schickte mir eine Blume.«

Petersfield starrte den Inspector eine Weile an, bevor er antwortete. Wenn er hoffte, Rose dadurch aus der Fassung zu bringen, täuschte er sich in seinem Gegenüber. Rose war dagegen genauso immun wie gegen die Schimpfereien jenes Bill Perkins, des Straßenhändlers, den er sich einmal zum Verhör vorgeknöpft hatte.

»Die Reihenfolge, in der wir zur Stiefelkammer zurückkamen? Das war vor zwei *Wochen*, mein lieber Inspector. Ich glaube jedoch, wie ich bereits dem Sergeant sagte, daß ich als erster eintraf, gefolgt von Seiner Gnaden. Dann kam Marshall. Wer danach kam, kann ich nicht sagen. Ich bin gegangen, als Marshall eintraf.«

»Auf dem Ball haben Sie, glaube ich, mit Mrs Hartham gesprochen?«

»Ich habe einige Zeit mit ihr verbracht, wir – äh – tanzten zusammen. Wir sprachen nur über Belanglosigkeiten, Inspector, wie es, das dürfte Ihnen bekannt sein, bei derartigen Anlässen üblich ist.« Wenn er diesmal hoffte, Rose durch derartiges Vorgehen zu verwirren, wurde er wieder enttäuscht.

»Wenn ich Ihnen also sagte, mir sei berichtet worden, daß sie davon sprach, Ihr Geheimnis preiszugeben, wäre das nicht wahr?« fragte Rose hartnäckig weiter.

Ein Zucken ging über Petersfields Gesicht. Dann lachte er leichthin. »Mein Geheimnis, Inspector? Oh, wirklich ein äußerst ruchloses Geheimnis. Sie sprach von meiner Verlobung mit Lady Jane; sie hatte gerade meine Hand akzeptiert. Mrs Hartham sprach davon, es Seiner Gnaden zu verraten, bevor ich Gelegenheit dazu hätte, das ist alles. Dieses unglückselige Ereignis bringt es jetzt mit sich, daß ich erst nach dem Begräbnis mit Seiner Gnaden sprechen kann. Deshalb muß ich Sie bitten, Inspector, meine Mitteilung vertraulich zu behandeln. Ich bitte Sie um Ihr Wort als – hm – Gentleman.« Seine Augen glitten über Roses schlecht sitzenden Anzug und die großen braunen Schuhe, und er zog zufrieden an seinem Stumpen.

Der alte Jebbins, der die Waffenkammer beaufsichtigte, neigte zu Widerborstigkeit. Er wies den Inspector darauf hin, daß er nicht gewillt sei, das Zählen der Munition nur deshalb zu beenden, um sich über eine Jagd von vor zwei Wochen zu unterhalten, die längst vergangen und vergessen sei. Erst als ihm die Macht des Gesetzes deutlich gemacht worden war, ließ er widerwillig seine Aufgabe ruhen und widmete diesem Kerl aus London einen Teil seiner Aufmerksamkeit.
»Nein«, sagte er mit ziemlicher Befriedigung, »ich kann mich nicht erinnern, wer hier war, wann sie hier waren und wann sie gingen. Zumal's zwei Wochen her ist. Zum Kukkuck, es hat ja wohl seither ein Dutzend Jagden gegeben. Ich hab' Besseres zu tun. Was für 'ne Art Waffenkammer würde ich denn verwalten, wenn ich damit beschäftigt wär', aufzupassen, wer wann geht, statt die Gewehre und die Munition zu zählen, na, können Sie's mir vielleicht sagen?«
Darauf hatte sogar Inspector Rose keine Antwort parat, und erstmals in seiner Berufslaufbahn mußte er sich geschlagen geben und ging.

»Wann ich zur Stiefelkammer zurückkam?« Walter hielt inne. »Ich kehrte gegen zwölf Uhr fünfzehn zum Haus zurück. Ich verließ die Jagd kurz nach ihrem Beginn. Lady Jane war so freundlich, mich auf einem Spaziergang durch die Parkanlagen zu begleiten.« Das war ein wenig übertrieben, aber es würde durchgehen. »Wir kamen zusammen zum Haus zurück. Sie ist mein Zeuge. Aber warum fragen Sie? Aha, der Maître hat mit Ihnen gesprochen, ich verstehe.«

»Der Koch?«

Walter lächelte. »Ja, der Koch. Diese Bezeichnung würde ihm jedoch nicht gefallen. Ich hoffe, Inspector, Sie verdächtigen ihn nicht?«

Rose seufzte. »Alle scheinen sehr darauf erpicht zu sein, den Koch festzunageln. Ich meinerseits sehe keinen Grund dafür. Trotz seiner Hirngespinste. Livree, pah!«

Er musterte Walter eingehend und schien mit dem, was er sah, zufrieden zu sein. »Der Bursche hat 'ne Theorie: einer von Ihnen könnte vielleicht eine Lakaienuniform übergestreift haben, durch die Tür rübergeschlüpft sein, den Brandy vergiftet haben und sich wieder zurückgeschlichen haben.«

»Wirklich?« meinte Walter langsam und nachdenklich. »Und Sie, Inspector? Was glauben Sie?«

»Oh, ich sage nicht, daß das nicht möglich ist«, meinte Rose vorsichtig. »Wenn natürlich Lady Jane Ihre Aussage bestätigt, sind Sie aus der Sache raus. Würde nicht riskieren, es abzutun, ist durchaus einleuchtend.«

Walters Lippen zuckten. Er überlegte. »Wenn aber Didiers Theorie stimmt, käme nur eine begrenzte Anzahl von Leuten als Täter in Frage, Inspector, vorausgesetzt, man nimmt als unwahrscheinlich an, daß eine Frau es schaffen würde, sich in der verfügbaren Zeit umzukleiden. Das sind der Prinz, François, Petersfield und ...« Er hielt inne.

»Seine Gnaden«, ergänzte Rose sachlich.

Verärgert stand Walter auf. »Ich denke nicht, Inspector, daß ich hier sitzen und über die Möglichkeit diskutieren kann, daß mein Gastgeber in die Sache verwickelt ist.«

»Setzen Sie sich, setzen Sie sich doch«, bedeutete ihm Rose. Als Walter keine Anstalten machte, dieser Aufforderung nachzukommen, sagte er nachdrücklicher: »Setzen Sie sich! Der Koch redet immer wieder von Erpressung. Glauben Sie ihm?«

»Tun Sie es?« erwiderte Walter.

Rose lächelte beinahe. »Lassen wir ihn doch holen«, sagte er unvermittelt.

Auguste erschien, verärgert darüber, bei der Herstellung einer komplizierten *farce normande* unterbrochen worden zu sein, wurde aber durch Walters Anwesenheit besänftigt.

»Sergeant Bladon sagte mir, Mr Didier«, begann Rose bedächtig, »daß Sie ihm das schwarze Buch unter etwas ungewöhnlichen Umständen gegeben haben. Nun, Sergeant Bladon, der mit den üblen Machenschaften von Schurken nicht so vertraut ist wie ich, hat das Naheliegendste nicht erkannt – vielleicht haben Sie selbst dieses Erpressungsbuch geschrieben, Mr Didier?«

»Ich?« Auguste blinzelte ihn an, sprachlos über die unverschämte Anschuldigung.

Rose sah ihn an. »Weshalb nicht? Sie scheinen von der Idee der Erpressung sehr angetan zu sein; Sie haben dem Sergeant das Buch gegeben.«

Jetzt ging es hart auf hart. Zum ersten Mal spürte Auguste Anzeichen von Angst. Er war sich sehr wohl bewußt, daß es allen, außer den Dienern, gefallen würde, wenn man das Verbrechen ihnen, und am besten dem Ausländer, anlasten könnte. Und er fühlte, daß dieser Mann sogar fähig sein könnte, das zu tun. Er war, im Gegensatz zu den anderen, klug genug dazu. Auguste unterdrückte seine Furcht, warf einen Blick auf Walter und ließ seinen Verstand arbeiten. Er antwortete ruhig: »Ich sage Ihnen, dieser Greeves war ein Erpresser. Mr Marshall wird bestätigen, daß seine Witwe in großem Wohlstand lebt. Ich kann Ihnen jedoch nicht sagen, Inspector, wo sich die Beweismittel befinden. Mr Marshall brachte die Frage auf, wo Greeves das Belastungsmaterial aufbewahrt hat. Ich weiß es nicht, ich sage Ihnen aber folgendes, Inspector Rose: falls es vorhanden ist – und ich glaube, es muß existieren –, wird es nicht in einem Baum auf dem Grundstück, unter Fußbodenbrettern, unter einer Matratze verborgen sein, nein. Greeves war ein gerissener Mann, ein unverschämter Mann, und er wird es an einem sicheren, doch so augenfälligen Ort versteckt haben, daß er über seine Opfer lachen konnte. Das war seine Art. Er lachte sie aus; nicht offen, aber in seinem Innern.«

Inspector Rose nickte bedächtig, anscheinend mit Augustes Antwort zufrieden.

»Wir haben viel darüber nachgedacht«, sagte Walter, »Mr Didier und ich. Er würde das Beweismaterial in der Nähe haben wollen, nicht im Haus seiner Frau. Wir können uns aber nicht denken, wo es ist.«

»Oh, ich habe da eine Idee«, sagte Rose. »Ja, ich habe eine hübsche Idee.«

Es wurde fast sieben, bis Rose fertig war. Dann waren Seine Gnaden nirgends zu finden. Zehn Minuten vergingen, bevor man ihn im Billiardzimmer aufspürte, wohin er sich mit Walter Marshall begeben hatte. Marshall schickte sich an zu gehen, als Rose sein Anliegen vorbrachte. Seine Gnaden baten ihn jedoch zu bleiben.

»Wird doch nicht lange dauern, nicht wahr, Rose? Verteufelt gutes Spiel, das wollen wir noch beenden, was? Gebe Ihnen fünf Minuten, beende das Spiel, und dann muß ich mich zum Essen umkleiden.«

Falls Rose aus der Fassung gebracht war, zeigte er es jedenfalls nicht. Wenn Seine Gnaden bereit waren, einen Dritten an der Erörterung seiner Privatangelegenheiten teilhaben zu lassen, dann war er entweder ein Dummkopf oder ein sehr gewiefter Mann.

Was auch immer der Herzog befürchtet hatte, falls er überhaupt etwas befürchtet hatte, trat jedoch nicht ein. Rose stellte ihm keine weiteren Fragen über Honoria Hartham. Er schien vielmehr an Archibald Greeves interessiert zu sein.

»War er das, was man einen netten Mann nennen könnte, Euer Gnaden?«

Seine Gnaden zogen die Augenbrauen hoch. »Nett? Er war mein Butler. Hab' mich nicht gefragt, ob er nett ist oder nicht. War einigermaßen beliebt. Konnte sich benehmen. Hab' ihn manchmal auf ein paar Drinks bleiben lassen. Hatte einen Sinn für gute Lebensart.«

Der Blick, der Rose traf, hätte ihm sagen müssen, daß er

auch nach diesem Maßstab beurteilt wurde und durchgefallen war.

»Würden Sie sagen, daß er klug war, Euer Gnaden?«

»Machte die Abrechnungen ganz gut. Soweit ich sehen konnte, war nichts dran auszusetzen.«

Walter Marshall, der in der Ecke saß, blickte von einem zum anderen. Er versuchte, zu ergründen, worauf Rose hinaus wollte, das war aber schwer abzuschätzen. »Würden Sie sagen, daß er reich war?«

Der Herzog kniff die Augen zusammen. »Reich? Hab' ihn ganz anständig bezahlt. Besaß aber paar Wertsachen. Hat mich gebeten, sie für ihn zu verwahren. Warte drauf, sie diesem Kerl von Rechtsanwalt zu geben, den die Witwe herschickt.«

»Aha!« atmete Rose auf. Ein stilles, befriedigtes Lächeln umspielte flüchtig seine Lippen.

Der Herzog sah überrascht aus. »Zeig's Ihnen morgen, wenn Sie wollen.«

»Jetzt, bitte, Euer Gnaden.«

Seine Gnaden runzelten die Stirn, nahmen demonstrativ die Taschenuhr in die Hand und schauten darauf. Dann blickte er Rose an und gab nach. »Im Safe, im Frühstückszimmer.«

Walter Marshall folgte ihnen äußerst interessiert.

Seine Gnaden klappten ein ziemlich schlechtes Ölporträt des achten Herzogs zur Seite und ließen einen Wandsafe zum Vorschein kommen. Er holte ein großes Paket heraus.

Sie öffneten es.

»Das ist die Handschrift meiner Frau, verdammt noch mal«, sagte der Herzog und heftete den Blick darauf.

Rose war jedoch schneller als er. »Die Sachen werde ich an mich nehmen, Euer Gnaden.«

»Ja, aber Moment mal«, sagten Seine Gnaden verwirrt. Vom angestrengten Überlegen traten Falten auf seine Stirn. Wieso Laetitias Handschrift?

Seine Gnaden waren jetzt ganz offensichtlich verärgert. Das Abendessen mußte um eine halbe Stunde verschoben werden. Es war ein trübsinniges Zusammensein. Lord Arthur Petersfield, die Marquise, Walter Marshall und der Prinz schienen sich alle damit abgefunden zu haben, den Rest ihres Lebens auf Stockbery Towers zu verbringen. So verlockend dieser Gedanke damals gewesen wäre, als sie die Einladung für die dreiwöchige Jagdgesellschaft erhielten, jetzt, da es ihnen nicht mehr freistand, mal für ein oder zwei Tage zu den Freuden Londons zurückzukehren, hatte er jäh an Reiz verloren. Die Polizei hatte sich jedoch unerbittlich gezeigt. Walter, der eine Freistellung von Lord Medhurst erwirken konnte, der glücklicherweise in Parteiangelegenheiten in Newcastle weilte, hatte von allen Gästen die beste Laune; Lord Arthur war begierig darauf, die Freuden von Stockbery Towers gegen die Fleischtöpfe Londons einzutauschen, da er jetzt sein Ziel erreicht hatte; die Marquise wollte in ihr Land und die Bequemlichkeit ihres eigenen Bettes zurück, trotz der Annehmlichkeit, die sie sich mitgebracht hatte. Der Prinz, dessen Leben sich durch einen Überfluß an Frauen kompliziert hatte, dachte sehnsüchtig an seine Botschaft hinter den eisernen Toren.

Das Abendessen im Dienstbotenspeisesaal verlief ebenso trübsinnig. Es wurde von Unsicherheit überschattet. Keiner hatte ihnen etwas gesagt. Sogar Constable Perkins war keine Informationsquelle mehr. Würde der Arm des Gesetzes nach ihnen greifen und sie wegbringen? Saßen sie jetzt vielleicht sogar Seite an Seite mit einem Doppelmörder? Aßen die von ihm gekochten Speisen? Sie stocherten im Essen herum, und eine der besten Rindslenden, die der Gutshof zu bieten hatte, und ein Soufflé, das extra von Auguste zubereitet worden war, um ihre Gemüter zu besänftigen, wurden für nichts erachtet.

Inspector Rose ließ sich ebenso verdrießlich zu seinem einsamen Abendessen nieder. Seine Anwesenheit hatte große protokollarische Besorgnis auf Stockbery Towers verursacht. War er nun Dienstbote oder Gast? Sollte er mit der

Familie oder mit der Dienerschaft speisen? Mrs Hankey hatte eine Lösung für das Problem gefunden. Das alte Schulzimmer wurde schnell in ein Arbeits- und Eßzimmer umgewandelt, das alte Kinderzimmer in einen Schlafraum. Und dort saß Egbert Rose und betrachtete trübsinnig ein Schaukelpferd mit ausgeblichenem blauen Sattel, das ihn aus dem Dunklen zu verhöhnen schien.

»Bloß etwas Fisch«, hatte er zu Auguste gesagt, als er gefragt worden war, was er gern zum Abendessen hätte. »Nichts Schwerverdauliches, denken Sie daran«, fügte er warnend hinzu. Das war der Aufschrei seines Lebens. Mrs Rose verwandte nicht etwa schwerverdauliche Zutaten, sondern nur ihre mißlungenen Gerichte waren schwer verdaulich und ließen Egbert fälschlicherweise annehmen, daß sie schwerverdauliche Speisen zubereite.

Auguste war in die Küche zurückgegangen. Er hatte diese Ermahnung als eindeutige Beleidigung seiner Kunst verstanden und nicht als den verzweifelten Aufschrei eines Mannes, der zu lange durch unzulängliche Kochkünste gequält worden war. »Nichts Schwerverdauliches«, murmelte er verächtlich, während er arbeitete. Die Ergebnisse seiner Bemühungen trug er eigenhändig hinauf; voller Würde stellte er Egbert Rose das Tablett hin.

Der Tisch vor Rose war gedeckt mit funkelndem Besteck und Servietten, einer Rose in einer Silbervase, für die Ethel gesorgt hatte, und mit einer Vielzahl glänzender Silberschüsseln.

In diesen befand sich nichts, was der Inspector sofort als etwas Bekanntes, geschweige denn Fisch, identifizieren konnte.

»Es sieht schwerverdaulich aus«, sagte er ahnungsvoll.

Auguste stand vor ihm, die Hände in die Seite gestemmt. »Monsieur, es ist *nicht schwer verdaulich.*« Er sah ihm fest in die Augen, bis Rose die seinen senkte und zögernd begann, mit dem Löffel etwas von den Speisen auf seinen Teller zu legen. Erst, als er den ersten Bissen genommen hatte, glaubte Auguste, gehen zu können.

Als Edward Jackson nach einer Stunde kam, um das schmutzige Geschirr zu holen, saß der Inspector mit ungewöhnlich friedlichem Gesichtsausdruck und über dem Bauch verschränkten Armen vorm Kamin des Kinderzimmers.

Die silbernen Präsentierteller waren fast leer.

»Er hat alles aufgegessen, Monsieur Didier«, jammerte Edward. »Es is nich mehr genug für mich übrig.«

»Edward, wenn du noch *sole au chablis* willst, mußt du warten, bis die Reste vom Hauptspeisesaal herunterkommen«, sagte Auguste streng.

»Ja, Mr Auguste. Ich könnt' natürlich die Lakaienstaffage drüberziehen und raufgehen und mir gleich was holen«, sagte Edward dreist. »Wenn ich warte, bis die Freds runterkommen, werd' ich verhungert sein. Machen Sie schon, Mr Didier, erlauben Sie's mir. Man wird mich nich erkennen, ich werd' bloß ein Lakai sein, wie bei der Party – es wär'n toller Spaß.«

»Edward«, sagte Auguste warnend, »wenn Mr Greeves noch am Leben wäre, hättest du dir das nie gewagt. Mach, was du willst, aber ich weiß von nichts, hörst du, *von nichts*, wenn du erwischt wirst. Du mußt dich allein vor Mr Hobbs rechtfertigen. Ich wasche meine Hände in Unschuld.«

Kapitel 7

Edward Jackson prangte in voller Galalivree. Vorsichtig betrat er den Speisesaal. Sein Selbstvertrauen war nicht so groß, wie er Auguste glauben gemacht hatte, deshalb war es ein Glück, daß er den Speisesaal leer vorfand – wirklich völlig leer, denn alle Anzeichen des stattgefundenen üppigen Mahles waren verschwunden. Aus dem Salon drang das Gurren freundlicher Konversation, aus dem Billiardzimmer das scharfe Knallen des Queues gegen den Ball und das Gemurmel brandyschwerer Stimmen. Edward überlegte. Nicht das gesamte Essen war in die Küchenräume zurückgebracht worden – die kalten Platten mußten noch im Anrichteraum sein, für den Fall, daß einige umgehend gebraucht wurden, um den plötzlichen Hungertod eines der Gäste zu verhindern. Vielleicht gäbe es dort auch noch etwas von jener Chablis-Seezunge in einer Wärmepfanne. Von diesem ermutigenden Gedanken beseelt, lenkte Jackson seine Schritte den Korridor hinunter zum Eingang des Anrichteraums. Der Korridor jedoch war nicht mehr leer. Vom Ballsaal her kam ihm eine bekannte Gestalt entgegen.

Edward Jackson grinste. »Spanner«, jubelte er freudig.

Der Adressat des Grußes antwortete nicht, sondern machte kehrt.

Edward, ganz verblüfft darüber, wandte sich momentan wichtigeren Dingen zu. Im Anrichteraum lagen die verlassenen Überreste von Augustes Genialität. Die Gesellschaft hatte offensichtlich die *sole au chablis* ebenso zu schätzen gewußt wie der Inspector, denn davon war nichts übriggeblieben, es waren jedoch noch genügend Fleisch in Gelee, Hühnchen in Aspik und Yorkshire-Pastete da, um den hungrigsten Bauch zu füllen. Das Fleisch in Gelee war besonders gelungen, und Edward Jackson war gewillt, es in vollem

Maße zu würdigen. Er war so eifrig damit beschäftigt, daß er nicht gewahr wurde, wie sich die Tür des Anrichteraums leise hinter ihm öffnete, und es kam daher vollkommen überraschend für ihn, als die schwere Bronzelampe auf seinen Kopf niederschlug.

Etwas beunruhigte ihn. Waren es die Zutaten oder die Nierchen für den morgigen scharf gewürzten Nierenbraten, hatte er irgend etwas vergessen? Seine spätabendliche Kontrolle der Vorbereitungen für den Lunch? Nein, es war weniger greifbar ... Es hatte etwas mit Edward zu tun. Und mit Livree. Das war es. Mrs Hartham war ermordet worden, und Edward war in Livree auf dem Ball gewesen. Jetzt war Edward, wiederum in Livree, ins Haupthaus gegangen – und Auguste hatte ihn seither nicht gesehen. Plötzlich von Panik ergriffen, zog sich Auguste schnell wieder an und eilte die Treppe hinab. In der Küche war man noch mit den spätabendlichen Routinearbeiten beschäftigt. William Tucker war noch auf den Beinen und zwei gähnende Mädchen; zwei Freds warteten auf Hobbs' Zeichen, um das Essen im Haupthaus abzuräumen. »Edward, Mr Didier?« fragte Gladys. »Nein, weshalb fragen Sie nach Edward?« Sie war gekränkt, denn sie hatte den leisen Verdacht, daß ihr Abgott ihre eigenen Fähigkeiten nicht genügend schätzte. Aber Auguste hatte nicht gewartet. Er versuchte es im Dienstbotenspeisesaal – leer. Das Dienstbotenzimmer lag in Dunkelheit gehüllt. Mit wachsender Angst überprüfte er die winzige Kammer, die Edward Jackson sich mit Percy Parsons teilte. Percy lag schnarchend da, den Mund genauso weit offen wie die Moffat-Lampen, um die er sich so eifrig kümmerte. Von Edward keine Spur.

Ungeachtet seiner hastig übergeworfenen Kleidung, eilte Auguste zur grünen Friestür. So kam es, daß er Edward Jackson auf dem Fußboden des Anrichteraums liegend fand, umgeben von Blut und den verspritzten Überresten des Fleisches in Gelee.

Eine riesige Wut stieg in Auguste auf, daß jemand Edward

so etwas antun konnte – er war ja fast noch ein Kind –, verbunden mit einem schweren Schuldgefühl, weil er ihm diesen dummen Streich nachgesehen hatte. Zitternd hob er den Arm des Jungen an und war erleichtert, ihn warm zu finden; nachdem seine eigene Furcht sich gelegt hatte, gelang es ihm, einen schwachen Puls festzustellen.

Innerhalb von zehn Minuten hatte Mrs Hankey wieder das Kommando übernommen, und die Behelfskutsche begab sich nochmals auf den nunmehr vertrauten Weg zu Dr. Parkes.

Egbert Rose, erwacht aus dem friedlichsten Schlummer, den er seit langem nach einer Mahlzeit erlebt hatte, hob die Bronzelampe auf und drehte sie nachdenklich immer wieder in den Händen. Was für eine Geschichte könnte sie erzählen? Es gab da einen Neuen im Yard, der an einer Theorie arbeitete, daß Menschen jedesmal, wenn sie etwas anfaßten, Fingerabdrücke hinterließen und daß man bald in der Lage wäre, Übeltäter dadurch zu identifizieren. Mag sein, aber jetzt noch nicht. Mit einem Seufzer stellte er die Lampe auf die Kredenz und wandte sich an Auguste.

»Das ist eine traurige Sache. Ist doch noch ein Junge. Es scheint, Mr Didier, daß es so eine Art Angewohnheit von Ihnen ist, in der Nähe zu sein, wenn irgend etwas passiert. Das Schicksal nimmt seinen Lauf, wie man sagt, da haben wir's wieder. Schöner Zufall.« Seine Stimme klang scherzhaft, seine Augen waren jedoch wachsam.

»Monsieur *l'Inspecteur*, wenn ich diesem armen Kind eine Lampe über den Kopf geschlagen hätte, würde ich dann wohl kommen und sagen: ›C'est moi, da seht, was ich getan habe‹?«

»Nun, Sie dürfen mich nicht zu ernst nehmen, Mr Didier«, entgegnete Rose milde. »Habe bloß eine Beobachtung widergegeben.«

»Ich habe Edward gesucht, weil ich mir Sorgen um ihn machte.«

»Oh? Wieder ein bißchen Detektivarbeit, was? Also, weshalb, dachten Sie, könnte er in Gefahr sein?«

»Ich machte mir Sorgen, weil *ich* ihn hier heraufgeschickt hatte. Um nach etwas Eßbarem zu suchen – er wollte ein wenig von der Seezunge, die ich Ihnen zum Abendessen gegeben habe, Monsieur. Deshalb war er in Lakaienlivree. Normalerweise ist es ihm nicht erlaubt, sich in den herrschaftlichen Gefilden aufzuhalten, aber am Sonnabend war er als Lakai auf dem Ball, weil man zusätzliche Hilfe benötigte, und das brachte ihn auf die Idee. Einfach die Livree wieder anziehen, und niemand würde es seltsam finden, seine Gestalt in den Speisesaal entschwinden zu sehen. Und ich habe es ihn tun lassen.

»Er war also in jener Nacht auf dem Ball, ja?« sagte Rose mit wachsendem Interesse. »In der Nacht, als Mrs Hartham sich ermorden ließ. Das ist ja interessant, Mr Didier. Wenn man bedenkt, daß Mrs Hartham gesehen wurde, wie sie kurz vor Ende des Balles mit einem Lakaien sprach.«

»Was aber könnte Mrs Hartham Edward Jackson zu sagen haben?«

»Er überbrachte jemandem eine Nachricht.«

»Einem Liebhaber?«

Rose zog ein wenig die Augenbrauen hoch. »Liebhaber?« sagte er. »Die Dame war verheiratet.« Er wußte das nur zu gut. Er hatte zwei Stunden mit dem wütenden Mr Hartham zugebracht, der voller Zorn und mit einer geliehenen geschlossenen Kutsche eingetroffen war, offensichtlich entschlossen, sowohl den Verursacher des Makels und des Skandals für den Namen Hartham ausfindig zu machen, als auch um Honorias Tod zu trauern, wenn das schwarz umrandete Taschentuch auch noch so reich verziert war.

»Ah«, sagte Auguste verlegen, »aber die Sandwiches ...«

»Welche Sie zubereiten halfen«, erinnerte ihn Rose.

»Die Sandwiches«, fuhr Auguste, der das nicht beachtete, fort, »sie sind ein Signal für einen Liebhaber, daß die Dame bereit ist zu – äh – empfangen.«

Rose schaute schockiert drein. Er und Mrs Rose hatten nie Teller mit Sandwiches gebraucht. Er wußte nur zu gut über die verrufenen Seiten sexueller Beziehungen zwischen

Männern und Frauen Bescheid, aber dieses delikate Soufflé der Leidenschaft war seinem Milieu fremd.

»Mr Didier«, entgegnete er streng, »Natürlich, Sie sind Franzose – solche Dinge mögen in Frankreich vorkommen, nicht aber in England, das versichere ich Ihnen.«

»Vielleicht nicht, Inspector«, murmelte Auguste diplomatisch.

Rose war zufrieden, Auguste in die Schranken gewiesen zu haben. Er hatte noch keine Zeit gehabt, den Packen Papiere zu untersuchen, den er aus dem Safe des Herzogs genommen hatte.

Eine halbe Stunde später wurde ein bleicher, bewußtloser, aber lebender Edward Jackson, umwickelt mit Verbänden, in Mrs Hankeys Bett gesteckt; für die Krankenschwester war ein Behelfsbett zurechtgemacht worden. Mrs Hankey hatte der Verbannung widerwillig zugestimmt. Vor der Tür stand ein verschlafener, unwilliger Constable Perkins, schon wieder aus dem Schlaf gerissen, um nächtliche Eindringlinge abzuhalten.

Die höhere Dienerschaft saß im Dienstbotenzimmer, es herrschte Waffenstillstand. Der Gedanke, daß Edward wenige Meter entfernt zwischen Leben und Tod schwebte und daß dies sein Terrain war, in das sie jetzt eingedrungen waren, bedrückte sie alle. Hobbs bestand nicht auf den gleichen Bräuchen wie Greeves. Ihm war die Gesellschaft wirklich willkommen, an die er sein ganzes Arbeitsleben lang gewöhnt war. Sie wurden von einem Klopfen unterbrochen, und einer der Freds steckte den Kopf durch die Tür.

»Entschuldigung, Mr Hobbs, Edwards Tante, Mrs Robins. Ist beim Inspector gewesen, der hat sie hier runtergeschickt.«

Eine ängstliche Frau von ungefähr sechzig trat ein, die Augen rot vom Weinen. Sie schien durch den großen Personenkreis, der sie erwartete, eingeschüchtert zu sein. Mrs Hankey erhob sich, um sie zu begrüßen, Ethel murmelte etwas von einer guten Tasse Tee. Sie saßen verlegen da, wußten nicht, was sie sagen sollten. Schließlich hatte Mrs Robins das Gefühl, daß sie sich bemühen sollte, und geruhte zu sagen: »Er ist 'n guter Junge, wirklich.«

Ein Chor von einhelliger Zustimmung.

»Er hat 'n hartes Leben gehabt, Edward.«

Diesmal stimmte der Chor nicht so enthusiastisch zu, da man dies als Andeutung auffaßte, daß sein Leben auf Stockbery Towers hart gewesen sei.

»In London«, ergänzte sie schnell. »Bevor er herkam. Sie sind gut zu ihm gewesen, das weiß ich. Das hat er immer zu mir gesagt an seinem freien Tag einmal im Monat. »Diese Miss Gubbins, Tantchen, sie ist nett zu mir.«

Mrs Hankey blickte verärgert drein. Es war *ihr* Vorrecht, daß Untergebene freundlich von ihr sprachen.

Auguste unterbrach die peinliche Stille und fragte höflich: »Wie lange wohnt er schon bei Ihnen, Mrs Robins?«

»Jetzt sind's ungefähr zwei Jahre. Er war Telegrammbote, wie er's auch hier war, bevor Seine Gnaden ihn aufnahmen. Es hat ihm aber nicht gefallen. Richtig krank war er, als er zu mir kam. Bleichgesichtiges kleines Ding, genau wie er's jetzt ist ...« Und, als sie an die stille, blasse, mit Verbänden umwickelte Gestalt dachte, die sie eben gesehen hatte, begann sie, leise zu weinen; die anderen schauten hilflos zu.

Die Neuigkeit verbreitete sich rasend schnell im Dorf Hollingham. Zehn redliche und treue Männer, schon zur zweiten gerichtlichen Untersuchung innerhalb einer Woche herbeizitiert, kratzten sich am Kopf und sannen über eine nochmalige gerichtliche Untersuchung nach. Allmählich machte sich Entrüstung breit. Dieser Greeves war eine Sache, und Mrs Hartham eine andere – sie kam aus London, aus einer anderen Welt. Aber mit Edward Jackson war das etwas anderes. Er wohnte bei seiner Tante in der Gegend von Maidstone, und das seit zwei Jahren. Er war fast jemand aus Kent. Sie faßten es als eine persönliche Beleidigung auf, und zum ersten Mal seit drei Jahrhunderten begann das friedliche Dorf gegen das herzogliche Haus Stockbery zu murren. Es wurde nicht allgemein angenommen, daß Seine Gnaden sich selbst mitten in der Nacht angeschlichen und dem Burschen des Butlers eins über den Kopf gehauen hatten, aber es war dennoch sein Haus, und dort waren ein paar entschieden seltsame Dinge im Gange.

Rose nahm ein herzhaftes Frühstück im vorderen Schulraum ein, auch wenn indischer Reis mit Fisch und scharf gewürzte, gebratene Nieren nicht gerade das waren, womit Mr und Mrs Rose gewöhnlich ihre Werktage begannen. Unglücklicherweise wurde ihm dieses Frühstück durch die erste Sichtung des Bündels von Papieren aus dem Safe des Herzogs erheblich verdorben.

Was er da fand, war sogar noch schwerer verdaulich für einen empfindlichen Magen, als alles, was Mrs Rose jemals zubereiten könnte. Aus der Fassung gebracht nach einem Blick auf die ersten vier Briefe der Herzogin an den Prinzen *und* von dessem Vorgänger an die Herzogin – der Vorgänger des Prinzen war ein wohlbekannter Forschungsreisender auf dem unbekannten Kontinent –, legte er die Briefe zur Seite und trank erst einmal seinen Kaffee aus.

Als er das getan hatte, war Bladon eingetroffen, erpicht darauf, nichts zu verpassen, jetzt, da jemand anderes die Verantwortung trug.

»Sehen Sie sich das an«, sagte Rose finster und unvermittelt. Er warf ihm wenig respektvoll den letzten Brief der Herzogin hinüber. Bladon war teils fasziniert, teils empfand er es als *lèse majesté*, als Majestätsbeleidigung derartig in das Gefühlsleben der Herzogin von Stockbery eingeweiht zu werden.

»Scheint ganz schön vernarrt in diesen Kerl von Prinzen zu sein«, sagte der Sergeant; er untertrieb erheblich. Beide Männer waren seit langen Jahren verheiratet, aber der Inhalt des Briefes ließ sie erröten, als sie weiterlasen, wobei sie es standhaft vermieden, einander anzusehen.

Rose hatte sich erstmals einen Namen im Yard gemacht durch seine Ermittlungen in einem der blutrünstigsten Morde im Londoner East End, seit Jack the Ripper den Schauplatz verlassen hatte. Darüberhinaus hatte er über die sexuellen Gepflogenheiten der Londoner im allgemeinen ermittelt, ob nun in den verrufeneren Vierteln von Bethnal Green oder den besseren Bordellen von Mayfair und St. James. Er hatte ein blühendes Geschäft zerschlagen, das sich trotz Mr Steads Kreuzzug noch an Kindersex bereicherte und das in den übleren Bordellen sowohl heterosexuellen als auch homosexuellen Sex anbot, letzteres gipfelte im Cleveland-Skandal von 1889. Er hatte nicht mit der Wimper gezuckt während seiner Ermittlungen im homosexuellen Freudenpfuhl für reiche Männer und ihre unglücklichen perversen Jungen. Noch war er erbleicht beim Anblick von Mary Kelly, dem letzten Opfer von Jack the Ripper. Das waren Fakten. Teil seiner Arbeit. Das hier war etwas anderes. Theoretisch wußte er, daß Damen, wie achtbar sie auch anscheinend sein mochten, eindeutig sexuelle Gedanken hegen und diese sogar in Worte fassen. Er hatte einst die Ehre gehabt, die Briefe von Miss Madeleine Smith an ihren Liebhaber zu lesen. Doch sogar der politische Dilke-Skandal hatte ihn nicht davon überzeugt, daß Damen von hohem gesellschaftlichem Rang eine aktive Rolle in solchen Affairen spielen könnten. Für Rose waren Damen bisher immer Damen gewesen, selbst wenn sich vornehme Herren gelegentlich als Lumpen erwiesen.

Sergeant Bladons Gedanken waren viel unkomplizierter. Er war schlicht und einfach schockiert.

»Na ja, dieser Kerl von Koch hatte recht«, brummte Rose schließlich. »Der Verblichene war ein Erpresser, und das war sein Erpressungsregister.« Er starrte auf die säuberlich geordneten Stapel von Papieren vor sich. Was für Dummköpfe die Menschen waren. Anscheinend war der Adel genauso dumm wie alle, die im East End seinen Weg gekreuzt hatten. In den Papieren stand viel drin über die Leute hier auf Stockbery Towers und eine ganze Menge über einige, von denen er nie gehört hatte. Er stöhnte, denn er sah mehrere Wochen Arbeit auf sich zukommen, um die entsprechenden Leute ausfindig zu machen, sobald er zurück in der Firma war. Sehnsüchtig dachte er an sein unaufgeräumtes kleines Zimmer im Scotland Yard. Komisch, wie der Name haften blieb, obgleich man umgezogen war.

Sergeant Bladon schnappte entrüstet nach Luft. Er hatte eine der seltenen kurzen Mitteilungen Seiner Gnaden an Honoria gefunden. Seine Gnaden ließen sich nicht oft zu brieflichen Ergüssen hinreißen.

»Nichts über die anderen Diener«, stellte Bladon fest.

»Brauchte er nicht, Sergeant. Wenn ich Sie recht verstehe, hatte dieser Mann sowieso die Macht über deren Leben und Tod. Er konnte ihnen einfach sagen, daß sie gehen sollten, ohne Angabe von Gründen. Hat mit ihnen Katz und Maus gespielt. Den Typ kenne ich. Jenes hübsche Mädchen, die, welche die Sandwiches zubereitete, sie errötete sofort, als ich sie fragte, was sie von Greeves hielt. Hat wahrscheinlich Annäherungsversuche bei ihr gemacht. Und er hätte diese zwei Frauen dahin bekommen, wo er sie hinhaben wollte.«

Der Inhalt des letzten Umschlags stellte ein größeres Rätsel dar. Rose starrte auf das Blatt Papier.

»Bladon«, sagte er schließlich, »was, würden Sie meinen, ist das?«

Der Sergeant schaute das Blatt Papier an, war aber wohl oder übel gezwungen, zuzugeben: »Könnte ich nicht auf Anhieb sagen, Sir.« Es sah wie eine Reihe von Schnörkeln aus.

»Ich denke«, sagte Rose bedächtig, »das ist ein Teil von einem Schiffsgrundriß. Möglicherweise der Maschinenraum.« Er legte das Blatt Papier hin und langte nach dem kleinen Buch, das Auguste in Greeves' Bibel gefunden hatte. Er betrachtete nochmals die Zahlen darin, während Bladon, in die Welt seiner Träume versetzt, ihn gespannt anschaute. Schiffsgrundrisse, High Society, Erpressung. Für ein paar hochfliegende Augenblicke sah er sich aus dem begrenzten Lebensbereich von Maidstone herausgerissen und in die schwindelnden Höhen von Scotland Yard versetzt. »Ich muß diesen Mann in meiner Nähe haben, Commissioner.«

Rose, der diese Pläne hinsichtlich seiner zukünftigen Arbeitsbedingungen nicht bemerkte, studierte sorgfältig die den Zahlen gegenüberstehenden Initialen. Es konnte jetzt keinen Zweifel mehr geben, daß L sehr wohl für Laetitia stehen könnte – die Verwendung des Vornamens würde gut zu dem passen, was er von Greeves gehört hatte. H deutete auf seine Verwendung von Honoria Harthams kleinen Briefen hin. A stand für Arthur Petersfield. Er wandte sich dem vor ihm liegenden Umschlag zu, den er noch nicht geöffnet hatte. Eine Handvoll Schuldscheine fiel heraus. Rose überlegte einen Moment. Dann zog er an der Klingelschnur. Bladon beobachtete es voller Neid. Er konnte sich gut vorstellen, was passieren würde, wenn er daran gezogen hätte, Polizei von Maidstone hin und her, er hätte keine Lust, einem dieser Lakaien gegenüberzustehen.

»Bitten Sie Mr Marshall, zu uns zu kommen«, sagte Rose schroff, als wäre das Befehligen eines Lakaien Seiner Gnaden genauso unerheblich wie das Befehligen von Betsy, dem Mädchen für alles in seiner Familie. Die Reaktion des Lakaien war sehr viel brauchbarer als Betsys.

Bezeichnenderweise hielt sich Rose nicht mit Vorreden auf, als Walter eintraf. »Was, denken Sie, ist das?« begrüßte er ihn und schob ihm das Blatt Papier hinüber.

Walter betrachtete es und runzelte die Stirn. »Ich habe keine Ahnung, Inspector«, sagte er ruhig. »Gar keine Ahnung.«

»Also machen Sie schon«, sagte Rose herzlich. »Nichts ist mit ›vertrauliche Regierungssache‹. Ich habe zwei Morde aufzuklären. Morde, Mr Marshall.«

»Ich müßte mit Lord Medhurst sprechen, meinem Vorgesetzten ...«

»Morde, Mr Marshall. Wollen Sie etwa, daß noch einer geschieht? Sie haben gehört, daß ein Junge eins über den Kopf bekommen hat. Denken Sie, das hat nichts damit zu tun? Wenn er stirbt, sind es schon drei. Wie viele wollen Sie noch?«

»Nun gut, Inspector«, sagte Walter schließlich. Er blickte unschlüssig auf Sergeant Bladon. Rose folgte seinem Blick.

»Gehen Sie mal schauen, wie's um den Jungen steht, Bladon«, sagte er freundlich.

Bladon entfernte sich, desillusioniert und widerwillig.

»Sie hatten recht, dieses Papier für wichtig zu halten«, sagte Walter. »Haben Sie von den Rivers-Papieren gehört?«

»Aha«, entgegnete Rose voller Befriedigung, »dachte mir, daß es das sein könnte.«

»Sie gingen letzten Juni verloren, wie Sie wissen. Nach Lord Brasserbys Hausparty auf Chivers. Thomas Rivers, der Konstrukteur unserer künftigen Schlachtschiffe, hatte von Sonnabend bis Montag die Papiere Lord Brasserby von der Admiralität gegeben, weil es Gerüchte über einen geplanten Einbruch im Außenministerium gab und man kein Risiko eingehen konnte. Die Gerüchte stellten sich natürlich als falsch heraus, man hatte sie absichtlich verbreitet. Der wirkliche Plan war, die Papiere auf Chivers zu entwenden. Seither sind sie nicht mehr gesehen worden. Selbst dies ist nicht das Original – Sie können sehen, daß es eine Kopie ist, die Zeichnung ist zu schlecht ausgeführt, um etwas anderes zu sein. Aber das hier, Inspector, ist ein wichtiger Entwurf für ein Schlachtschiff der Zukunft.«

»Und er taucht im Safe Seiner Gnaden auf«, sagte Rose. »Bedeutsam.«

»Bedeutsamer als Sie denken, Inspector. Das sind nicht einfach irgendwelche alten Staatsdokumente – das sind Dokumente der *Marine*. Und, wie Sie wissen, wurde über den letzten Besuch des neuen deutschen Kaisers in England bemerkt, daß er ein überaus lebhaftes Interesse an unseren Marineplänen gezeigt hätte. Er ist neidisch auf unsere Marine. Einige sagen, solange Königin Viktoria regiert, wird England sicher sein, denn er hat Ehrfurcht vor ihr, aber die Königin lebt nicht ewig. Nach Ansicht unseres Premierministers und der meisten Konservativen hat England von Deutschland nichts zu befürchten, denn es ist bestrebt, unser Verbündeter zu sein; es hat einen Vertrag unterzeichnet und weitere werden folgen; der Kaiser ist der Enkelsohn der Königin, der Sohn ihrer Lieblingstochter; und unsere

Feinde sind noch immer Frankreich und Rußland, und diese sind es, gegen die wir unsere Küsten verteidigen müssen. Also könnte es sein, daß die Rivers-Papiere den Weg nach Paris oder zu Seiner Majestät dem Zaren genommen haben – wenn von Holstein nicht wäre.«

»Baron Friedrich von Holstein?«

»Sie haben von ihm gehört?« Walter betrachtete Rose voller Hochachtung.

Rose nickte. »Hat die Dreckarbeit für Bismarck erledigt. Wir bekommen ein paar Geschichtsstunden im Yard.«

»Von Holstein hat die Fäden der deutschen Diplomatie in der Hand, er ist der gefährlichste Mann in Europa, denken wir Liberalen«, sagte Walter ernsthaft. »Er bekleidet kein hohes Amt, zeigt keinen offensichtlichen Pomp, aber *er* entscheidet, wer Deutschlands Verbündete sein sollen, wer seine Feinde. Unsere gesamte Diplomatie ist darauf ausgerichtet, zu sichern, daß Deutschland und Rußland kein Bündnis eingehen, aber aus falschen Gründen. Aus Furcht vor Rußland, nicht vor Deutschland. Es ging das Gerücht, daß Bismarck einen solchen Bündnisvertrag unterzeichnet hat – und von Holstein begann seine Karriere unter Bismarcks Anleitung. Bismarck lebt noch, obgleich er nicht mehr im Amt ist. Vielleicht lebt auch seine Politik noch. Mit einem Bündnis zwischen Deutschland und Rußland ist das Gleichgewicht der Kräfte für immer dahin. Die britische Marine wird jedes Schlachtschiff benötigen, das sie hat. Und der Grund, mein lieber Inspector, weshalb die Liberalen Deutschland und nicht Rußland fürchten, ist der, daß es einen Machiavelli hinter den Kulissen gibt – und die Rivers-Papiere verschwunden sind.«

»Sehr interessant, Mr Marshall, höchst interessant. Jetzt werde ich Ihnen sogar etwas noch Interessanteres erzählen. Ebenso vertraulich. Als diese Papiere verschwunden sind, fiel der Verdacht auf Brasserbys Gäste, und wissen Sie, zu welchem Schluß wir kamen, wer es war? Ich werde es Ihnen sagen. Es war kein Deutscher. Es war ein Franzose, ein Monsieur François Pradel. Und ganz interessant für mich war, hierher zu kommen und eben diesen Franzosen hier als Gast vorzufinden.«

Walter rang nach Luft. »François? Aber nein, Sie müssen sich irren. Er hat nicht die ...« Er hielt inne, denn er erkannte, daß er nicht wußte, was François für einer war. Er war der Sekretär der Marquise. Das war alles.

»Sein Vater ist Admiral, Sie verstehen. Es paßte alles. Wir haben nie etwas beweisen können.« Und es hat auch nichts in dem Buch gestanden, dachte Rose bedauernd. Nichts, falls das P.F., das er für Prinz Franz gehalten hatte, nicht eine Umstellung von F.P. war.

»Prinz Franz ist an der deutschen Botschaft in London. Wer ist geeigneter, von Holsteins Spion zu sein?« sagte Walter langsam.

»Im Yard«, sagte Rose, »dachte man, daß ein Baron von Elburg in der Londoner Botschaft dahintersteckte. Der Name von Prinz Franz kam nicht zur Sprache.«

»Er ist von Elburg rechenschaftspflichtig«, sagte Walter. »Sein Sekretär.«

»Ah«, bemerkte Rose. »Also, noch etwas anderes möchte ich Ihnen zeigen«, fuhr er fort und schob Walter den anderen Umschlag über den georgianischen Schreibtisch Seiner Gnaden.

Walter sah sich die Scheine an, die herausfielen. Sein Gesicht blieb regungslos.

»Nun?« fragte Rose.

»Kopien von Spielwechseln«, antwortete Walter langsam. »Bakkaratverluste.«

»Haben Sie die Unterschrift gelesen?«

»Petersfield. Arthur Petersfield«, sagte Walter grimmig.

»Bakkarat«, stellte Rose befriedigt fest. »Würde keinen guten Eindruck machen, was, besonders wegen der kürzlichen Tranby-Croft-Affäre. Illegales Glücksspiel.«

Walter drehte sich der Magen um. Die Wechsel beliefen sich auf eine Menge Geld. Petersfield war nicht reich. Aber, verheiratet mit Stockberys Tochter, würde niemand ihn anzurühren wagen ... Seine Antworten auf Roses Fragen wurden nichtssagender, und, sobald es möglich war, verließ er Rose. Er stellte fest, daß er Luft brauchte; die Enge des Hauses drohte, ihn zu ersticken.

Rose schritt im Zimmer auf und ab. Es paßte alles zu gut zueinander. Motive, Methoden und Beweise, alles vor ihm. Wie aber waren die Dinge miteinander verknüpft? Wer hatte sich die Livree angezogen und war hinter die Friestür geschlichen? Wer hatte den Teller mit Sandwiches gesehen und auf jedes Sandwich ein zwanzigstel Gran Eisenhut gegeben? Und wer von ihnen hatte einem fünfzehnjährigen Jungen über den Kopf geschlagen und ihn liegen lassen, damit er sterben sollte?

Walter zog den Ulster an, setzte den Hut auf und ging in den Park. Dort fand er Lady Jane auf dem Krocket-Rasen, sie attackierte das Spielfeld mehr mit Entschlossenheit als mit Geschick. Es war ein kalter Tag und zwischen dem Pelzkragen und dem breitkrempigen Hut war nur wenig von Janes Gesicht zu sehen. Was er davon sehen konnte, verhieß nicht gerade eine freundliche Unterhaltung. Diesmal jedoch schien sie nicht geneigt zu sein, ihren Zorn an Walter auszulassen.

»Es spielt sich immer besser zu zweit«, bemerkte er freundlich. »Ich werde mich beteiligen.«

»Es ist ein geistloses Spiel«, sagte sie. »Und ich habe genug davon. Ich fühle mich dabei wie etwas aus «Alice im Wunderland«.

Linkisch schloß Walter sich ihr an, als sie in Richtung der Wildnis davonschritt, die den Park vom Ackerland trennte.

»Lassen Sie uns hinauf zum Seven-Acre-Feld gehen«, sagte sie.

»Das können wir nicht«, entgegnete Walter. »Dort ist die nächste Jagd. Die Hüter werden nicht erfreut sein, wenn wir durch die Lager des Wildes spazieren. Lassen Sie uns den Hügel hinaufgehen.«

»Nichts als Jagen, die ganze Zeit Jagen«, sagte sie übellaunisch. »All diese toten Vögel an Schnüren, die Männer, die über nichts anderes sprechen. Widerlich.«

»Da stimme ich Ihnen zu«, sagte Walter freundlich.

»Ich kann es nicht erwarten, daß die Fuchsjagd wieder beginnt«, fuhr sie fort. »Vater will sie nicht gestatten, während die Treibjagd stattfindet.«

»Blutrünstiges Weib«, sagte er.

Sie sah ihn erschrocken an. »Blutrünstig? Oh, der Fuchs – aber das ist etwas anderes.«

»Warum?« fragte Walter. »Ich nehme nicht an, daß der Fuchs das auch denkt.«

»Weil ...« Sie runzelte die Stirn und stieß mit der Spitze ihres eleganten schwarzen Stiefels gegen einen Stein. »Na ja, es ist einfach etwas anderes«, sagte sie ärgerlich. »Gehen Sie nicht auf Fuchsjagd?«

»Nein«, antwortete Walter. »Auch nicht zur Treibjagd. Ich finde beides unerquicklich.«

»Weshalb laden Mutter und Vater Sie denn dann immerzu hierher ein?« sagte Jane herausfordernd.

»Das habe ich mich oft gefragt«, antwortete Walter nachdenklich. »Ich habe es schon seit langem aufgegeben, mir zu schmeicheln, daß ich auf der Liste Ihrer Mutter für in Aussicht genommene Bewerber um Ihre Hand stehe.«

Sie schaute erstaunt auf. »Sie«, sagte sie vernichtend. »Das möchte ich wirklich nicht meinen. Wo ich sowieso ...«

Er fiel ihr ins Wort. »Sie schmeicheln meiner Selbstachtung kaum. Sie müssen die Idee nicht ganz so von der Hand weisen. Ich bin das, was man einen aufstrebenden jungen Mann nennt. Wenn Sie sehr aufmerksam lauschen, können Sie meinen Namen erwähnen hören in den Außenringen des Kreises, der den Kreis um den inneren Kreis umkreist.«

»Sie reden Unsinn«, bemerkte Lady Jane. »Wie dem auch sei, ich verstehe nichts von Politik, und außerdem werde ich Lord Arthur Petersfield heiraten.«

»So ist es«, sagte Walter Marshall höflich. »Ich hatte es vergessen.«

Sie blickte ihn an, dann plötzlich sagte sie in ganz normalem Tonfall: »Walter, wer, denken Sie, tut all diese furchtbaren Dinge?«

Er schaute sie an, überrascht, daß sie seinen Vornamen benutzt hatte. »Ich weiß nicht. Ich dachte, ich wüßte es – aber jetzt weiß ich es nicht mehr.«

»Es *muß* mit Sicherheit einer vom Dienstpersonal sein«, fuhr sie fort. »Von uns kann es doch keiner sein, nicht wahr? Dieser Butler wurde im Dienerschaftstrakt umgebracht, das heißt also, es kann keiner von uns gewesen sein. Und Mrs Hartham muß gewußt haben, wer es war, und jener Junge ...« Ihre Stimme verstummte traurig.

Walter schwieg. Er konnte nicht sprechen, nicht einmal, um sie zu beruhigen – was er wußte, konnte nicht die Wahrheit sein.

»Walter«, fuhr sie mit leiser Stimme fort, »ich mache mir solche Sorgen. Inspector Rose hat stundenlang mit Vater und Mutter gesprochen. Arthur hat noch nicht einmal die Möglichkeit gehabt, sie wegen uns zu fragen.« Sie warf ihm einen verstohlenen Blick zu. »Sie glauben doch nicht, ich meine, was für ein Motiv hätten die beiden denn haben können? Er *kann nicht* denken, daß sie es getan haben, glauben Sie nicht? Was für einen Grund hätten sie denn haben sollen, Greeves und dann die bedauernswerte Mrs Hartham umzubringen? Sie war doch Mutters beste Freundin. Und Vaters ...«

»Nein, das glaube ich ganz und gar nicht«, sagte Walter bestimmt und legte einen Arm um ihre Taille, ohne gerügt zu werden.

Walter war noch im Garten – Jane war gegangen, um sich zum Lunch umzukleiden –, als Auguste eine halbe Stunde später auf ihn zutrat.

»Wie geht es dem Jungen?« fragte Walter.

Auguste seufzte. »Schlecht. Noch bewußtlos. Der Doktor sagt, wenn er das Bewußtsein wiedererlangt, wird er genesen, andernfalls jedoch ... Ein Junge«, sagte er wütend, »nur ein unbedeutendes Kind.«

»Ein wichtiger Junge für irgend jemanden«, bemerkte Walter. »Außer natürlich, wenn sein Angreifer dachte, er sei ein anderer Lakai. John ist ebenso groß wie er. Vielleicht war es nicht Edward, der auf dem Ball bei Mrs Hartham gestanden hat.«

»Nein«, sagte Auguste. »Ich habe die anderen Freds gefragt. Sie waren es nicht. Welchen Grund hätten sie zu lügen? Also sagen Sie mir, Monsieur, was ist dort geschehen – auf dem Ball?«

»Mrs Hartham hatte ihn mit einer Nachricht zu jemandem weggeschickt, ich denke zum Prinzen, was ich und, ich glaube«, er zögerte, »der Herzog für eine Einladung zum Stelldichein hielten.«

»Weshalb, Monsieur?«

Walter überlegte. »Sie war sehr zufrieden mit sich«, sagte er langsam. »Ganz erfüllt davon, wie schön sie war, in der Art, die solche Frauen mittleren Alters an sich haben. Sie bildete sich etwas ein. Sie war kokett, zog Petersfield mit etwas auf und schlug ihn mit ihrem Fächer, was ihn störte. Dann sagte sie, sie würde dem Herzog sein Geheimnis verraten, sie würde dem Herzog alle unsere Geheimnisse verraten. Dann sah ich, der Herzog stand noch dort – und der Lakai, der war zurückgekommen.«

»Macht unsere Arbeit viel leichter, solche Herren wie Sie zu haben, die uns helfen.« Rose war leise von hinten an sie herangetreten.

Auguste, der seine Worte für bare Münze nahm, erwiderte: »Wenn wir helfen können, Monsieur, dann tun wir das gern.« Es war immer schwierig für ihn, sich auf die englische Art von Humor einzustellen.

Sie waren am Ende des langen Spazierwegs angekommen und sahen sich einer nackten Venus Auge in Auge gegenüber. Rose musterte sie verdrießlich. »Wir mögen unsere Statuen in London lieber bekleideter«, bemerkte er schließlich. »Es kann auch zuviel Natur werden.«

»Es macht Ihnen keine Freude, hier zu arbeiten, Inspector?« fragte Walter überrascht. So sehr er auch an die Rauchwolken Londons gewöhnt war, konnte er doch nicht verstehen, daß jemand es dem Land vorzog.

»Ich arbeite bei Nebel am besten«, sagte Rose und dachte sehnsüchtig an einen dieser dicken Nebel, den Geruch der Gaslaternen, die gedämpften Geräusche. Dabei konnte der Geist arbeiten, die dunklen Machenschaften menschlichen Geistes besser verstehen. Hier auf dem Land, im grellen Tageslicht, schien er sich irgendwie nicht mit dem Bösen auseinandersetzen zu können. Obgleich das Böse hier genauso sehr existierte, vielleicht mehr. »Es sind natürlich andere Arten von Verbrechen.«

»Auch bei Mord?««

»Ja«, antwortete Rose nachdenklich. Die Messerstechereien, die Erdrosslungen, die Eisenbahnmorde, Jack the Ripper. Das war es, was er gewohnt war. »Diese Schurken hinterlassen Spuren, Blutflecken, man spürt sie auf, Schritt für Schritt, bis man ihren Fehler findet. Man ist Spürhund. Hier draußen ist das anders. Ich sage nicht, daß es nicht interessant ist, aber es ist nicht wie in den Bordellen in Haymarket. Man fühlt dort, daß man was Gutes tut. Als würde man eine Auslese vornehmen. Die Welt moralischer machen. Schmutz beseitigen, wie in der Cleveland Street.«

»Cleveland Street«, fragte Auguste verständnislos.

»Ein Männerbordell, von zwei Herren geführt, Veck und Newlove. In ihrem Haus wurde eine Razzia vorgenommen, und es wurde geschlossen, sie erhielten jedoch bemerkenswert milde Strafen, als ihr Fall verhandelt wurde. Es hatte rote Gesichter an hohen Stellen gegeben, wie man sagt. Dann griff eine Lokalzeitung die Sache auf, begann, Namen zu nennen, und ein Graf klagte wegen Verleumdung. Er gewann, aber das ließ die Gerüchte nicht verstummen. Der Freund des Prinzen von Wales floh außer Landes, und viele andere verhalten sich sehr ruhig. Wirklich sehr ruhig.«

»Sie hatten damit zu tun?« fragte Walter.

»Als die Razzia durchgeführt wurde, ja. Wir Fußvolk im Yard wurden danach ausgeschlossen. Es war ein Versehen, daß der Fall überhaupt aufgedeckt wurde, vermuten wir.

Man wußte ganz oben davon, ließ die Dinge aber laufen. Alle Kunden waren Männer mit viel Geld und Einfluß; alle gingen anonym dorthin. Keine Namen, kein Exerzieren in voller Ausrüstung. Wir stießen nur darauf, weil beim Postamt ein bißchen Geld fehlte. Telegrammboten waren dort sehr beliebt, verstehen Sie.«

Er hielt plötzlich inne. Auguste auch.

»Telegrammboten!« flüsterten sie im Chor.

»*Das ist's*, wo ich ihn schon gesehen habe«, sagte Rose triumphierend.

»Edward Jackson!« rief gleichzeitig Auguste.

Kapitel 8

»Die Herzogin! Die Herzogin!«

»*Tiens*, Gladys, kläre die Butter ab, bitte! Wie oft habe ich dir schon gesagt, daß du die Butter abklären mußt. Natürlich wirst du keine vollkommenen Ergebnisse erzielen, wenn du dem Detail keine Aufmerksamkeit widmest.« Eine Pfanne voll verdorbener Kartoffeln á la Herzogin wanderte in den Mülleimer, und die niedergeschlagene Gladys pürierte fleißig weitere Kartoffeln.

Verärgert vor sich hinmurmelnd, fuhr Auguste fort, die Sauce für sein Soufflé zuzubereiten. Er für seinen Teil mochte Kartoffeln à la Herzogin nicht; er würde *gratin dauphinois* oder *pommes de terre Cendrillon* vorziehen, Aschenputtel-Kartoffeln oder Kartoffeln *à la lyonnaise* oder – ach, es gab ja so viele Möglichkeiten für die Kartoffel. Schmeckte jedoch etwas vorzüglicher, als die abgeschrubbten ersten neuen Kartoffeln vom Gutsbauern, einfach bloß gekocht? Es gab stets so viele verschiedene Methoden, ein bestimmtes Nahrungsmittel zuzubereiten, letztendlich wurde jedoch ein Gericht ausgewählt. Er erinnerte sich an eine seiner Lehrstunden bei Maître Escoffier; er las eine lange Speisekarte vor, die viele prächtige Gerichte offerierte. Alle klangen faszinierend; alle waren ein Gaumenkitzel. Als sie jedoch diese Speisekarte sorgfältig studiert und ihren Inhalt analysiert hatten, löste sie sich in ein oder zwei Möglichkeiten auf, zwischen denen man wählen konnte. In jene, die zur Laune, zum Tag, zur Person paßten. »*Was* aber steht wirklich zur Wahl? hatte der Maître gefragt. Das ist das Geheimnis, das den Meisterkoch oder den Meisteresser aus der Masse heraushebt.«

Genau wie bei diesem Mord, dachte Auguste, so viele Verdächtige, wenn man jedoch nachdachte, wenn man die

Sache analysierte, gab es nur zwei oder drei Leute, die ihn verübt haben konnten ...

Das Abendessen auf Stockbery Towers an jenem Montag war eine trübsinnige Angelegenheit trotz Augustes *soufflé au saumon et aux écrivisses*. Seine Gnaden waren mehr als verärgert. Der Herzog fühlten sich unbehaglich, besonders durch die Anwesenheit von Mr Hartham, der als bedrückende Erinnerung an die Tragödie fungierte. Wie, zum Teufel, sollten sie die Zeit bis Donnerstag, dem Tag der gerichtlichen Untersuchung, herumkriegen und dann das Begräbnis am Freitag überstehen? Würde Hartham von ihm erwarten, daß er sich hinauf nach Hertfordshire begab? Jetzt, da Honoria tot war, fühlte sich der Herzog ihr seltsam fern. Er warf einen verstohlenen Blick auf Laetitia, die imstande war, sogar mit dieser Situation fertigzuwerden: sie versprühte ihren Charme über diesen Langweiler Hartham und wurde der Rolle der Gastgeberin so geschickt gerecht. Ja, er hatte Glück, eine derartig loyale und hingebungsvolle Gemahlin zu haben. Er wollte verdammt sein, sollte es irgendwelche weiteren Honoria Harthams geben.

Seine loyale und hingebungsvolle Gemahlin, die ihren Charme auf Hartham konzentrierte, ließ in Wirklichkeit ihren anmutigen Fuß auf dem des Prinzen ruhen, der jetzt, da es Honoria nicht mehr gab, wieder ergeben und aufmerksam war. Keiner von den Gästen fühlte sich ganz ungezwungen. Es war möglich, daß einer von ihnen ein Mörder war. Was, wenn der Herzog selbst ...? Seltsamere Dinge waren schon geschehen. Es war nicht allzu lange her, daß ein Vicomte von seinen Adelsbrüdern vor Gericht gestellt und des Mordes für schuldig befunden worden war. Und Seine Gnaden hatten zweifellos einen unbeherrschten Charakter. Das hatte er bei einer kürzlichen Treibjagd deutlich unter Beweis gestellt, als ein vorschneller Neuling vor ihm auf einen Vogel geschossen hatte. Der Herzog hatte keine Zeit mit Höflichkeiten vergeudet. Er war puterrot angelaufen, und nur das späte Vergegenwärtigen seiner Stellung als Gastgeber hatte den jungen Mann vor körperlichem Schaden bewahrt. Er würde nicht wieder zur Jagd auf Stockbery Towers eingeladen werden.

Sogar Augustes beste *tournedos bearnaise*, die dem Soufflé folgten, und *blanc de volaille de la Vallée*, besonders der Marquise zu Ehren kreiert, vermochten die Gesellschaft nicht aufzuheitern, und, nachdem das Abendessen beendet war, saßen die Gäste verdrießlich da. Es schien wider den Anstand zu sein, zu häufig Billiard zu spielen in einem Haus, wo in den letzten zwei Wochen zwei Menschen einen unnatürlichen Tode gefunden hatten und ein dritter entweder gestorben war oder sterben würde, und die Konversation war, gelinde gesagt, steif.

Schließlich konnten es Seine Gnaden nicht mehr ertragen. Er räusperte sich. »Hab an eine Treibjagd morgen früh gedacht. Was meinen Sie, Petersfield?« Er vermied es, Hartham anzusehen.

Petersfield strahlte. »Ich werde zum Gewehr greifen.«

»Ich auch«, fiel der Prinz ein.

»Und Sie, Monsieur?« Der Herzog fühlte sich moralisch verpflichtet, den Franzmann zu fragen. François sah unglücklich aus und murmelte pflichtbewußt, daß er *enchanté* wäre.

Walter schaute belustigt drein. »Ich nicht, Euer Gnaden. Glovers würde es mir nicht danken, wenn ich an der Gesellschaft teilnähme.« Der Wildhüter hatte seine Meinung über Walter als Schütze klar zum Ausdruck gebracht. Über François auch, aber François mangelte es an Walters Entschiedenheit.

Laetitia blickte zu Mr Hartham. Was sie in seinem Gesicht sah, ließ ihr bewußt werden, daß ihr ganzes Taktgefühl gefordert war. »George«, sagte sie ruhig, »das scheint eine ausgezeichnete Idee zu sein. Ich bin sicher, Mr Hartham würde zustimmen, daß es in aller Interesse ist, wenn die Polizei in Ruhe ihre Befragungen durchführen kann, ohne daß sie den ganzen Tag über uns stolpert. Schließlich müssen wir herausfinden, was mit der lieben Honoria passiert ist. Sie würde wollen, das wir das tun.«

Die Andeutung eines Hauches von einem Spitzentaschentuch zu ihrem Auge geführt, um die winzige Andeutung einer Träne wegzuwischen, genügte, den kritischen Hartham zu überzeugen, daß das wirklich die beste Idee war. Besonders, wenn eine Herzogin es vorschlug, müßte vielleicht hinzugefügt werden.

»Großartig«, sagte der Herzog erleichtert. »Dann brauchen wir auch die Jagd am Sonnabend nicht abblasen. Etwas frische Luft in unsere Lungen kriegen, was? Picknick zu Mittag. Glovers hat die Vögel bereit für die letzte Woche oben auf dem Seven-Acre-Feld.« Gott sei Dank, die große Treibjagd würde nicht beeinträchtigt werden, der Höhepunkt der Jagdsaison. Bis Sonnabend würde alles vorbei sein, die gerichtliche Untersuchung, die Beerdigung, und vielleicht könnte man zum normalen Alltag zurückkehren. Er war sich jedoch unangenehm bewußt, daß nichts wieder seinen normalen Gang gehen würde, bis der dreifache Mörder sicher hinter Gittern wäre.

»Irgendwelche weiteren Neuigkeiten über diesen Lakaien?« fragte Petersfield beiläufig.

»Armer Junge, man nimmt nicht an, daß er durchkommt«, antwortete die Herzogin. »Er ist bewußtlos, und seine Tante ist bei ihm.«

»Tante?« rief Petersfield amüsiert. »Man erwartet nicht, daß Lakaien Tanten haben. Ich dachte, sie entsprängen einfach in voller Livree der Erde.«

Marshall kniff die Lippen zusammen. Sie alle standen unter Anspannung und zeigten es auf verschiedene Weise. Petersfields Art fand er besonders unerfreulich. Er stellte sich vor, wie Petersfield die Arme um Jane legen würde, und dachte an den Packen von Spielschuldscheinen. Heftige Erregung überkam ihn, und er mußte sich von dem verhaßten Mann abwenden, der sich unbekümmert mit dem Brandy des Herzogs vollaufen ließ.

Rose hatte anderes zu tun, als sich um die Angemessenheit einer Treibjagd Sorgen zu machen; er telegraphierte an Scotland Yard. So kam es, daß sich ein sehr hoher Beamter eilends nach Berkshire begab, um mit dem gereizten Lord Brasserby zu reden.

»Dachte, wir hätten das ein für alle Mal hinter uns gebracht. Nichts Neues, oder?«

»Nichts Definitives, Euer Lordschaft.«

Brasserby seufzte. Wie hatte er so ein Dummkopf sein können? War direkt in die Falle gelaufen. Und außerdem war er gezwungen gewesen, sich dem unangenehmen Gedanken zu stellen, daß einer seiner eigenen Gäste verantwortlich dafür war. Irgendeiner von fünfhundert! Natürlich hatte sich das praktisch auf nur ungefähr zwanzig mögliche Schuldige eingeengt, und es war die Entscheidung des Premierministers gewesen, keinen Lärm um den Diebstahl zu machen. Das hätte mehr Schaden als Nutzen gebracht; er hatte recht gehabt. Zu einem öffentlichen Skandal war es nicht gekommen.

»Ist es möglich, daß jemand von draußen hätte einbrechen können?«

Brasserby schüttelte traurig den Kopf. »Nicht die geringste Chance. Bin es immer wieder durchgegangen. Muß von innen gekommen sein. Hätten nicht wissen können, wo es war. Nur mein Sekretär und ein paar der Gäste konnten wissen, wo ich meine Arbeitspapiere aufbewahre.«

»Und jetzt sind einige jener Gäste auf Stockbery Towers – und auch eine flüchtige Kopie von einem der Papiere.«

»Stockbery Towers? Wo Mrs Hartham gerade verstorben ist? Akute Lebensmittelvergiftung, so hieß es in der ›Times‹.«

»Ja«, erwiderte der hohe Beamte, ohne rot zu werden.

»Wer ist dort?«

»Lord Arthur Petersfield, Prinz Franz von Herzenberg, Walter Marshall und ein Franzose, François Pradel, und die Marquise de Lavallée und natürlich der Herzog und die Herzogin.«

»Nun, jeder von ihnen *könnte* es gewesen sein«, sagte Brasserby unschlüssig. »Aber ich weiß, auf welches Pferd ich setzen würde.« Er blickte seinen Befrager an. »Und der Premierminister muß auch erfahren, wer es war. Und Gladstone. Beeilen Sie sich, mein Guter. Schnappen Sie ihn.«

Am nächsten Morgen machten sich die Herren, zünftig in Jagdhut und Norfolk-Jackett, auf den Weg zum Seven-Acre-Feld. Es versprach, ein guter Tag zu werden.

Am späten Vormittag tauchte Inspector Rose etwas unerwartet auf, er war auf der Suche nach der Marquise. Sie hatte die Jagdgesellschaft begleitet.

»Wenn Sie möchten, Inspector, zeige ich Ihnen, wo sie sind«, sagte Jane großmütig. So könnte sie Arthur sehen, aber wieder alle diese toten Vögel – pfui! »Denken Sie, daß Sie bald herausfinden werden, wer es war, Inspector?« fragte Jane auf dem Weg hinauf zum Feld hoffnungsvoll. »Es muß einer von den Dienstboten gewesen sein, nicht wahr?«

Rose schaute sie verdrießlich an. »Noch zu früh, das zu sagen, Miss«, sprach er.

»Aber jener Junge, von *uns* kannte ihn keiner. Es ist lächerlich, uns alle wie Tauben im Korb gefangen zu halten.«

»Warum sollte einer von den Dienstboten Mrs Hartham umbringen wollen?« konterte Rose. »Sagen Sie mir das mal, Miss – äh – Eure Ladyschaft.« Komische Bezeichnung für dieses schmächtige Mädchen, aber so war es eben.

»Ich glaube«, bemerkte Lady Jane hartnäckig, »das Gift gelangte einfach versehentlich in die Sandwiches – sie müssen für einen der anderen Diener bestimmt gewesen sein, und Mrs Hartham bekam den falschen Teller. Etwas in der Art.« Sie hielt inne. Sie war ein gerechtes Mädchen, und sie hatte nichts gegen den Koch. Eigentlich mochte sie ihn sogar. Auguste kochte immer ihre Lieblingsspeisen, als sie noch offiziell im Schulzimmer war, und er hatte ihr, obwohl die Kinderfrau das mißbilligte, viel über Frankreich erzählt. Er brachte sie zum Lachen. Er hatte auch anziehende blitzende Augen, für einen Diener .

»Sie müssen es bald herausbekommen«, fuhr sie ruhig

fort, »Es ist schrecklich für Mutter und Vater, nicht zu wissen, woran sie sind.«

Rose schaute sie an und fragte sich, ob sie eine Vorstellung hatte, wie ihr Vater und ihre Mutter wirklich waren. Vielleicht würde sie auch eines Tages wie ihre Mutter sein, wenn sie diesen Petersfield heiratete. Auf Abwechslung aus. Er mochte die Augen des Mannes nicht; sie waren kalt. Erinnerten ihn an Art, den Gangster, oben im Pimlico-Weg. Da war ihm selbst diese Schneiderpuppe von Prinzen eher noch lieber.

Die Schützen befanden sich jetzt in Sichtweit. Jedesmal, wenn sich ein neuer Vogelschwarm in die Luft erhob, war sie vom Knallen der Schüsse durchdrungen. Die Lader waren auf ihre Arbeit konzentriert. Die Ausbeute hatte man bereits an einer Schnur zwischen zwei Buchen aufgehängt; Rebhühner, Fasane und vereinzelte Hasen. Rose wandte den Blick ab. So etwas sah man in London nicht, zumindest nicht in seiner Umgebung. Gutes, anständiges Rindfleisch genügte ihm.

Als einzige von den Frauen hatte die Marquise die Männer begleitet, zum Ärger des Herzogs. Frauen paßten alle sehr gut ins Picknickzelt, aber bei der Jagd waren sie im Wege und lenkten die Schützen ab. Selbst Honoria an seiner Seite zu haben, die ab und an sogar darauf bestanden hatte, selbst einen Schuß abzugeben, war nicht unbedingt ein Segen gewesen. Zuerst hatte er es bezaubernd gefunden, aber rückblickend fand er es – na ja – unpassend. Leichtlebig hatte Laetitia sie genannt. Leichtlebig. Er zielte auf einen sehr niedrig fliegenden Fasan und errötete, als jener zu Boden fiel. Er hoffte, daß keiner diese Regelübertretung bemerkt hatte. Verdammte Weiber, sogar der Gedanke an sie lenkte ihn ab.

Die Marquise saß auf einem Leinenstuhl, eine anmutige Gestalt im dunkelgrauen Straßenkostüm, die behandschuhte Hand auf dem Stock, ein großer Federhut, der ihr Gesicht verbarg. Sie begrüßte Rose mit einem Nicken. Zumindest sie behandelte ihn nicht wie einen störenden Handelsvertreter, der sich plötzlich in ihre Mitte drängte.

»Monsieur *l'Inspecteur*, sind Sie zum Jagen gekommen?« Sie zwinkerte ihm zu.

»Nein, Madame.« Gegen seinen Willen zwinkerte er zurück. Vielleicht stimmte es, was man über französische Frauen sagte. Sie muß zu ihrer Zeit umwerfend gewesen sein. »Nein, ich bin gekommen, um mit Ihnen zu sprechen.«

»Mit mir? Da fühle ich mich aber geehrt. Bin geschmeichelt, eine Ihrer Verdächtigen zu sein. In meinem Alter erwartet man von mir, daß ich ruhig dasitze und mich an Klatsch und Tratsch ergötze und nicht, daß ich Leute umbringe. Dann wollen wir mal. Da ist ein Feldstuhl. Setzen Sie sich her, und wir werden über ihre Morde reden, ja?«

Der Stuhl war nicht gerade das, was er bequem nennen würde, aber er war eine Sitzgelegenheit.

»Komische Beschäftigung für eine Dame wie Sie, Madame, wenn ich das sagen darf, den ganzen Weg zurückzulegen, um zu beobachten, wie Männer Vögel schießen.«

»Ah.« Ihre Augen wanderten dorthin, wo ein junger Mann unsachgemäß auf einen Fasan schoß. »Ah, Inspector, es gibt viele ungewöhnliche Beschäftigungen für eine alte Frau.«

Er folgte ihrem Blick. »Ja, Madame, das ist derjenige, über den zu sprechen ich gekommen bin.«

Sie wandte sich ihm zu, zum erstenmal schwankend. »Monsieur?«

»Ihr Sekretär«, sagte er. »Wie lange ist er bei Ihnen?«

»Seit vier Jahren«, antwortete sie und runzelte die Stirn.

»Und Sie haben keinen Ärger mit ihm?«

»Sie verdächtigen doch nicht meinen Sekretär, Inspector, jenen Mann umgebracht zu haben oder jene alberne Dame? Oder einem Kind mit einer Bronzelampe über den Kopf zu schlagen?« Ihre Stimme war eiskalt.

»Im Moment interessiert mich das nicht besonders. Ich möchte etwas über eine Hausparty im Juni auf Chivers wissen.«

»Für Ascot. Ja, ich war dort, und François war bei mir.«

»Hat Ihr Gastgeber von seiner Arbeit gesprochen?«

»Lord Brasserby – er gehört zur Admiralität, ja? Und François' Vater ist Admiral. Gibt es da irgendwelche Verbindungen ...?«

»Vielleicht, Madame.« Er sah sie voller Achtung an.

»Sagen Sie es mir.« Es war ein Befehl.

Rose zögerte. Etwas unwillig erzählte er ihr von den Rivers-Papieren.

»Wann wurden sie gestohlen?« Ihre Stimme war ruhig.

»Soweit wir wissen, Sonntag nacht.«

Sie entspannte sich. »Dann kann ich Ihnen sagen, daß Sie Ihren Dieb anderswo suchen dürfen, Inspector«, sagte sie mit leichtem Lächeln. »François war in jener Nacht bei mir.«

»Arbeiten, Madame? Bis wann?«

»Nein, Inspector. Nicht arbeiten. Einfach bei mir. Und die ganze Nacht über.« Sie beobachtete, wie ihm die Bedeutung ihrer Worte klar wurde und er errötete. »Ich schockiere Sie, Inspector?« fragte sie amüsiert. »Also gut. Sie werden inzwischen wissen, daß Greeves ein Erpresser war; er versuchte, mich zu erpressen. Ich bin sicher, daß er andere erpreßt hat. Mrs Hartham war eine davon. Sie sagte es mir. Fragte mich, was sie tun sollte. Ich riet ihr, nichts zu tun. Ihn zu ignorieren. Aber sie war ein dummes Ding.« Sie seufzte. »Und jetzt ist sie tot.«

»Monsieur Auguste.«

»Einfach nur Auguste«, sagte Auguste zärtlich. Es war lächerlich, während einer heimlichen freien Stunde in einer Scheune zu sitzen und den Arm um ein Mädchen geschlungen zu haben, das so hübsch wie Ethel war, und dieses flüstert ›Monsieur Auguste‹, als wäre man im Dienstbotenzimmer.

»Denken Sie, daß man jemals herausfinden wird, wer es getan hat?« fragte sie mit leiser Stimme, wobei sie versuchte, den Arm zu ignorieren, der den ihrigen auf ziemlich nachdrücklicher Weise streichelte.

Auguste seufzte. Das war ein unerfreuliches Thema, und es gab viel erfreulichere Dinge, an die man in diesem Augenblick denken konnte. Ethel war jedoch eindeutig nicht in der Stimmung, sich von den Gedanken an Mord ablenken zu lassen, so tat er sein Bestes, ihr zu antworten. Er zog den Arm weg, um nicht in Versuchung zu kommen.

»*Oui*, zweifellos, *ma chérie*, wird dieser Inspector herausfinden, wer es getan hat.«

»Aber er denkt, ich war's. Ich bin mir sicher, daß er das denkt.« Ihre Stimme wurde vor Angst lauter.

»Aber, aber, weshalb sollte er denn denken, daß ein kleines Mädchen wie du einen Mann umbringen würde, dann eine Frau, dann einem starken Jungen auf den Kopf schlagen würde?«

»Weil er weiß, daß ich jene Sandwiches gemacht habe. Außerdem fand er das über mich und Greeves heraus, daß er mich feuern wollte.« Ihre Stimme klang ein wenig vorwurfsvoll.

Auguste war schockiert. »Ich habe ihnen nichts gesagt, und ich bin sicher, Edward auch nicht.«

»Er hat mich gefragt, ob es wahr wäre, und als ich sagte, nein, wäre es nicht, sagte er, daß Greeves jemandem davon erzählt hätte. Ich denke, es war Kammer. Er mochte mich nie. Ich weiß, es ist schlimm, das zu sagen, aber ...« Die Tränen rollten ihr Gesicht hinab.

Der Arm war schnell wieder in seiner Position, diesmal schnell gefolgt vom anderen Arm, der ihren warmen Körper umschlang.

»Na aber, mein Schatz«, flüsterte er. »Du brauchst dir keine Sorgen machen, habe ich dir gesagt. Ich, dein Auguste, werde es herausfinden, sehr bald, und der Sache ein Ende bereiten. Du wirst es sehen.«

Ihre Augen wandten sich ihm bewundernd zu, so bewundernd, daß es nur natürlich schien, sich aus dieser unbequemen Stellung in eine bequemere zu begeben und sich aufs Stroh zu legen. Danach schien es ganz natürlich, die Tränen von ihren Augen wegzuküssen und dann seine Lippen hin zu den ihren zu bewegen, dann seine Finger zart ihren Mantel und die ersten paar Knöpfe ihres blau- und violettfarbenen Kattunkleides aufknöpfen zu lassen. Als seine Finger ihre Brust fanden, hörte sie auf zu weinen und wurde ganz still. »Oh, Monsieur Auguste«, hauchte sie dann, und ihre Arme schlangen sich um seinen Hals. Sanft machte er es sich auf ihr bequem, ihr Körper, weich unter seinem, entspannte sich. Sie stieß einen kleinen Seufzer aus, als seine Hand ihre Brust umfaßte und diese zu liebkosen begann.

»Monsieur Auguste, ich weiß, Sie werden immer für mich sorgen.« Ihr vertrauensvolles Gesicht schaute zu seinem empor.

Wäre Auguste nicht zur Hälfte Franzose gewesen, hätten diese Worte zweifellos das Ende von Ethels Jungfernschaft besiegelt. Da es aber so war, machte sich seine angeborene Vorsicht wieder geltend, so schwer es auch fiel. Sein Körper sagte ihm das eine, sein Kopf sagte ihm, daß das Ethel war, nicht bloß irgendein Dorfmädchen, und daß »immer« für Ethel auch genau das bedeutete. Langsam und unter vielen zärtlichen Küssen begann er, Ethels Kleid wieder zuzuknöpfen.

An jenem Abend brachte Auguste Didier wiederum selbst das Tablett ins Kinderzimmer, wo Inspector Rose, inzwischen voll freudiger Erwartung, seines Abendessens harrte.

»Ah«, sagte er vorsichtig, als er Auguste wieder persönlich mit dem Tablett kommen sah. Er war schlau. Auguste war nicht um Inspector Roses Magen willen hier, obgleich zu hoffen war, daß er dessen Bedürfnissen die nötige Aufmerksamkeit gewidmet hatte.

»Monsieur *l' Inspecteur*«, verkündete Auguste, als er dem Inspector *poussins à piémontaise*, Hammelragout, gefolgt von einer *bavarois*, vorlegte (Mrs Rose wäre an einem Schlaganfall gestorben, hätte sie die Menge Sahne gesehen, die in einer richtigen *bavarois* von Didier und einer *charlotte aux poires* war). Außerdem brachte er einige von den besten Weintrauben des Herzogs und eine halbe Flasche Château Margaux zum Hinunterspülen mit. »Ich bin kein Barbar. Ich störe normalerweise Gentlemen nicht beim

Abendessen. Wenn ich aber zurückkomme, Monsieur, ist es dann erlaubt, daß ich mich mit Ihnen unterhalte?«

Rose knurrte. Er hatte die Abende gern für sich, um sich die Informationen des Tages durch den Kopf gehen zu lassen, sogar während sein Magen das Abendessen verdaute, aber er konnte kaum ablehnen. Überdies hielt er viel davon, die Leute reden zu lassen. Eine Menge Schurken wären heute noch am Leben, hätten sie ihren Mund gehalten.

Nach einer Stunde erschien Auguste Didier wieder. Rose war in huldvoller Stimmung. Er war nicht an Wein gewöhnt, aber sein Kopf war widerstandsfähig, und ein bißchen Mattigkeit trübte seine Urteilskraft nie. Nicht, wenn es notwendig war.

»Mr Didier«, sagte er herzlich. »Das war ein richtig gutes Essen, was Sie mir da vorgesetzt haben. Ich wünschte, Mrs Rose ...« Aber diese seltene Vertraulichkeit verkniff er sich in einem plötzlichen Anflug von Loyalität für die zähe Leber und den gekochten Kohl und deren Schöpferin.

»Monsieur *l'Inspecteur*, das Personal, es ist besorgt. Es will diesen Mörder finden. Darf ich den Leuten vielleicht sagen, daß es nunmehr unwahrscheinlich ist, daß es einer von ihnen war. Wir liegen jetzt alle in offenem Streit im Dienstbotenzimmer. Miss Fawcett spricht nicht mit Mr Kammer; niemand außer mir spricht mit Miss Gubbins; sie sprechen nur mit mir, weil ich der Koch bin und sie mich brauchen. Mr Kammer ist zu jedem gehässig; Mr ...«

»Können Sie nicht machen, Mr Didier, vorläufig noch nicht.«

»Wollen Sie mir dann sagen, Inspector, damit ich besser über dieses Verbrechen nachdenken kann, in welcher Reihenfolge die Herren zur Stiefelkammer zurückkamen? Auf die Art ist es möglich, zu erraten, wer die Livree hätte anziehen können – ist es nicht so? Mr Marshall erinnert sich nur, wann er zurückkam und wer nach ihm kam. Er kehrte mit Lady Jane zurück und betrat die Stiefelkammer, als Lord Arthur Petersfield herauskam. Mr Marshall folgten François Pradel und der Prinz. Wer aber war zuerst da – Petersfield oder Seine Gnaden?«

Rose musterte ihn aufmerksam. »Sehe nicht, was es ausmachen würde, Ihnen das zu sagen. Seine Gnaden waren anscheinend der erste.«

»So«, stellte Auguste fest. »Monsieur François oder der Prinz kommen am ehesten in Frage, sie trafen später ein. Jeder von ihnen hätte sich verstecken können, bis alle anderen zurück waren ...«

»Sie können Monsieur Pradel ausklammern«, sagte Rose lakonisch. »Zumindest für den Augenblick.«

»Weil er nicht erpreßt wurde?« fragte Auguste neugierig.

»Oh, ich denke, mit ihm war alles in Ordnung«, erwiderte Rose höflich. »Nehmen Sie einfach mein Wort dafür, Mr Didier. Nun, was Mr Edward Jackson betrifft ...«

»Wie geht es ihm, Inspector?«

»Sie werden es sofort sehen.« Rose erhob sich und führte ihn ins Zimmer der Haushälterin hinunter. »Er hat einen bösen Schlag auf den Kopf bekommen und Schnittwunden, aber, wie ich gesagt habe, die Perücke hat ihn gerettet. Aber der Bursche ist klug; er wird mit uns zusammenarbeiten. Er weiß, da ist jemand darauf aus, ihn umzubringen, und das ist der Grund, weshalb er hier eingesperrt ist. Wir werden den Burschen hier rausschmuggeln, für eine Weile soll er zurück zu seiner Tante in Maidstone. Nur ich selbst, Sergeant Bladon, Constable Perkins und die zwei Krankenschwestern wissen, daß er wieder bei Bewußtsein ist, und ich habe den beiden panische Angst wegen der Konsequenzen eingejagt, falls noch jemand es erfahren sollte. Jetzt wissen Sie es auch, Mr Didier. Ich gehe ein Risiko mit Ihnen ein. Edward denkt, daß Sie in Ordnung sind.«

Ein blasser, bandagierter, aber scharf beobachtender Edward Jackson blickte zu ihnen hoch. »Sie werden vielleicht mehr aus ihm herausbekommen als wir«, bemerkte Rose. »Hältst nicht viel von der Polizei, nicht wahr, Junge?«

Edward zeigte ein schwaches Grinsen.

»Also, du kannst uns nicht sagen, Junge, wer dir den Schlag versetzt hat?«

Der Junge sah ängstlich aus. »Hab nix gesehen, Mr Didier.

Erinnere mich nur, daß ich rausgekommen bin, um nach Essen zu suchen. Dann nichts mehr.«

»Du hast niemanden gesehen?«

»Niemanden, Mr Didier.«

Rose seufzte. »Nicht sehr hilfreich. Also, Junge, wir wissen, daß du auf dem Ball bei Mrs Hartham gestanden hast. Du hast jemandem eine Nachricht von ihr gebracht. Jetzt denk scharf nach, Junge. Was hast du die Dame sagen hören und wie lautete die Nachricht genau?«

»Blume. Ich brachte eine Blume und irgendeine Nachricht über Verärgerung.«

»Was? Versuch's noch mal, Junge, mach schon, ein letzter Versuch.«

Gehorsam versuchte er es noch mal. »Wilde. Sie sagte ihm, er solle an Mr Wildes Erzählung denken.«

»Sieht für mich nicht sehr nach einer Aufforderung zum letzten Tanz aus«, murmelte Rose vor sich hin. »Nun, fahr fort. Was ist passiert, als du zu ihr zurückkamst?«

»Sie stand da, lachte und fuchtelte mit ihrem Fächer herum«, sagte Edward, voller jugendlichem Abscheu für das Verhalten von Frauen. »Es stand eine Gruppe von Männern um sie herum ...« Er verstummte plötzlich, und sein Gesicht nahm einen ängstlichen Ausdruck an.

»Weiter, weiter, Edward«, bemerkte Auguste streng.

»Sie sagte etwas über Geheimnisse, Geheimnisse von Leuten verraten.«

»Geheimnisse, eh?« stellte Rose nachdenklich fest. »Da wir gerade von Geheimnissen sprechen«, fuhr er im Plauderton fort, »mir ist eingefallen, wo ich dich schon mal gesehen habe, Junge. In der Cleveland Street, nicht wahr? Vor ein oder zwei Jahren. Du warst der, den sie Jimmy nannten. Sehr gefragt bist du gewesen, wirklich sehr.«

»Weiß nicht, wovon Sie sprechen«, erwiderte Edward nach einem raschen Blick, um seinen Gegner abzuschätzen.

»Das ist alles schon lange Vergangenheit, mein Sohn«, tröstete ihn Rose. »Brauchst dir deswegen keine Sorgen zu machen. Was ich aber wissen will, ist, ob es vielleicht jemanden gibt, den du hier erkennst, der dir aus jenen Tagen bekannt ist.«

»Nützlicher Bursche, dieser Cricket. Behält meine Anzüge und Stiefel im Auge.«

Rose erinnerte sich an das Urteil Seiner Gnaden über seinen Kammerdiener, als er die schwächlich wirkende Person vor sich betrachtete.

»Lieben Ihre Arbeit, nicht wahr?« begann Rose einigermaßen freundlich.

Cricket nickte bloß, wobei er ihn vorsichtig beobachtete.

»Würden nicht wollen, daß Seine Gnaden es erfahren, nicht wahr?«

»Was erfahren?« wagte Cricket vorsichtig zu sagen.

Rose lächelte fast behaglich. »Brauchen doch keine Spielchen spielen, oder, Mr Cricket? Er benutzte Sie, um die anderen Kammerdiener und -zofen auszuhorchen, nicht wahr?«

Cricket erblaßte, sagte aber diesmal nichts.

»Natürlich weiß ich nicht, wie Sie es gemacht haben, aber ich hege kaum Zweifel, daß Sie die Kammerdiener überzeugten zu kooperieren. Fungierten als Vermittler. Sammelten das Material. Zahlten sie aus.«

Cricket fand die Sprache wieder, wenngleich piepsend. »Hab' ich nicht getan.«

»Haben Sie nicht getan? Worin, wenn ich fragen darf, bestand dann Ihre Rolle?«

Cricket beobachtete ihn, es war deutlich, er schätzte die Risiken ab. Dann kam er zu dem Schluß, daß das Risiko Mord größer war als das Risiko Erpressung. »Ich habe sie ausgehorcht«, sagte er widerwillig. »Aber sie übergaben das Zeug direkt an Greeves. Hat mir nicht getraut, hat Greeves nicht.«

»Kann mir gar nicht denken, warum nicht«, murmelte Rose.

Kapitel 9

Feierlich marschierten sie im Gänsemarsch in den Ballsaal, der vom Herzog als der passendste Raum für die gerichtliche Untersuchung bestimmt worden war: Archibald Tong, Bäcker; Edward Tibbins, Drogist; Leonard Gander, Viehzüchter, vier, fünf, sechs, sieben, acht, neun, zehn nahmen ihre Plätze ein, zum zweiten Mal innerhalb von zehn Tagen, um eine gerichtliche Untersuchung von plötzlichem und gewaltsamem Tod vorzunehmen. Es war ihnen zutiefst bewußt, daß die Leiche, die sie gerade betrachtet hatten, vor nur wenigen Tagen die Verhandlung von den Zuschauerbänken aus verfolgt hatte, einen großen Hut mit lila Federn tragend. Jacob Pegrim nahm seinen Platz ein – er hatte einige Zeit gebraucht, sich daran zu gewöhnen, daß er Polizist und Richter in einem war; vor dem Ableben von Archibald Greeves hatte es nichts Aufregenderes gegeben als ein Sammelsurium alter Töpfe, das man auf dem westlichen Teil von Jim Gubbins' Feld ausgegraben hatte. Sogar damals war ihm nicht einmal in seinen kühnsten Träumen im Wirtshaus Zum Schwan der Gedanke gekommen, daß Seine und Ihre Gnaden in ihrer eigenen Burg respektvoll und ehrerbietig vor ihm sitzen würden, während er über einem zweiten Tod in ihrem Haus zu Gericht saß. Und es wäre beinahe zu einem dritten gekommen, wie er gehört hatte. Er war das Gesetz, redete er sich ein. Doch war er im Grunde ein bescheidener Mann, und er wich dem Blick Seiner Gnaden aus, als er sein zeitweiliges Reich in Augenschein nahm. Dessen ungeachtet mußte er diesen Burschen von Scotland Yard mit der Art und Weise beeindrucken, auf die solche Sachen in Kent erledigt wurden.

Derjenige, der unbeabsichtigt seine Gedanken beherrschte, saß finster neben Sergeant Bladon. Die letzten Tage waren nicht einfach gewesen. Mr Hartham war alle zwei Minuten bei ihm aufgetaucht und hatte Gerechtigkeit gefordert, hatte gefordert, daß jemand verhaftet werde, *irgend jemand*, selbstverständlich ein Dienstbote. Es war schwierig gewesen für Rose, den Chief Constable davon abzubringen, die sofortige Verhaftung der Hälfte des Küchenpersonals, angefangen bei Auguste Didier, anzuordnen. Er mußte lange und langwierige Erklärungen abgeben, denen der Chief Constable mit geringem Interesse und wachsender Ungeduld lauschte. Er zeigte auf, daß der Zorn Seiner Gnaden zweifellos direkt den Chief Constable treffen würde, sollte es einen weiteren Todesfall geben, während Didier in sicherem Gewahrsam war. Da ein anwesender Herzog eine größere Bedrohung darstellte als ein bald wieder abwesender Mr Hartham, blieb Auguste Didier auf freiem Fuß.

Pegrim verfuhr mild mit Ethel. Schließlich kannte er ihren Vater, und Ethel kannte er seit dem Tag, an dem der alte Pfarrer sie in der kleinen grauen Steinkirche oberhalb vom Dorf Hollingham getauft hatte.

»Also, Eth ..., äh, Miss Gubbins, Sie haben die Sandwiches zubereitet, die zur Verstorbenen hinaufgeschickt wurden.«

Ethel war gelähmt vor Angst.

Schließlich gelang es ihr, einzugestehen, daß sie das hatte.

»Ente. Und woher bekamen Sie diese Ente?«

»Von ...« Ethels Stimme wurde unhörbar.

»Sprechen Sie lauter, meine Liebe.«

»Aus der Küche.«

»Aus der Küche. Sie wollen sagen, die Ente lag einfach auf dem Tisch herum?«

»Nein ...« erwiderte sie mit zitternder Stimme. »Die Reste waren inzwischen alle in die Speisekammer gestellt worden.«

»Und Sie gingen zur Speisekammer, um sie zu holen?«

»Oh, *nein*«, antwortete Ethel schockiert. »Ich bin Hausmädchen. Ich würde mir das nicht erlauben.« Wieder zitterte ihre Stimme, und ihr Blick schweifte zu Auguste. Er nickte ermutigend. »Es war ... Mr Didier, er gab sie mir.

Aber«, ihre Stimme gewann an Festigkeit, »er ging geradewegs hinein und brachte sie heraus, zerlegte sie und reichte sie mir auf einem Teller. Alles ganz schnell. Er hatte keine Zeit, ...«

»Wozu, meine Liebe?« fragte Pegrim sanft.

»Gift ranzutun«, erklärte Ethel beherzt.

Auguste schloß die Augen ob dieser zweischneidigen Hilfe von Ethel.

Zwei der Geschworenen schrieben auf ihr Blatt Papier ›Koch‹.

»Wissen Sie, wie Eisenhut aussieht?« fragte der Untersuchungsrichter.

»Nein«, sagte Ethel unsicher.

»Wußten Sie, daß es aus einem gewöhnlichen Gartenkraut gewonnen wird und völlig farblos ist, wenn es erst einmal extrahiert ist?«

»Nein«, sagte Ethel wieder. »Aber er hat's ohnehin nicht getan«, fügte sie trotzig, wenn auch nicht folgerichtig, hinzu.

In ihn verliebt, schlußfolgerten alle Damen im Gerichtssaal.

Französischer Casanova, dachten alle Männer des Gerichts; ihre sehr unterschiedlichen Gefühle reichten von väterlicher Fürsorge bis zu Unzüchtigem.

Roses Zeugenaussage war technischer Natur, er bestätigte das Vorhandensein von Eisenhut in den Sandwiches und die Zeitdauer, die sie ungestört vor Mrs Harthams Zimmer gestanden hatten.

»Wie sind sie dort hingelangt?« fragte der Untersuchungsrichter verwirrt. »Wer hat sie dort hingestellt?«

Rose starrte unbeirrt geradeaus. »Die Dame selbst, Herr Untersuchungsrichter. Wie man hört, waren sie ein Zeichen.«

»Ein Zeichen?« wiederholte Pegrim verdutzt.

»Daß – ah – die Dame willens war, Besucher zu empfangen.«

»Aber, wie ich verstanden habe, war es ein Uhr dreißig morgens. Besucher?« fragte der Untersuchungsrichter, nunmehr völlig verblüfft.

»Von – äh – heimlicher Art«, antwortete Rose, wobei sein Gesicht die Farbe seines Namens annahm.

Mr Hartham, der im besten Ledersessel des Herzogs saß, wurde plötzlich bleich. Die Gäste des Herzogs schauten entschlossen weg. Alle waren entsetzt. Das war eine Sache, an der man nicht rühren durfte, das war bei weitem schlimmer als Mord. Es verletzte die Regeln des öffentlichen Anstands.

»Ein Liebhaber«, flüsterte der Untersuchungsrichter mit funkelnden Augen, bevor er sich seiner Pflicht und des Publikums wieder bewußt wurde. Rasch beugte er den Kopf über seine Notizen und setzte seine richterliche Miene wieder auf. »Die Dame war verheiratet, Mr Rose. Sie wissen, was Sie da sagen?«

»Ja, Herr Untersuchungsrichter«, entgegnete Rose gleichgültig.

Der Herzog, plötzlich hellwach, löste seine Gedanken vom trauten Wald und vom frisch angehäuften Stapel zu seiner Rechten, auf dem er im Geiste die mögliche Jagdausbeute vom Samstag gezählt hatte. Verdammt, angenommen ... jener Brief ..., angenommen, dieser Idiot von Scotland Yard hatte das in den falschen Hals bekommen ...

Der Prinz saß reglos da und starrte, anscheinend teilnahmslos, vor sich hin. In Gedanken ging er wie rasend die Möglichkeiten durch, die der Kaiser oder die Kaiserin hatten, etwas über die dunklen Vorkommnisse auf Stockbery Towers zu lesen. Jetzt, nach dieser Zeugenaussage, gab es keine Chance mehr, daß es ein trauriger Fall von Lebensmittelvergiftung bliebe, soweit es die Presse betraf. Man würde ihn abberufen. Seine Karriere wäre zerstört. Es war besser, sie hinters Licht zu führen. Es zu leugnen. Die Polizei konnte keinen Beweis dafür haben, daß er bei Mrs Hartham im Zimmer gewesen war. Es gab keinen. Dafür hatte er gesorgt.

»*Nein*«, erwiderte er auf die erste Frage des Untersuchungsrichters. Pegrim, der sich allein schon darüber unschlüssig war, wie ein Prinz anzureden sei, wurde durch diese abgehackte Antwort, verbunden mit preußischer Reserviertheit, vollends in Verlegenheit gebracht. Er räusperte sich und versuchte, wieder an Autorität zu gewinnen. »Sie leugnen also, daß Sie auch nur in der Nähe des Zimmers der Verblichenen waren in jener Nacht.«

»So ist es.«

»Diese Nachricht, welche die Verblichene Ihnen mittels des Lakaien schickte, wie lautete sie?«

»Daß sie den letzten Tanz des Abends mit mir wünschte.« Acht Jahrhunderte diplomatischen Lügens starrten Jacob Pegrim ins Gesicht.

Nach dem heillosen Durcheinander von Zeugenaussagen klammerten sich die Geschworenen an den einen konkreten Fakt, den sie vor sich hatten. Als sie ihr Urteil sprachen – von Mord durch unbekannte Personen, fügten sie ihm wiederum eine Zusatzklausel hinzu, die die Fahrlässigkeit des Kochs verdammte. Jacob Pegrim erbleichte, da er vergessen hatte, die Geschworenen sorgfältiger als beim letzten Mal über die subtileren Details ihrer Pflicht zu belehren, aber etwas, das vielleicht ein Lächeln hätte sein können, zuckte in Egbert Roses Mundwinkeln. Es verschwand schnell, als es mit der rechtschaffen entrüsteten Mrs Hankey konfrontiert wurde.

»Jetzt, da das geklärt ist, Mr Rose, möchte ich Sie bitten, mir mein Fläschchen Eisenhut zurückzugeben.«

Mit bleichem Gesicht, doch unbeirrbar in seiner Pflicht, beendete Mr Hartham die Vorkehrungen für den Abtransport des Leichnams seiner Frau zum Begräbnis im ländlichen Hertfordshire. Dort, so hoffte er – wenn auch wahrscheinlich vergeblich –, würden nur wenige in die Einzelheiten der gerichtlichen Untersuchung von Kent eingeweiht sein. Nachdem er am Freitag abgereist war, breitete sich Erleichterung im Hause aus; man kehrte zum normalen Alltag bzw. so weit zum üblichen Zustand zurück, wie die Anwesenheit der Polizei und eines dem Tode nahen Jungen das möglich machten. Obwohl die Jagdsaison auf ihrem Höhepunkt war, gab es Anzeichen von Ungeduld unter der auf

Stockbery Towers festgehaltenen Gesellschaft. Es wurde Zeit, daß jemand verhaftet wurde. Irgend jemand, obgleich sowohl Seine als auch Ihre Gnaden ihre ganz persönlichen Gründe für den Wunsch hatten, daß auf die Auswahl der Person ein gewisses Maß an Sorgfalt verwandt wurde.

In der Zwischenzeit beschäftigte sich der Herzog mit der angenehmen Aufgabe, die Gewehre für die morgige Großjagd auszuwählen. Es würde die beste Treibjagd der Saison werden. Bei einer Besprechung mit seinen Wildhütern sah er mit Freude, daß die Jagdbeute auf dreißig Paar Rebhühner und tausend Fasane geschätzt wurde. Machte nichts, wenn der Wildbestand erschöpft wurde; eine gute Ausbeute morgen würde die Gedanken an Mord vertreiben und sein Ansehen im Dorf sowie auch bei den zusätzlich angestellten Treibern wieder herstellen. Bei Müttern würde sie ihn nicht beliebt machen, aber das war nicht so wichtig. Die Herzogin beschäftigte sich mit der Aufgabe, das große Picknick am Mittag zu überwachen. Mit Hobbs wurden Vorkehrungen für das Aufstellen eines Zeltes getroffen, das groß genug war, um sowohl die Hausgesellschaft und die Familie als auch die zusätzlichen Schützen aus Kent aufzunehmen, die man eingeladen hatte, sich anzuschließen. Mit einem ängstlichen Blick aufs Wetter wies die Herzogin ihren Schöpfer darauf hin, daß Er ihnen zum Ausgleich für all die lästigen Donnerkeile, die Er kürzlich in ihre Richtung geschleudert hatte, zumindest einen schönen Tag schuldete. Allen Damen machte sie deutlich, daß ihre Teilnahme erwartet wurde. Mit ihrem üblichen freundlichen Lächeln, vielleicht mit einem Hauch entschlossener Frostigkeit darin, handelte sie mit Auguste die Speisenfolge aus.

Hätte die Herzogin nicht keinen Grund auf Erden finden können, aus dem Auguste gewünscht haben sollte, die Welt von Honoria Hartham zu befreien, Ihre Gnaden hätten bereits Schritte unternommen, die dessen Anstellung auf Stockbery Towers garantiert beendet hätten. Da er jedoch ein ausgezeichneter Koch war und Stockbery Towers zum Ruhm gereichte, wollte sie ihm aus christlicher Nächstenliebe jede Chance einräumen. Seine Gnaden, nicht so weitsichtig wie seine Frau, hatten den Chief Constable zurechtgewiesen, weil er Auguste Didier nicht festgenommen hatte. Nachdem ihm stammelnd deutlich gemacht worden war, daß Inspector Rose vom Yard auf Ersuchen Seiner Gnaden hier für den zumindest zeitweisen Aufschub von Didiers Inhaftierung verantwortlich sei, richtete der Herzog seinen Zorn auf jenen: »Verdammt, Mann, größte Jagd der Saison vor der Tür. Will nicht die halbe Grafschaft von einem verrückten Koch mit Eisenhut vergiften lassen.«

»Ich bezweifle, daß das geschehen wird, Sir«, erwiderte Rose bestimmt.

Der Herzog guckte. Er war nicht zufrieden, das war klar.

Rose seufzte. »Ich werde einen der Männer aus Maidstone jeden seiner Schritte überwachen lassen, Euer Gnaden«, schlug er vor.

Der Herzog grunzte. Immerhin, Didier hatte die besten Pasteten und Torten zubereitet, die er je gegessen hatte. Und wo sollte er so kurzfristig einen anderen Koch für das große Picknick herbekommen?

Insgeheim war Rose zutiefst besorgt. Am Freitagabend saß er wieder im Schulzimmer und starrte ins Feuer. Er mochte diesen Raum lieber als das ihm zugewiesene Herrenzimmer mit seinen Chippendale-Stühlen und eleganten Schreibtischen. Er fühlte sich wohl in dessen anheimelnder Atmosphäre, liebte den Blick auf den Kräutergarten und den Apfelbaum vor seinem Fenster. Der Raum disziplinierte seinen Verstand zu konzentriertem Denken, als schwebten die Geister seiner früheren Nutzung noch über ihm. Es war diesmal nicht leicht gewesen, Naseby und den Chief Constable abzuwehren. Sie hatten Blut sehen wollen. Nur die strikte Erklärung, daß er zwei weitere Tage benötige und die Verantwortlichen beim Namen nennen würde, falls etwas schiefginge, hatte sie abgehalten, etwas zu unternehmen. Konfrontiert mit diesem Ultimatum und mit der Erkenntnis, daß sie Didier nur Indizien, aber kein Motiv zur Last legen konnten, hatten sie für den Augenblick kapituliert. Das Wochenende aber mußte eine Lösung bringen. Rose hatte sich sehr viel zuversichtlicher gegeben, als er war.

Nochmals sichtete er seinen riesigen Stapel von Notizen, jedoch ohne Hoffnung. Notizen konnten einen nur bis zu einem bestimmten Punkt bringen. Man brauchte Notizen und eine Spürnase und noch etwas mehr. Er wußte, was seine Spürnase ihm sagte; es paßte gut mit den Notizen zusammen, aber irgend etwas fehlte da noch. Es verknüpfte sich mit keinem der Motive, die bis jetzt enthüllt worden waren, und er hatte, weiß Gott, genügend davon. Wie hatte sein alter Chef immer gesagt? »Ein Mord ist entweder das Werk eines Verrückten, mein Sohn, oder er ist ganz logisch.« Hier war kein Verrückter am Werk, darauf könnte er schwören. Also, in Ordnung, gehen wir die Sache in Ruhe an. Eine gute Stunde noch, bis Didier das Abendessen hereinbringen würde. Etwas Denken würde seinen Appetit anregen. Dann könnte er die Ergebnisse in seinem Inneren hin- und herbewegen, bis sie verdaut wären und sich in gute, solide Schlußfolgerungen verwandelt hätten.

Diesmal aber weigerte sich sein Verstand, ihm zu gehorchen. Statt dessen wirbelten die Gedanken chaotisch durcheinander. Da rief er sich in Erinnerung, was Mrs Rose so häufig zu ihm sagte:»Egbert, reiß dich am Riemen.« Pflichtschuldig tat er, was seine abwesende Gattin von ihm verlangte. Langsam begann das Kaleidoskop zur Ruhe zu kommen. Das Muster, das sich formte, gefiel ihm aber überhaupt nicht. Drei Motive, zwei Männer.

An diesem ungenießbaren Gedanken kaute er noch, als Auguste Didier mit einem Wagen voller Speisen durch die Tür kam, die er aus dem Anrichteraum geholt hatte. Der Duft zog zu ihm hin. Ebenso die Kühle, die von Auguste ausging. Er hatte drei Versuche Augustes, sich nach der gerichtlichen Untersuchung mit ihm zu treffen, abgewiesen.

»Ah, Mr Didier, Sie sind doch nicht etwa verärgert wegen des Urteilsspruchs?« fragte er höflich und ignorierte dessen schlecht unterdrückten Zorn. »Ich bin froh, daß Sie gekommen sind. Ich habe gerade gedacht, daß eine kleine Unterhaltung mit Ihnen und Mr Marshall äußerst lohnend sein könnte, jetzt, da ich Sie beide aus *meinen* Ermittlungen gestrichen habe«, fügte er provozierend hinzu, »aber ...« – Auguste machte eifrig ein paar Schritte nach vorn – »aber ich bin sicher, Sie werden mir als erster beipflichten, daß ich diesem da einfach meine ganze Aufmerksamkeit widmen muß – also, was gibt es heute?« fragte er, die Augen auf den Speisewagen geheftet.

»Confit de canard«, murmelte Auguste, zwischen der unbestreitbaren Wahrheit dieser Erklärung und seiner persönlichen Seelenqual hin- und hergerissen. Benehmen und *confit* trugen den Sieg davon.

»Kommen Sie in, sagen wir, ungefähr einer Stunde wieder«, sagte Rose freundlich, bereits Messer und Gabel haltend.

Auguste preßte die Lippen zusammen und wandte sich zum Gehen. Eine kleine Rache hatte er jedoch parat. »*Attention*, Inspector, es ist *sehr* schwerverdaulich.«

Als er nach einer Stunde mit Walter zurückkehrte, schien seine Warnung Egbert Rose nicht abgeschreckt zu haben, den Dingen vor sich tüchtig zuzusprechen. Auguste schob Roses Komplimente beiseite – schließlich waren sie zu erwarten gewesen – und ging direkt zu seiner Beschwerde über. »Aber Sie wußten, Inspector, daß der Prinz bei der gerichtlichen Untersuchung nicht die Wahrheit gesagt hat, und trotzdem greifen Sie nicht ein. Nein, wieder wird der französische Koch verantwortlich gemacht, niemand spricht mit mir, ich bin Ausländer. Ich bin Franzose. Alle Franzosen sind böse. Ist es denn aber meine Schuld, daß Bonaparte dieses Land überfallen wollte? Ist es meine Schuld, daß William der Eroberer es tat? Nein, doch ich komme gelegen; ich kann mich nicht wehren, ich bin unter Fremden ...«

»Aber, Mr Didier, nehmen Sie es sich doch nicht so zu Herzen«, sagte Rose besänftigend. »Wir wollten den Herrn doch nicht auf seine diplomatischen Rechte pochen lassen, nicht wahr? Wir müssen dem Fasan genug Zeit zum Abhängen geben, was?«

Auguste kochte vor Wut. Diese Engländer! Ja, sie hielten viel davon, ihren Fasan hängen zu lassen. Hängen und immer weiter hängen. Bis er überreif und ungenießbar war.

»Verstehe ich recht, Inspector, Sie haben entschieden, daß Prinz Franz Ihr Mann ist?« fragte Walter langsam.

»Das Problem bei diesem Fall ist«, sagte Rose, »bitte um Entschuldigung, Mr Didier, zu viele Köche verderben den Brei. Wenn man die Dinge aber auf den Punkt bringt, dann sind zwei Menschen ermordet worden, die Gäste denken sogar drei – ich habe Seiner Gnaden gesagt, daß Jackson heute nachmittag gestorben sei. In Wirklichkeit liegt er im Haus seiner Tante in Maidstone im Bett. Im Augenblick sind wir drei und das tapfere Tantchen Elsie die einzigen, die wissen, daß Jackson am Leben ist.

»Aber für wie lange können Sie das vortäuschen?« fragte Walter.

»Wird jetzt nicht mehr lange nötig sein«, erwiderte Rose gelassen. »Ich denke, die Dinge kommen langsam zum Kochen. Angenommen, Mr Didier hat recht mit dieser Livree-Theorie, dann können wir nach meinem Dafürhalten die Damen ausklammern und Seine Gnaden und Sie auch, Marshall.«

»Danke sehr«, murmelte Walter.

»Bleiben Lord Arthur Petersfield, Monsieur Pradel und Prinz Franz übrig. Alle drei wurden wahrscheinlich von Greeves erpreßt. Petersfield hat eine furchtbare Menge Spielschulden. Scheint mir kein ausreichendes Motiv zu sein, aber Sie versichern mir, Mr Marshall, daß es in seinen Kreisen vollauf genügen würde. Das Gesetz betrachtet gegenwärtig Bakkarat nicht gerade mit freundlichen Augen, der Prinz von Wales ebenso wenig. Er kann es sich nicht leisten, einfach darüber hinwegzusehen. Petersfield hat ziemlich viel zu verlieren: Ruf, Stellung im Kreis des Prinzen von Wales. Er müßte den Abschied nehmen von seinem Regiment, das Land verlassen und ...«

»Und Jane«, sagte Walter leise zu sich selbst.

»Ganz recht, Sir.« Rose hatte ein gutes Gehör. »Was den

Rivers-Plan angeht, ist Prinz Franz unser Mann, denn wir wissen, daß Greeves ihn erpreßt hat. Die Kopie des Plans im Safe wurde wahrscheinlich vom Kammerdiener des Prinzen im Stockbery House an Greeves übergeben – ohne Zweifel gegen eine hohe Bestechungssumme –, als sie im August wegen des Balles dort waren. Wenn der Diebstahl dem Prinzen offiziell zur Last gelegt wird, könnte er seinem Dienst hier Lebewohl sagen, denn der Kaiser könnte es nicht ignorieren, wenn einer seiner Diplomaten öffentlich der Spionage überführt wird. Das ist einem ehrgeizigen Mann einen oder zwei Morde wert.«

»Aber, Inspector«, sagte Auguste stirnrunzelnd, »ich verstehe, daß Mr Greeves aus diesen Motiven ermordet wurde, warum aber die Angriffe auf das Leben von Mrs Hartham und Edward Jackson?«

»Sie vergessen, Mr Didier«, antwortete Rose selbstgefällig, »daß, Edward Jackson zufolge, Mrs Hartham auf dem Ball davon sprach, Geheimnisse zu enthüllen. Vor mindestens drei Zuhörern. Vielleicht dachte unser Schurke, es könnte das seinige sein.«

»Das ist wahr, Inspector«, erwiderte Auguste würdevoll.»Ich hatte diesen Punkt *tatsächlich* übersehen.« Rose sollte merken, daß er Ehre erweisen konnte, wem sie gebührt. »Aber Edward?«

»Das hat mich verwirrt«, gab Rose zu. »Vielleicht gibt es irgend etwas, das Edward uns nicht gesagt hat. Oder vielleicht hörte unser Mann, daß Mrs Hartham vor Jackson über sein Geheimnis redete, und dachte, daß ein Lakai niemand sei und nicht zähle. Als ich dann eintraf, geriet er in Panik. Oder es könnte sein, daß Jackson überfallen wurde, weil ihn jemand aus der Cleveland Street wiedererkannte. Dann suchen wir jedoch zwei Mörder, weil dieser Schurke keinen Grund hätte, sich Greeves und Mrs Hartham vom Hals zu schaffen. Edward sagt, er erkennt hier niemanden wieder. Vielleicht ist es so, vielleicht auch nicht, aber er würde nicht den Mund halten, wenn dieser Jemand die Person wäre, die versucht hat, ihn umzubringen.«

»Angenommen, jene Person wäre völlig unabhängig von den anderen – jemand, der sich am Samstagabend im Haus aufhielt und Jackson erkannte, der aber vorher nicht hier war und dem die beiden anderen Morde vorteilhafte Deckung boten?« sagte Walter.

»Unwahrscheinlich«, erwiderte Rose und überlegte, »aber möglich.«

»Immerhin«, bemerkte Auguste, »scheinen unsere drei Bewerber kein Interesse an kleinen Jungs zu haben – der Prinz ist höchst attraktiv für Damen, nehme ich an. Monsieur Pradel ebenfalls und – äh – Lord Arthur Petersfield.«

»Ich habe Gerüchte gehört ...«, begann Walter widerwillig, verstummte dann aber.

»Einige der Kunden der Cleveland Street sind sehr verwandlungsfähig«, erinnerte sich Rose. »Manche sind richtige Homos, andere so ehrbar, wie man sich nur denken kann.«

»Aber das ist zuviel an Zufall«, wandte Auguste ein. »Mit Greeves begann es. Und seine Ermordung war geplant.«

»Sie denken in den Umrissen eines Hammelkoteletts, Mr Didier. Nicht geradlinig«, stellte Rose mit einiger Schadenfreude fest. »Wenn Greeves jemand wegen Edward erpreßt hat, wie hat er zuerst von der Sache erfahren?«

»Vielleicht wußte Greeves von der Cleveland Street«, schlug Walter rasch vor, als er den ärgerlichen Ausdruck auf Augustes Gesicht sah. »Aber nicht von Edward selbst.«

»Komischer Zufall«, bemerkte Rose.

»Oder vielleicht«, sagte Auguste überlegen, »hatte der Mörder Edward bereits vorher gesehen, bei einem früheren Besuch. *Non*«, er korrigierte sich sofort, »*pas possible*! Er wäre dann auf dem Ball nicht völlig überrascht gewesen.«

»Angenommen, Edward hat unseren Schurken schon vorher gesehen und es Greeves gesagt«, warf Rose freundlich ein.

»Vielleicht, als wir zu Neujahr hier waren«, meinte Walter.

»Aber ja doch, beim Dienerschaftsball.« Auguste war aufgeregt. »*Mon cher Inspecteur*, ich gratuliere Ihnen.«

»Zu freundlich, Monsieur Didier«, murmelte Rose, während Auguste weiterredete.

»Angenommen, Edward sah diese Person, und Greeves bemerkte seinen überraschten Gesichtsausdruck und holte die Information aus dem Jungen heraus, nachdem sich die Gäste entfernt hatten? Auf dem Ball von ungefähr einhundert Dienstbotengesichtern umgeben, muß der Mörder Edward nicht unbedingt gesehen haben, auch wenn Edward ihn erspäht hat. Als Greeves den Mörder das nächste Mal sah, könnte er begonnen haben, ihn zu erpressen. Im Juni auf Chivers oder im August in London beim Ball im Stockbery House.«

»Also, Greeves geht auf unseren Schurken zu und sagt: ›Ich weiß, Sie sind ein Schwuler, und hier ist Edward Jackson, um es zu beweisen‹. Ja? Warum«, hakte Rose so schnell nach wie die Hand eines Taschendiebes, »bringt er dann Greeves zuerst um und nicht Jackson?«

Eine Sekunde Pause, dann: »Weil, *mon cher Inspecteur*«, erwiderte Auguste würdevoll, »Greeves dem Mörder nicht *sagte*, worin sein Belastungsmaterial bestand. Nur, daß er von der Cleveland Street wußte. Die Beschuldigung allein wäre ausreichend. Unser Mann plant Mord, er verschafft sich das Gift – und dennoch«, überlegte Auguste, »es ist zwar einfach, jemandem über den Kopf zu hauen, aber es ist nicht so einfach, sich reinen Eisenhut zu beschaffen.«

»Außer man ist Koch«, stellte Rose nachdenklich fest, »und hat Zugang zu einem Garten.«

»*Inspector*! Das ist nicht mehr ...«

»Nur ein kleiner Scherz von mir. Nein, es ist ziemlich leicht, an das Zeug heranzukommen. Dr. Lamson ging einfach in die Apotheke, sagte, er hätte sein Rezept zu Hause gelassen und gab den Namen eines wirklichen Doktors aus dem Medizinerverzeichnis an; als der Apotheker ihn mit dem Buch verglich, stimmte er, und es ging in Ordnung ... Natürlich hat man die Dinge seither verschärft, aber man könnte es schon noch schaffen. Nun«, grübelte er, »nehmen wir mal an, das Motiv ist nicht die Cleveland Street. Angenommen, die Rivers-Papiere und unser Prinz sind es. Eisenhut ist auf der anderen Seite des Kanals als Medizin sehr beliebt, habe ich gehört; er konnte sich einen Trick ausdenken, um vorzutäuschen, er sei ein deutscher Arzt. Er hatte Zeit, alles genau zu planen. Die Papiere wurden im Juni gestohlen. Greeves erhielt wahrscheinlich im August auf dem Ball im Stockbery House eine Kopie der Zeichnung. Durchaus einfach für unseren Schurken, bis Oktober zu zahlen, dann den Eisenhut hierher mitzubringen. Das könnte auf den Prinzen, Pradel oder Petersfield zutreffen. Sie wandten den Livree- Trick an, taten das Gift auf die Sandwiches vor Mrs Harthams Tür ...«

»Woher wußten sie, welches Sandwich sie essen würde?« bemerkte Auguste.

»Nur ein mitternächtlicher Besucher konnte das wissen«, sagte Walter bedächtig. »Und es ist ziemlich unwahrscheinlich, daß es Petersfield gewesen ist – er war an jenem Abend hinter einem größeren Fisch her. Auch nicht François.«

»Herzenberg«, sagte Rose, »Prinz Franz von Herzenberg. Kein Zweifel.«

»Zweifel gibt es immer«, erwiderte Auguste stirnrunzelnd. Ein Maître sollte sich nie sicher sein bis zum letzten Abschmecken. Sein Verstand mag ihm sagen, daß er die richtigen Zutaten in den richtigen Mengen in ein Gericht getan hat, aber ein Maître mag das unbehagliche Gefühl haben, daß irgend etwas an dem Rezept nicht funktioniert ... Mit Verstand hat das nichts zu tun.

Der Sonnabend dämmerte golden und klar herauf. Nachdem May die Gardinen zurückgezogen hatte, um die Welt sichtbar werden zu lassen, schaute die Herzogin aus dem Fenster und gratulierte sich zum Erfolg ihrer Zwiesprache mit Gott. Es würde zweifellos ein guter Tag werden, ein Tag, an dem sie ein wenig mit dem Prinzen flirten, ihm Hoffnung machen könnte, daß sie vielleicht zu ihm zurückkehre. Das würde sie natürlich nicht tun. Er langweilte sie jetzt. Sie plante bereits zukünftige Hausgesellschaften, zukünftige Eroberungen. Sie hatte von einem gewissen Schauspieler gehört, den sie vielleicht einladen könnte ... jetzt, da der Beruf respektabel geworden war. Sie würde ihn in die Gesellschaft einführen.

Mit Muße schlürfte sie ihren Kaffee. Nachdem sie gefrühstückt hatte, läutete sie nach May.

»Mein Bad, Fawcett«, befahl sie freundlich.

»Ja, Euer Gnaden.«

May Fawcett entschwand ins Badezimmer der gnädigen Frau. Badezimmer waren noch eine Seltenheit; ohne die Beharrlichkeit der Gemahlin des elften Herzogs wäre kein einziges in Stockbery Towers eingebaut worden, und die Familie wie auch die Gäste hätten mit Sitzbädern vor dem Kamin auskommen müssen. Was den Dienerschaftstrakt anging, so wurde es als unschicklich betrachtet, über die Sauberkeit von Bedienten auch nur zu reden. Ihre Gnaden verschwanden in die warmen duftenden Tiefen der großen Porzellanwanne und sannen über den vor ihr liegenden Tag nach, während May Fawcett im Ankleidezimmer alles für die Toilette der gnädigen Frau im Ankleidezimmer bereitlegte.

Unten im Dienerschaftsflügel hatte der Tag etwas früher angefangen. Für die höhere Dienerschaft begann er normalerweise um sechs, doch heute war sogar sie schon auf den Beinen, ohne auf ihrem Vorrecht einer zusätzlichen halben Stunde Schlaf zu bestehen.

Hobbs beaufsichtigte etwas nervös, denn es war sein erstes »einfaches Picknick«, den Abtransport von Stühlen und Tischen, den Wein, der in den Weinfässern von Mr Farrow und Mr Jackson aus dem Keller zum Vorschein kam, die Ankunft des großen Zeltes, die hin- und hereilenden Lakaien. Ethel war beizeiten auf, darauf bedacht, die gesamte Hausarbeit rechtzeitig erledigt zu haben, um Mr Didier begleiten zu können, denn der hatte Hobbs versprochen, er würde geruhen, höchstpersönlich am Picknick teilzunehmen. Mit Hilfe des Teeküchenfräuleins bereitete sie das Frühstück für die Bedienten vor. Auguste Didier inspizierte mit finsterem Gesicht nochmals sein Königreich.

Ein geschrubbter Eichentisch war für die Zubereitung des Frühstücks der Familie bestimmt. Ethel überwachte den Transport der Tabletts zu den Damen und die Vorbereitung der großen silbernen Präsentierwärmepfannen, die auf den Serviertischen aufgestellt wurden und darauf warteten, daß die Herren herunterkamen.

Auguste Didier hatte sogar noch wichtigere Sorgen. Er hatte sämtliche Gedanken an die Morde aus seinem Kopf vertrieben und konzentrierte sich ganz auf den Lunch. Symmetrisch wie auf einem Schachbrett wurden Körbe aufgestellt. Einen der Freds schickte er in die Kühlkammer am anderen Ende der langen Promenade im südlichen Park; Gladys wurde eingeteilt, alles aus den Kühlschränken herauszuholen; Annie hatte die Saucen mit den Bratengerichten zu koordinieren; er, Didier, war das alles sehende Auge, während jedes Ding vorsichtig in seinen Korb gehoben wurde. Es war nicht eine Minute zu verlieren gewesen, als der Herzog bestätigt hatte, daß die große Jagd nun doch am Sonnabend stattfinden würde. Unverzüglich mußten die Aspiks auf den Herd gestellt, die Vorräte aufgestockt, die Pasteten zum Gehen gebracht werden. Seine Gnaden schätzten die Probleme der Küche nie richtig ein. Man mußte Mr Tong, den Fleischer, um neun Uhr abends wegen weiterer Kalbshaxen belästigen, da die Lieferung des eigenen Gutshofes für den Ball verbraucht worden war. Er hatte nichts dagegen. Wenige hatten etwas dagegen, in Anbetracht des Geschäftes, das sie durch Stockbery Towers machten.

Acht Uhr dreißig. Das Tempo beschleunigte sich jetzt.

»Den Bratspieß, Mr Tucker ...« William eilte herbei, um das Perlhuhn umzudrehen.

»Oh, Mr Didier, ich hab' den Rahm fallenlassen ...«

»Mr Didier, die Mayonnaise ist nicht richtig geworden.«

Auguste eilte hierhin und dorthin: barg die Kiebitzeier aus ihrem Versteck hinter einem großen Eberkopf in Aspik; prüfte das Yoghurt-Erfrischungsgetränk; rettete die Mayonnaise; fügte dem *coq au vin* den Schuß Schlehenlikör hinzu;

entfernte liebevoll die oberen Schichten vom Steintopf mit Rebhuhn und Trüffeln; inspizierte mit kritischem Auge die Hühnerpastete mit Portwein; und kontrollierte Mrs Hankeys Moosbeerengelee für die am Spieß gebratenen Truthähne. Er nahm die mit besonderer Raffinesse hergestellten Desserts ab: seine Spezialität, der Nesselrode-Pudding, der aus Maronen gemacht wurde, die alle auf dem Grundstück gepflückt worden waren; das *croquante* aus Walnüssen; die *crème aux amandes pralinées*. Und die verschiedenen Käse. Auguste holte tief Luft, als er die Käsesorten bewunderte, die unter der riesigen Porzellanglocke verschwanden. Er kam aus einem Land mit über dreihundert Sorten Käse, und doch begeisterte ihn der Anblick der englischen Käsetafel immer wieder. Die englischen Käsesorten schienen ihm eine würdige Weiterentwicklung der kernigen englischen Lords aus alten Zeiten zu sein: Lord Stilton, Lord Leicester, Lord von Cheshire und sein eigener Lieblingskäse, Lord Wensleydale. Französische Käsesorten waren wunderbar, sie waren jedoch zart neben diesen Eichen: Monsieur Camembert; Madame Brie; *es petits chèvres*.

Auf der anderen Seite der grünen Friestür traf man ebenfalls Vorbereitungen, jedoch nicht mit der gleichen Eile oder Verzweiflung wie in der Gesindestube. Lady Jane überlegte, ob sie ihr dunkelblaues Merinokostüm mit dem passenden blauen Samthut und der blauen Bluse tragen sollte, das Walter Marshall so sehr bewundert hatte, oder das dunkelbraune streng geschnittene, maßgeschneiderte Pariser Straßenkleid, das nach Arthurs Meinung so wunderbar zu ihren Augen paßte.

»Welches soll ich anziehen, Mary?« schrie sie herrisch eine von Ethels Untergebenen an.

Mary zeigte keine Unschlüssigkeit. »Oh, das dunkelbraune, Eure Ladyschaft. Ohne Zweifel. Es ist so *distungwee*.« Sie hatte mit der Kammerzofe der Marquise Umgang gehabt.

Lady Jane war verärgert. »Du weißt wohl nicht, was du sagst, Mary? Ich werde das blaue tragen.«

Mit einem Seufzer hängte Mary Lord Arthurs Wahl in den

großen Kleiderschrank zurück. Plötzlich begann sich Lady Jane auf den Tag zu freuen ...

Im Junggesellenflügel ahnte Walter Marshall nicht, daß seine Wahl von der Dame seines Herzens begünstigt worden war. Er selbst war sich unschlüssig zwischen Norfolk-Jackett und Knickerbockern oder einem Landanzug. Er zog die Jagdkleidung mit einigem Widerwillen an. Nicht etwa, daß er die Absicht gehabt hätte, zu schießen. Es war alles eine absurde Scharade, aber selbst er konnte die Worte des Herzogs kaum ignorieren: »Zähle darauf, daß Sie da sind, Marshall. Gehen uns zur Hand, auch wenn Sie kein Gewehr nehmen werden, was?«

Walter zuckte die Achseln und fügte sich. Er hatte die dunkle Ahnung, daß heute auf weit mehr Jagd gemacht werden würde als nur auf fliegende Vögel. Rose hatte einen Ausdruck in den Augen, der an einen Spürhund erinnerte, der die Fährte aufgenommen hat. Er hatte mit Rose zusammen gefrühstückt – jener war zum erstenmal in den herzoglichen Speisegefilden erschienen –, und Walter hatte dies als Bestätigung aufgefaßt, daß die Jagd sich ihrem Ende näherte. Je schneller sie vorüber war, desto besser, aber trotz allem hatte er seine Zweifel, was den bevorstehenden Tag betraf. Es könnte Ärger geben, und sollte das geschehen, dann wollte er nicht, daß Jane in der Nähe wäre ...

Lord Arthur Petersfield summte selbstzufrieden vor sich hin, als er seinen Jagdrock anzog. Er war immer ein guter Schütze gewesen, bereit, Risiken einzugehen, wo andere zögerten. Gardeausbildung. Er fühlte ebenfalls, daß der bevorstehende Tage ungewöhnlich werden würde. Und heute abend wollte er den Herzog um Janes Hand bitten. Seit Honorias Tod war gebührende Zeit verstrichen. Nur erst den Tag hinter sich bringen. Er war jemand, der sich einer Herausforderung immer stellte ...

Franz von Herzenberg starrte auf sein Spiegelbild. Seltsam, drei Jahre war er in England, und noch immer sah er nicht englisch aus, wenn er englische Kleidung trug, die auf der Savile Row angefertigt worden war. Wer würde das schließlich auch wollen? Er war Deutscher. Er hatte die Ehre des Vaterlandes auf dem Schlachtfeld zu verteidigen. Die Engländer waren Heuchler. Sie gaben vor, daß es ihnen nichts ausmachte, wer die größte Jagdausbeute hätte, während es ihnen in Wirklichkeit immer sehr viel ausmachte. Am Ende des Tages würde *er* die größte Jagdausbeute haben. Am Ende des Tages ... Es erforderte einige Anstrengungen, die Feinheiten seiner Toilette zu vervollkommnen.

Die Marquise de Lavalleé wickelte sich warm in ihr Cape ein. Alles gut und schön für die jüngeren Frauen, die hin- und hereilen, dies und jenes tun konnten, für sie jedoch würde es Stunden des Stillsitzens in der frischen Oktoberluft bedeuten. Es klopfte an der Tür. Ihre Kammerzofe ging, sie zu öffnen.

»*Entrez*, François. Ich bin fertig, wie du siehst, bereit für das Festessen.«

»Madame, es ist zu kalt. Gehen Sie nicht, ich bitte Sie.« Seine Augen blickten sie voller Ehrlichkeit an. »Ich glaube, Sie sollten heute nicht hingehen.«

Sie seufzte. »*Non, François. Vous avez raison*. Aber dennoch, ich werde gehen. Wir werden uns das Ende des Schauspiels zusammen ansehen, ja?«

Er verbeugte sich, und dann, als die Zofe in das Ankleidezimmer ging, um den Hut zu holen, trat er vor und schloß den Knopf am Kragen ihres Capes, wobei er besitzergreifend murmelte: »Zusammen, Madame.«

Seine Gnaden plagten keine Zweifel, was das Wetter anging, oder ob es ratsam war, so viele Leidenschaften in einem Jagdrevier zusammenzuführen. Seine Gnaden freuten sich auf den Tag, einfach weil Seine Gnaden gern jagten, und die Aussicht auf einen goldenen Oktobertag mit den ihnen bevorstehenden besten Treibjagden der Saison war angenehm. Alle anderen Gedanken lagen ihm fern. Sogar der an Rose. Der Anblick von Rose im Landanzug, oder was jener eilig in Maidstone für diese Gelegenheit erworben hatte und leichtgläubig dafür hielt, erweckte bloß einen leichten Unwillen darüber, daß der Bursche nicht wußte, wie

Dinge gehandhabt wurden. Daß so ein unpassend gekleideter Kerl es trotzdem in der Hand haben könnte, den besten Jagdtag des Jahres zu verderben, kam ihm nie in den Sinn.

Rose selbst ahnte nicht, welche Gefühle er bei der herzoglichen Gesellschaft hervorrief, oder vielleicht war er sich dessen auch völlig bewußt. Er hatte sich ins Schulzimmer zurückgezogen mit Auguste und Edward Jackson, welcher, nunmehr wunderbar genesen, aus Maidstone hier hereingeschmuggelt worden war, obwohl man auf Stockbery Towers offiziell seinen Tod betrauerte.

»Hab's kapiert, Mr Rose, Sir«, zirpte er. Er saß auf dem Bett, jetzt nur noch einen kleinen Verband um den Kopf, und selbst dieser fast ganz von einer großen Mütze bedeckt.

»Und vor allem, du hast bei Mr Didier zu bleiben. Bleib in Sichtweite von ihm, verstehst du, Junge?«

»Klaro.«

Auguste blieb besorgt. »Aber es ist ein Risiko, Inspector, nicht wahr? Ein riskantes Spiel mit dem Leben eines Jungen. Selbst wenn wir ihn die ganze Zeit beobachten.«

Egbert Rose schaute gelassen drein. »Ich bin mir dessen bewußt, Mr Didier«, sagte er steif. »Aber wenn wir unseren Gauner nicht aufscheuchen, wird dieser Junge den Rest seiner Erdentage Angst um sein Leben haben müssen. Du willst es doch noch tun, Edward? Erinnere dich, ich habe dir erklärt, daß es für dein Land ist. Jemand will England schaden. Du willst ihn schnappen?«

Der Junge nickte enthusiastisch.

»Das ist nicht wie bei deinem Helden Sherlock Holmes«, sagte Auguste leise. »Das ist die Wirklichkeit, verstehst du, Edward? Du mußt die ganze Zeit an meiner Seite bleiben, die *ganze* Zeit, verstehst du?«

Edward nickte. »Ich möchte nach Hause zurück, um mein Tantchen wiederzusehen«, sagte er unerwartet. »Immerhin, dieser Mensch hat mir eine Reise nach London versprochen, wenn ich's mache.«

Auguste fixierte Rose mit einem eiskalten Blick.

Rose errötete. »Ich werde aufpassen, Mr Didier, und Sie

werden aufpassen. Es kann nichts schiefgehen. Sie haben mein Wort darauf.«

Constable Perkins steckte den Kopf zur Tür herein. »Bitte um Entschuldigung, Sir, Mr Marshall möchte Sie sofort in der Bibliothek treffen.«

Rose runzelte die Stirn. »In Ordnung, ich komme schon.« Es war keine Unterbrechung, die ihm willkommen war.

Walter schritt erregt in der Bücherei auf und ab und hatte einen Fremden bei sich. Er drehte sich schnell um, als Rose eintrat. »Inspector«, sagte er, »Gott sei Dank. Ich befürchtete, Sie wären schon zur Jagd fort. Lord Brasserby, das ist Inspector Rose.«

Ein widerwilliger Handschlag machte deutlich, daß Brasserby sich viel lieber auf die Jagd vorbereiten als mit Scotland Yard sprechen wwürde, daß er jedoch bereit war, seine Pflicht für England zu tun.

»Marshall sagt mir, Sie denken, daß Franz von Herzenberg etwas mit diesem Ärgernis zu tun hätte. Daß er die Rivers-Papiere genommen habe und von diesem Kerl von Butler erpreßt worden sei.«

Rose schaute nicht allzu erfreut drein.

»Ich habe diesem anderen Knaben von Euch gesagt, nur einer könnte es getan haben«, sagte Brasserby ungeduldig. »Habe angenommen, wir beide dächten das gleiche. Kann nicht Prinz Franz gewesen sein.«

»Warum nicht?« schnauzte Rose ihn an.

Brasserby kniff die Augen zusammen. Er war es nicht gewöhnt, angeschnauzt zu werden.

»Wie Marshall mir sagt, geht Ihre Vorstellung etwa in folgende Richtung: Herzenberg ist ein Gefolgsmann des von Holstein, Holstein befahl ihm, Pläne von der zukünftigen britischen Marine zu beschaffen, damit er Deutschlands Marine für einen eventuellen Krieg aufbauen kann. Richtig?«

»In etwa«, stellte Rose vorsichtig fest. Er war nicht erfreut. Die Initiative schien ihm aus den Händen geglitten zu sein.

Brasserby schüttelte den Kopf. »Alles ganz falsch bei Ihnen angekommen. Erstens, der Prinz ist ein Gefolgsmann des Kaisers, und der Kaiser ist derjenige mit der fixen Idee von der britischen Marine. Neidisch, wissen Sie. Und der Kaiser und von Holstein sind Todfeinde.«

»Also hat der Prinz den Plan für den Kaiser gestohlen, nicht für von Holstein. Was für einen Unterschied macht es denn, für wen er's tat?«

»Nein«, entgegnete Brasserby. »Franz würde das nicht wagen. Sie kennen von Holstein nicht. Er hat erpresserische Akten über alle seine Untergebenen, im Falle eines Falles sind sie anwendungsbereit. Den Gefolgsleuten des Kaisers erlaubt er nicht, für ihn zu arbeiten – und Karriere zu machen. Er läßt von Zeit zu Zeit einen zu, hat jedoch ein wachsames Auge auf sie. Franz würde es nicht wagen, ohne von Holsteins Zustimmung für den Kaiser zu spionieren.«

»Also«, sagte Rose ungeduldig, »selbst wenn dieser von Holstein und der Kaiser einander nicht mögen, weshalb könnte von Holstein nicht ebenso scharf darauf sein, die Pläne zu bekommen?«

»Weil«, erwiderte Brasserby, »von Holstein im Moment gerade alles in seiner Macht befindliche tut, um die Freundschaft mit England zu wahren. Was auch immer seine langfristigen Pläne sind, gegenwärtig möchte er keinen einzigen Schritt tun, um Englands Feindschaft zu erwecken. Er hält den Kaiser zurück.«

»Was Sie also sagen«, meinte Walter mit gemischten Gefühlen, »ist, daß es unmöglich Franz gewesen sein kann, der Ihre Pläne gestohlen hat.«

»Selbstverständlich nicht«, sagte Brasserby verächtlich. »Nur einer könnte es getan haben. Petersfield. Hol ihn der Teufel! Lord Arthur Petersfield. Meiner Meinung nach steckt von Elburg hinter allem, der Vorgesetzte von Franz. Nun, er ist ein Gefolgsmann des Kaisers, aber von Holstein kann ihm nichts anhaben. Trotzdem konnte er es nicht riskieren, die Pläne selbst zu beschaffen. Er wiegelte Petersfield auf, es zu tun. Hatte ihn in der Hand wegen ...«

»Des Spielens«, sagte Rose finster.

»Das war's also? Setzt Gerüchte über einen Einbruch im

Außenministerium in Umlauf und Hokuspokus Fidibus. Etwas Gutes hatte die Sache jedoch ...« Brasserby hielt inne und lächelte, »ein Wort im Vertrauen ...«

Um zehn Uhr dreißig versammelte sich auf der Vordertreppe von Stockbery Towers eine große Gruppe von Menschen: die Hausgesellschaft und weitere dreißig Schützen aus der Grafschaft. Die jüngeren und kräftigeren Männer sowie die Lader machten sich zu Fuß auf zu den ersten Wildlagerplätzen; die Damen und die älteren Herren drängten sich in Wagen. Um die Ecke beim Dienerschaftstrakt fand sich deren Gesellschaft ein, die Wagen hoch beladen mit Personal und Körben.

Als letzte von allen gingen Rose und Auguste; letzterer wußte jetzt über den neuesten Stand der Entwicklung Bescheid. Nachdem alle außer ihnen verschwunden waren, gesellte sich ein bleicher, aber aufgeregter Edward zu ihnen.

»Guter Tag für eine Jagd, was, Mr Didier?« sagte Rose fröhlich.

Auguste warf einen Blick auf ihn. »Die Jagd ist im Gange, denke ich?«

»O ja, in der Tat«, bemerkte Rose. »Die Treiber sind unterwegs, die Vögel werden auffliegen, was, Mr Didier?«

Kapitel 10

Es war ein Schlachtfeld wie aus dem Lehrbuch. Beide Seiten stellten sich ordentlich einander gegenüber auf, bereit für das Signal, das den Krieg in Gang setzen würde. Es ist allerdings kein Wettkampf unter gleichberechtigten Partnern, dachte Walter und verzog das Gesicht. Die Treiber, welche die noch unsichtbaren Fasanen verkörperten, standen im Shorne Wood aufgereiht, ihre cremefarbenen Köperkittel leuchteten hier und da zwischen den Bäumen hindurch. Ihnen gegenüber die Schützen, an manchen Stellen in doppelten Reihen an diesem Tag der Großjagd, hinter ihnen in Bereitschaft die Lader, die Ehre ihrer Herren ihre eigene.

Die Wildhüter waren seit dem Morgengrauen auf den Beinen gewesen, hatten die Vögel in die Baumgruppen gelockt und gescheucht. Shorne Wood, in ganz England berühmt für seine Fasanen, würde heute morgen zwei Treibjagden erleben. Es war ein großer Wald, sorgsam in Wildbereiche eingeteilt, und seine Bedingungen waren ideal. Seit zwei Tagen nun schon hatte es keinen Lärm auf dem Grundbesitz gegeben; alle Landmaschinen hatten geschwiegen, die den Wald durchquerenden Pfade waren für den Verkehr gesperrt. Sogar die Mühle von Hollingham war bezahlt worden, damit sie schwieg und ihr Geräusch die Vögel nicht störte. Der Müller erhob keine Einwände; er verdiente durch den Herzog auf die Art zweimal so viel als mit seiner täglichen Mahlerei, nicht zu reden von dem zusätzlichen Geld, das er durch das Treiben einnahm. Landarbeiter, sogar Lakaien wurden für einen Tag zu Treibern, genossen die Unterbrechung des Alltagstrotts und waren sich entweder der Tatsache nicht bewußt oder ignorierten, daß sie selbst Gefahr liefen, verwundet zu werden oder sich noch schlimmeres ereignen konnte, denn einige der Gäste waren unberechenbare Schützen. »Was sind schon ein oder zwei Bauern im Interesse einer Jagd?« Das war die Haltung der rückständigeren Grundbesitzer Europas. Der Herzog jedoch war nicht von dieser Art. Als ein Treiber vor einem Jahr von einem seiner Gäste verwundet wurde, war er nicht voll entschädigt, sondern der Ehre eines herzoglichen Besuches teilhaftig geworden, eine Sachlage, aus der er nur das Beste machte und so seinen offiziellen Schadenersatz verdoppelte.

Die Luft zitterte vor Spannung, ganz wie auf einem mittelalterlichen Schlachtfeld in Erwartung des Angriffsbefehls. Frauen hatten in dieser Welt keinen Platz, obgleich einige Unentwegte hinter ihren Männern standen. Die Herzogin ging mit gutem Beispiel voran; ihre Solidarität war gegenwärtig besonders auffallend, als sammle sie Pluspunkte auf Vorrat als Gegengewicht für ihren nächsten Liebhaber. Hinter Lord Arthurs Lader stand Lady Jane, tapfer und bleich ihre Pflicht als zukünftige Ehefrau erfüllend. Sie haßte das Getöse von Gewehren, und hätte sie nicht gewußt, daß Walters Augen wahrscheinlich auf ihr ruhten, nichts auf der Welt hätte sie veranlassen können, hier stehen zu bleiben. Der Rest der Frauen befand sich etwas weiter hinten, hockte auf unbequemen Feldstühlen. Die Marquise saß heute, zum Unwillen des Personals, bequem neben dem Picknickzelt; letzteres stand etwas weiter entfernt, da man hatte veranschlagen müssen, wie weit die Treibjagd bis zur Lunchzeit gelangt sein würde; sie konnte das ferne Schießen hören und es sich dennoch gemütlich machen. Sie hatte kein großes Verlangen, François schießen zu sehen. Er war kein guter Schütze und hatte nur ein Gewehr genommen, weil der Herzog darauf bestanden hatte, in dem blinden Glauben, daß es dem Burschen Vergnügen bereiten würde und er nur wegen seiner niederen Stellung Zurückhaltung zeigte.

Der Herzog hob das Jagdhorn an die Lippen, blies das Halali, und die Treibjagd begann. Vorn die Wildhüter, sie trieben die Vögel vorsichtig hervor, nicht zu schnell, einzeln oder zu zweien, drängten sie zusammen, brachten sie auf die richtige Flugbahn. Dahinter folgten die Treiber und Hilfskräfte, sie schwenkten herum und bildeten die Flanken, zum Umzingeln bereit.

Ein Augenblick Stille, dann Krachen, abgehackte Schüsse und das knappe »rechts«, »links«, wenn die Lader, die mit den Herren zusammenarbeiteten, die Feuerlinie aus ihrer rückwärtigen Stellung zum nächsten Ziel weiterdirigierten. Das Rennen wurde von denen gemacht, die gut zu Fuß waren. Schnelle Beinarbeit war erforderlich, um den besten Schußwinkel zu erreichen. Für Walter, der von seinem günstigen Aussichtspunkt oben auf einer Mauer zuschaute, traten eben da die verschiedenen Charakterzüge zutage. Er beobachtete den Franzosen, erregbar und unberechenbar, und stieß ein Stoßgebet für die Treiber aus. Sich selbst überlassen, würde François wahrscheinlich ein passabler Schütze sein, aber gereizt durch die Verachtung seines Laders und seine unglückliche Position zwischen dem Herzog und Lord Arthur Petersfield, hatte er keine Chance. Durch einen glücklichen Schuß, der auf ein Rebhuhn zielte, holte er einen Fasan herunter, der war aber über dem Herzog geflogen; ein Meisterstück, das ihm einen vernichtenden Blick eintrug und ihn noch nervöser machte. Außerdem war der Vogel eine Henne, und der Herzog hatte für diesen Tag nur Hähne angeordnet. François zitterten die Hände, und er überließ dem Mann hinter sich seinen Platz.

Der Prinz war ein unfehlbarer Schütze; die Deutschen, die britischen Jagdmethoden nicht gewöhnt, waren das für gewöhnlich nicht, er aber hatte mehrere Jahre in Britannien gelebt, und seine ruhige preußische Tüchtigkeit und Entschlossenheit brachte seine Trefferquote rasch in Rivalität mit der des Herzogs. Der Herzog fand das kaum amüsant. Wäre es ein Engländer gewesen, aber doch nicht dieser Preuße.

Lord Arthur hatte einen Ruf zu verlieren. Er war jedoch, gewohnt an Jagden mit dem Prinzen von Wales, auch Diplomat. Er wußte, wann er feuern und wann er danebenschießen, wann er ein schnelles ›Ihrer, Sir‹ rufen mußte. Seine Diplomatie war heute voll im Einsatz.

Walter, der über die Schaustellung von Lady Jane nachdachte, die ihre Augen mit einem entschlossenen Ausdruck von Bewunderung und Verehrung auf ihren Zukünftigen heftete, runzelte die Stirn.

Die Welt war ein einziger Lärm. Hunde bellten, Flinten krachten, die Frauen, zu der Männer Mißfallen, lachten und schwatzten. Es war eine gute Treibjagd: zweihundertzwei Fasane, sechs Paar Rebhühner und nur ein unglückliches Vorkommnis: ein zur Erde fallender Fasan versäumte es rücksichtslos, einem wohlbeleibten Industriellen aus Thanet auszuweichen, welcher, wie von der Axt erschlagen, zu Boden fiel und von der besorgten Herzogin und zwei Aushilfsladern wiederbelebt werden mußte.

Hinten im Picknickzelt überwachte Auguste Didier die letzte Garnierung des kalten Büfetts. Edward Jackson entkorkte vergnügt unter Ernest Hobbs' Aufsicht den Wein, polierte Gläser und stellte Servietten auf. Egbert Rose stand nervös neben dem Zelteingang und lauschte den Schüssen, die aus dem näherliegenden Ende des Shorne Wood kamen.

»Regeln für Mord«, sagte er schließlich. »Komische Sache, Mr Didier. Hier bin ich und versuche, einen Mörder zu fangen, und es gibt eine ganze Schar von Männern da draußen, die herumballern und mit jedem Schuß töten.«

»Ist nicht gesetzwidrig, Monsieur.«

»Hängt davon ab, ob man ein Vogel ist oder nicht«, erwiderte Rose und errötete, als schäme er sich, bei diesem Gedankenflug ertappt worden zu sein.

»Sie sind nicht auf dem Lande geboren, denke ich, Monsieur«, bemerkte Auguste. »Auf dem Lande können wir uns über so etwas keine Gedanken machen. Der Vogel wird aufgezogen, um gegessen zu werden; wir Köche denken nicht darüber nach, ob es richtig oder falsch ist, ihn zu töten; es ist Teil unseres Lebens.«

»Aber ...«

»Sie und ich sind nicht dazu auserkoren, die Welt zu verändern, Monsieur, wir tun nur unsere Arbeit. Sie fangen Verbrecher, um die Welt sicherer zu machen; meine Rolle ist es, sie durch meine Kunst ein wenig glücklicher zu machen. Sie sehen, was passiert, wenn Ihr Mr Gladstone sich entschließt, die Straßenmädchen zu retten. Er wird beschuldigt, andere Motive dafür zu haben, weil die Welt ihn für einen Staatsmann hält, nicht für den Retter gefallener Damen. Nein, er hätte diese Arbeit Ihnen überlassen sollen.«

»Mir?« entgegnete Rose, vorübergehend abgelenkt, weil er sich Mrs Roses Reaktion vorstellte, wäre er mit einer Haymarket-Schönheit an jedem Arm heimgekommen und hätte erklärt, er würde ihre Seelen retten.

»Wie bei Ihrer Cleveland Street.«

Sie warfen einen verstohlenen Blick auf Edward, der am anderen Ende des Zeltes geschäftig ein Glas polierte. Edward bemerkte Augustes Blick und zwinkerte ihm zu. Wie konnte so ein unschuldig aussehendes Gesicht ein solches Leben überstanden haben, dachte Auguste.

Als könnte Rose seine Gedanken lesen, sagte er ernst: »Es sind die Jungs, die leiden. Die wirklichen Schurken, die Kunden, haben wir nie zu fassen bekommen. Nur die Besitzer und die Jungs. Wir sind der Sache folgendermaßen auf die Schliche gekommen: Auf der Post war Geld gestohlen worden; wir verfolgten den Fall bis zu einem Jungen, und die Spur führte uns zur Cleveland Street. Alle Aufzeichnungen über die Klienten lauteten auf Mr Smith, Mr Jones; man konnte kaum erwarten, daß sie den Namen des Grafen von soundso enthielten. Und Veck und Newlove verrieten diese Namen nicht. Die waren zu sehr damit beschäftigt, sich auf auskömmliche Pensionen für ihre Mühen zu freuen, wenn sie ihre Zeit abgesessen hätten. Es hat auch nicht aufgehört mit der Cleveland Street. Alle diese eleganten, grünlich-gelblichen jungen Männer, die sich in London breitmachen. Oscar Wilde – ich habe im Yard einen Blick in sein Buch geworfen: ›Das Bildnis des Dorian Gray‹. Wenn das Literatur ist, lobe ich mir Mr Dickens. Dennoch hat es Anklang gefunden. Einige sagen, es hat seinen Ursprung ganz oben – Prinz

Eddy sei in den Fall Cleveland Street verwickelt gewesen, und das sei der Grund für all das Gerede, ihn schnell zu verheiraten. Das geschieht natürlich häufig, um zu vertuschen ...«

Ihnen beiden kam der gleiche Gedanke: Petersfield und Lady Jane.

»Zu viel des Zufalls«, sagte Rose bedächtig.

»Es würde jedoch erklären, weshalb er über Edward hergefallen ist.«

»Nein, es ist nicht logisch«, überlegte Rose. »Der Kerl vergiftet einen Erpresser wegen der Rivers-Pläne und sieht dann zufällig diesen Jungen von der Cleveland Street und schlägt ihm den Kopf ein. So gehen Schurken nicht vor.«

»Er hätte jedoch keine Möglichkeit gehabt, Edward zu *vergiften*«, stellte Auguste fest. »Aber ich frage mich, warum hat Edward nichts gesagt? Er hat ihn erkannt. Warum sollte Edward lügen?«

Rose bemerkte trocken: »Sind Sie jemals in einem dieser Bordelle gewesen, Mr Didier? Es ist nicht bloß das Geld. Einige der Kunden hängen an den Jungs und umgekehrt. Nun, Edward hält Petersfield vielleicht für einen Freund, für einen ...« – er hielt verlegen inne – »einen Geliebten.«

Geliebten? Auguste dachte über Edward nach, eine seltsame Mischung von hartnäckiger Loyalität, verbunden mit angeborener Verschlagenheit und Mißtrauen. Vielleicht ... ja. »Und, Inspector, haben wir Edward nicht gesagt, daß der Mann, der ihn zu töten versucht hat, Englands Sicherheit gefährden würde? Er würde das nicht mit Petersfield in Zusammenhang bringen.«

»Zum Teufel, Sie haben recht, Didier. Aber ...« Sie blickten zu Edward. »Was wird passieren, wenn er sieht ...« Während sie sprachen, kam die Vorhut der Mittagsgäste in Sicht. Auguste beeilte sich, nachzusehen, ob die warmen Speisen bereits aus dem Haus eingetroffen wären. Heimlich behielt er Edward im Auge. Rose würde Petersfield beobachten. Hobbs stand neben dem Champagnertisch und dem Wein – man würde erheblich schlechter schießen, nachdem man all diesen Rotweinflaschen Tribut gezollt hätte.

Die Frauen trafen als erste ein. Die Marquise mit den Gemahlinnen der Tagesgäste, zuletzt die Herzogin und Lady Jane. Die Männer kamen entweder mit selbstbewußtem Stolz herein oder wichen dem Blick ihrer Schützenkameraden geflissentlich aus. Am glücklichsten war der Herzog. Er hatte die größte Jagdausbeute des Morgens erzielt. Über zwanzig Prozent des Gesamtabschusses. Lader und Treiber gingen auf ein wohlverdientes Bier und ein paar Sandwiches einige Meter weiter. Die Hauptgesellschaft ließ sich an den drei langen Tischen nieder, als die Eselskarren mit dem warmen Essen von Stockbery Towers eintrafen: der Mulligatawny-Suppe, dem *coq au vin*, den *filets de sole*.

Die Unterhaltung war, wie immer, enttäuschend für die Damen: Sie drehte sich nur um ein Thema – die Jagd, die Beute, die für den Nachmittag geschätzte Jagdbeute, die Fehlschüsse, die Treffer, Jagdbeuten der Vergangenheit, zukünftige Jagdbeuten. Die Frauen hätten auch nicht anwesend zu sein brauchen. Das also brachte ihr zuvorkommendes Bemühen ein, ihre Männer zu begleiten und ein verständnisvolles Interesse an deren Sport zu zeigen!

Am Zelteingang stand ein Lakai mit einem Sherry-Tablett. Er war nicht in Livree. Er war keiner der Freds. Es war Edward Jackson. Neben ihm stand wachsam Rose und auf der anderen Seite des Zeltes, von wo aus er den Gesichtsausdruck der Eintretenden beobachten konnte, Auguste Didier.

Als letzte kam die Gruppe des Herzogs ins Zelt: der Herzog selbst, Lord Arthur, der Prinz, Walter und ein nervöser François. Er hatte nicht gut geschossen.

Der Herzog war den anderen geringfügig voraus. Er schaute den Lakaien nicht an. Es war einfach ein Fred. Er griff nach einem Sherry. Dann bemerkte er den Verband und zog, ziemlich bestürzt, die Stirn in Falten: »Bei Gott, bist du nicht der Bursche ...?«

Im selben Augenblick schob sich hinter ihm ein Arm heran – Auguste konnte nicht erkennen, wessen –, fuhr hoch, und das Tablett mit den Getränken flog in die Luft. In dem Sekundenbruchteil, in welchem die Blicke den Gläsern folgten, verpaßten sowohl Auguste als auch Rose die Reaktionen der Eintretenden. Es war körperlich nicht faßbar. Spannung lag in der Luft. Irgend jemand, irgendwo, hatte reagiert.

Edward wurde knallrot, als Hobbs mit grimmigem Gesicht auf ihn zueilte. Es hätte schlimme Folgen für Edward gehabt, wäre Rose nicht dazwischengetreten und hätte höflich gesagt: »War nicht seine Schuld, Mr Hobbs. Verlasse mich drauf, daß Sie ihn nicht rügen werden. Ist direkt vom Krankenbett aufgestanden, wissen Sie. Nun, Bursche, hinter die Tische mit dir«, und, unter ihn neugierig musternden Blicken, denn die Wogen von Geflüster hatten sich über alle Tische ausgebreitet, schlüpfte Edward dankbar vom Eingang hinter die Tischgestelle. Köpfe wandten sich ruckweise hin und her: die Gäste strengten sich krampfhaft an, diesen unmittelbaren Beweis von Mord auf Stockbery Towers zu sehen, denn die Neuigkeit von der wunderbaren Genesung Edwards hatte schnell die Runde gemacht.

Die Lippen der Herzogin waren fest zusammengepreßt, aber sie hatte stets ein gutes Gespür für die Stimmung der Gäste; sie blickte sich um und stieß ein helles Lachen aus. »Der gute Edward«, gurrte sie. »Wir haben ihn alle so gern.«

Das leichte Unbehagen wegen der Anwesenheit eines Polizisten und die damit verbundenen unliebsamen Erinnerungen an Honoria Harthams Tod, ganz zu schweigen von dem Unbehagen auf Grund der Anwesenheit eines Mordopfers, auch wenn dieses noch lebte – all das wurde ausgelöscht, sobald die Geschmacksknospen einen Hauch von Augustes Kochkunst spürten. Die Gäste hatten von diesem Meisterkoch gehört, von dem das Gerücht ging, er sei ein Mörder. Er schien aber eine gute Hand für die Kapaunenpastete zu haben, die fast englisch war, er sollte verdammt sein, wenn es nicht so wäre. Und schließlich würde er *sie* kaum vergiften, nicht wahr? Als sie dann bei am Spieß gebratenen Truthahn angelangt waren, bei den Fleischgerichten in Aspik und den Sülzen, waren sie bezaubert. Ihre nach der morgendlichen Jagd hungrigen Mägen ließen die

Morde zu einem guten Thema für eine heitere Konversation werden, sobald ersichtlich wurde, daß der Herzog nichts dagegen hatte. Er schaute zuerst ein wenig grimmig drein, wurde aber fröhlicher, sobald offenbar wurde, daß niemand ihn persönlich beschuldigte. Die Herzogin beschloß, Kapital aus dem Unglück zu schlagen, und erheiterte hinter vorgehaltener Hand ihre Gäste mit einer humorvollen Einschätzung der bisherigen Ermittlungen und der Fähigkeiten von Scotland Yard.

»Arme Honoria«, seufzte sie. »Wie verzweifelt sie gewesen wäre. Ihre Maßstäbe wären zunichte gemacht. Untersucht zu werden von einem Detektiv im grünkarierten Anzug.«

Dieser Geistesblitz wurde mit schallendem Gelächter bedacht, während zehn Augenpaare auf den Inspector und seinen in Maidstone erworbenen Anzug blickten.

»Er sieht nicht gerade wie ein Sherlock Holmes aus«, flüsterte eine Dame mit lila Hut, deren Fuchspelz einer Kostprobe von der Mulligatawny-Suppe gefährlich nahe kam, als sie sich auf ihrem Stuhl hin- und herdrehte, um etwas zu sehen.

»Er ist Lestrade, nicht Sherlock Holmes. Lestrade von Scotland Yard. Meine Liebe, müssen Sie ihn etwa bei den Mahlzeiten als Gast dulden? Was für eine Vorstellung, Gastgeberin sein zu müssen, wenn er jeden Augenblick plötzlich aufstehen und sagen könnte: ›Ich verhafte Sie, Laetitia‹.«

Ihre Gnaden hatten das Gefühl, das ginge zu weit. Ein eisiger Blick traf die Frevlerin. »Wollen Sie etwa andeuten, meine Liebe, daß einer von uns ...? Der Mord geht nur die Dienerschaft etwas an«, sagte sie, und kurzes Schweigen trat ein. Ein Mord, der nur die Dienerschaft etwas anging, war nicht annähernd so interessant wie die Spekulation, daß Seine Gnaden sich auf unredliche Weise seiner Geliebten entledigt hätten. Man konnte das der guten Laetitia gegenüber aber wohl kaum erwähnen.

Das Raunen der Konversation der Damen wogte auf und nieder. Zumeist waren sie gezwungen, sich über die Köpfe ihrer Männer hinweg zu unterhalten, die in kurzen, unverständlichen, einsilbigen Fachworten sprachen, zufrieden nickten und die Erregung der holden Weiblichkeit nicht bemerkten. Egbert Rose musterte die Gruppen vom Eingang her. Petersfield konnte jetzt nichts unternehmen, nicht während sie alle dasaßen und Didier den Jungen im Auge behielt. Das kalte Büfett wurde entfernt, und die Desserts traten an dessen Stelle. Dann der Kaffee. Aus Rücksicht auf die Notwendigkeit, bei der bevorstehenden Jagd sicher zu treffen, wurden weder Brandy noch Liköre serviert. Der Herzog gab das Signal für die Männer zum Sammeln, sich vom Tisch zu erheben und in eine Ecke des Zeltes zum Rauchen zurückzuziehen.

Rose stieß einen Ruf der Verärgerung aus. Das hatte er nicht erwartet. Doch Didier war in jener Ecke. Er würde Petersfield beobachten.

»Welcher Wald heute nachmittag, Stockbery?« fragte ein Gast.

»Cranesback«, erwiderte der Herzog. »Fünfzehn Minuten, Gentlemen. Eine halbe Meile zu laufen.«

Auguste, dessen Blick auf der Gruppe des Herzogs ruhte, lauschte trübsinnig all den Gesprächen über Jagdausbeuten. Er war es so müde, neue Rezepte für Rebhuhn und Fasan zu erfinden. Die Pâtés, die gefüllten Teigwaren, die Braten, eine Überfülle an Wild, und dann wäre es vorüber. In der Zwischenzeit aber würde seine Speisekammer für Wildbret einem Wald von hängenden Vögeln gleichen, und Gladys und Annie würden die Hälfte ihrer Tage mit Rupfen und nicht mit Kochen zubringen. Er hatte bemerkt, daß Küchenmädchen sich oft mitten in der Jagdsaison zum Heiraten entschlossen, und ihre Kündigung einreichten. Er hoffte inbrünstig, Gladys würde das nicht tun. Sie fing gerade an, eine gute Hollandaise zustande zu bringen, und ihr Backwerk war fast besser als Bensons.

Er begann, ein Rezept für Fasan, gefüllt mit Wachtel, diese wiederum gefüllt mit *foie gras*, zu komponieren, während er die Männergruppe beobachtete. Nein, das konnte nicht richtig sein. Zu schwer verdaulich. Die *foie gras* würde von den anderen Fleischsorten ablenken. Er ging das Problem von der falschen Seite her an. Er mußte das Ganze im Auge haben und nicht die einzelnen Teile. Das Ganze war zu schwer verdaulich. Von der *foie gras* schweiften seine Gedanken zu Plänen, zur Cleveland Street. Explosionsartig wurde ihm die Wahrheit bewußt. Sie betrachteten das Problem *von der falschen Seite her*. Sie müßten mit dem Ganzen beginnen und sich dann zu den Einzelheiten zurückarbeiten. Blitzartig wurde ihm die Sache klar, und er wandte sich nach Rose um. Aber der war schon da und packte ihn schmerzhaft am Arm.

»Schnell, Mann, wo ist er?«

Bestürzt schaute sich Auguste um. *Mon Dieu*, Edward war verschwunden. Vor einem Moment noch hatte er Kaffeetassen vom Tisch zurückgetragen. Wo aber war er jetzt? Er mußte draußen sein und das Geschirr zu den Wagen bringen. Auguste blickte voller Panik durch die Zeltklappe; von Edward Jackson fehlte jedoch jede Spur.

»Sie Dummkopf. Ich habe Ihnen gesagt, Sie sollen ihn im Auge behalten. Petersfield ist auch fort.«

»Aber, Inspector, ...«

Das ergab keinen Sinn. Sollte er doch unrecht haben?

Der Inspector blies wütend in seine Polizeipfeife. Jeder Laut im Zelt verstummte sofort; Damen sprangen auf, und Herren drehten sich ärgerlich um, um zu sehen, was der Tumult zu bedeuten hätte. Für sie waren die Vögel das wichtigste.

»Was, zum Teufel, denken Sie sich dabei, Menschenskind? Erschrecken die Vögel.« Das Gesicht des Herzogs war puterrot.

»Rufe Verstärkung, Sir. Petersfield ist fort, und er hat den Jungen.«

Der Herzog sperrte den Mund auf. »Petersfield?«

»Ihr Mörder, Sir. Er hat Jackson; er hat sich verraten, wie wir dachten, aber er hat den Jungen, und er wird ihn umbringen, das ist ziemlich sicher. Und wir werden nichts gegen ihn in der Hand haben.«

Ein Aufschrei von einer der Damen. Die Herzogin war in

Ohnmacht gefallen. Die Bedrängnis seiner Gattin nicht beachtend, kämpfte der Herzog einen Augenblick mit diesem Gedanken. Dann kamen ihm Jahre von Armeedisziplin zu Hilfe, und er starrte Rose an. »Bei Gott, wenn Sie sich täuschen ...«

»Ich täusche mich nicht.«

»Wo sind die Polizisten?«

»Andere Seite des Sees, Sir.«

»In Ordnung. Gentlemen!« Jahrhundertlange Erwartung von sofortigem Gehorsam duldete keine Weigerung. »In Reihe angetreten! Können nicht weit sein. Im Hoo Wood höchstwahrscheinlich. Am nächsten von hier aus, am weitesten von den Treibern.«

Lader, die zu ihrem Zwei-Uhr-fünfzehn-Kommando erschienen, waren überrascht, daß ihnen die Gewehre aus den Händen gerissen wurden von ihren Lords und Dienstherren, die mit einem Enthusiasmus aus dem Picknickzelt stürzten, der selbst in den Annalen der Jagdaufzeichnungen derer von Stockbery ohnegleichen war.

»Was, zum Teufel, ist hier los?«

Dreißig Männer drehten sich um und sahen sich Lord Arthur Petersfield gegenüberstehen, einen erstaunten Blick auf seinem gewöhnlich unerschütterlichen Gesicht. Verzagt strömten sie ins Picknickzelt zurück.

»Wo ist der Junge, Petersfield?« fragte Rose. »Was haben Sie mit dem Jungen gemacht?«

Hinter ihm rang Auguste in plötzlicher Angst nach Luft.

»Der Junge?« fragte Petersfield verblüfft.

»Jackson.«

»Jackson?«

»Jackson.«

»Ich bitte um Vergebung, Inspector«, sagte Petersfield, »falls ich mich täusche, aber ist Jackson nicht der Name des Jungen, der neulich abends starb? Der gerade eben hier war und mir ein Glas von Seiner Gnaden exzellentestem Sherry reichte?«

»Sie wissen sehr wohl, daß er das ist.«

»Und was habe ich mit diesem jungen Herrn zu tun?«

»Er war hier und ist es jetzt nicht mehr. Und Sie haben sich ihn geschnappt. Was haben Sie mit ihm gemacht? Ihn erwürgt?«

Petersfield blinzelte. »Erwürgt, Inspector? Das hört auf, amüsant zu sein. Verstehe ich recht, daß Sie mich beschuldigen, diesen jungen Burschen ermordet zu haben, entweder jetzt oder vor einer Woche?«

»Ja, Sir, so ist es«, sagte Rose fest.

Petersfields Gesicht wurde rot vor Wut. »Bei Gott, dafür will ich Ihr Blut sehen, Rose«, sagte er boshaft. Er schaute sich der Reihe nach die Gesichter seiner Ankläger an, die sich jetzt nicht mehr ganz so sicher waren.

»Sehr wahrscheinlich, Sir. Aber zuvor teilen Sie mir einfach mit, wo Sie gewesen sind. Wollen Sie etwa sagen, daß Sie jetzt eben allein im Wald waren?«

Petersfield zögerte und langsam breitete sich ein Lächeln auf seinem Gesicht aus. »Nein, Inspector, ich sage nichts dergleichen.«

»Und, wenn es nicht Jackson war, kann jemand Zeugnis darüber ablegen?«

»Gewiß, Inspector«, sagte eine kalte Stimme. Lady Janes Gesicht wurde rot.

»Sie, Miss? Sie waren mit Seiner Lordschaft zusammen? Was, wenn ich fragen darf, machten Sie mit ihm im Wald?«

Lady Jane errötete noch mehr; sie blickte den Inspector arrogant an.

»Ich habe sie geküßt, Inspector«, sagte Petersfield. »Verlangen Sie zu wissen, wie oft – oder wohin?«

Ein Zornesschrei ertönte. Der in der Politik pazifistische, der objektiv denkende, gesetzt sprechende Walter Marshall sprang vor und stellte mit einem Schlag seiner rechten Faust Kontakt zu Petersfields Kinn her, was diesen nach hinten ins kalte Büfett beförderte. Die Tischgestelle, nicht gebaut, um der Wut eines eifersüchtigen Mannes zu widerstehen, brachen in der Mitte auseinander, und die äußeren Enden schwangen nach oben wie bei der auf den Kopf gestellten

Tower Bridge. Ein Zitronenyoghurt traf Ihre Gnaden, die eben aus ihrer Ohnmacht erwacht war, voll ins Gesicht; die Marquise bekam ein *croquante* von Walnüssen in den Schoß, und das Melbakompott zierte jetzt ihren Hut. Lord Arthur stellte sich taumelnd auf die Beine, sein Gesicht mit Truthahnsülze bedeckt, eine Erbse von der Garnierung auf der Nase balancierend.

Auguste schirmte sein Gesicht ab inmitten der Schreie der Damen und des gerechten Zornes der Männer und versuchte dann, die Überreste seines besten *banquet de picnique* zu schützen. Vergebens, Lady Jane hob vom Boden die eine Schüssel auf, die das Gemetzel unversehrt überstanden hatte – eine *bavarois* – und balancierte sie nachdenklich in der Hand, unheilvoll von Marshall zu Lord Arthur blickend. Walter wartete auf den Wurf. Ihr Blick wanderte von einem zum anderen, ruhte auf Walter, der ergeben vor ihr stand. Lady Jane kicherte, drehte sich um und stieß mit einer schnellen Bewegung die *bavarois* in das bekümmerte Gesicht von Egbert Rose.

Es war eine gerechte Rache.

Die anderen Frauen, die sich mit der höchst lobenswerten Absicht aufmachten, ihrem Geschlecht, das offensichtlich angegriffen wurde, zu Hilfe zu kommen, vervollständigten die Verwüstung, denn sie rutschten aus, schlitterten hin und setzten schließlich bauschige Satinhinterteile in die ruinierten Überreste von Augustes Kunst. Männer, die ihren bedrängten Frauen zu Hilfe kamen, sahen sich bald ebenso reichhaltig geschmückt wie das zartere Geschlecht, da ungestüme besoßte und besülzte Hände nach ihren Revers griffen, um Beistand zu finden.

»Mein Gott, ich glaub', mich tritt 'n Pferd, was is'n los?« gellte erstaunt eine durchdringende Stimme mit Cockney-Akzent. Mitten im Gemetzel war Edward Jackson wieder ins Zelt hereinspaziert.

Die Herzogin sprach als erste. »Ist das der Junge?« fragte sie mit entsetzlicher Stimme, zeigte auf Edward und fixierte Rose mit strengem Blick.

Jackson, der Mittelpunkt aller Blicke, wandte sich an seinen einzigen Verbündeten und erklärte klagend: »Bin nur mal pinkeln gegangen, Mr Didier.«

Erneut zeigte der Herzog die Führungsqualitäten, die seiner Familie über Jahrhunderte hinweg anerzogen worden waren. Die Damen wurden zum Haus gebracht und angewiesen, sich mit ihren auserlesensten Nachmittagskleidern zu schmücken, den Besuchern die Behaglichkeit heißer Bäder zugesichert und andere Kleidung, wo erforderlich. Nur die Marquise und Jane entschlossen sich zu bleiben, die Marquise, weil der bloße Treffer von einem *croquante* von Walnüssen und einem Melbakompott sie nicht im geringsten störten, und Jane, weil sie irgendwie unempfänglich für die Verheerungen der Veranstaltung geblieben war.

Die Männer wurden schnell für eine Treibjagd gesammelt, in der Hoffnung, daß ihre Gedanken – mit etwas Glück sogar die von Petersfield – vielleicht von den unglückseligen Geschehnissen während des Lunches abgelenkt werden könnten. Gerade, als sie sich auf den Weg machten, traf die Polizei ein: Sergeant Bladon, Naseby und verschiedene niederere Chargen. Sie waren verwundert, das Personal von Stockbery Towers auf dem Zeltboden auf allen vieren herumkriechend, zerbrochenes Porzellan auflesend und Pudding von den Wänden kratzend vorzufinden.

»Eine Orgie«, bemerkte Bladon mit Befriedigung. Seine schlimmsten Befürchtungen hinsichtlich der Vorgänge im Picknickzelt bei den großen Jagden wurden bestätigt. »Trinkgelage.« Seine Augen schauten prüfend die leeren Champagner- und Rotweinflaschen an. Er blickte sich suchend nach Rose um, aber der war wieder mit diesem Froschfresser in ein Gespräch vertieft.

»Inspector, wir haben uns geirrt – war eine falsche Fährte, was Sie von Lord Brasserby hörten. Der Geruch, der Geschmack – alles falsch.«

»Wollen Sie etwa sagen, daß es wirklich nicht Petersfield war?«

»Nein. Vergessen Sie die Pläne. Mrs Harthams Mitteilung, Cleveland Street, Oscar Wilde. Der Prinz, der *Prinz*!«

Rose, plötzlich totenbleich im Gesicht, starrte Auguste an. »Verdammt«, war alles, was er vorerst sagte. Dann, in plötzlicher Panik: »Wo ist der Junge?«

Jackson war wieder verschwunden.

Einmütig rannten sie nach draußen. Hobbs lud noch immer betrübt zerbrochenes Porzellan und andere Reste auf die Wagen.

»Jackson?« sagte er. »Nun, er ist zur Treibjagd gegangen. Sie brauchten zusätzliche Treiber, sagten sie. Ging früh weg, vor dem Rest der Gesellschaft.«

»In welchen Wald?«

»Na ja, rauf zum Cranesback«, antwortete Hobbs verwundert.

Auguste riß sich Kochmütze und Schürze herunter und ließ sie zu Boden fallen, während er zu laufen begann, dicht gefolgt von Rose und etwas weiter hinten von Bladon, der heftig keuchte.

Genau in dem Moment, als sie hinauf zum Crook Field kamen und die Reihen sichtbar wurden, hörten sie das Horn des Herzogs. Es war das Zeichen für die Treiber, sich langsam, langsam auf die Vögel, das Gewehrfutter, zuzubewegen. Und Edward Jackson, deutlich sichtbar wegen seines fehlenden Kittels, würde sich direkt in der Schußlinie befinden. Ein Zufallstreffer, niemand würde wissen, welcher Schütze und ...

»Er würde es nie wagen«, sagte Auguste, jedoch ohne Überzeugung.

»Ohne diesen Jungen habe ich keinen Beweis«, brummte Rose.

Eine Minute, zwei Minuten, Rose kletterte über den letzten Zauntritt, dicht gefolgt von Auguste.

Die Feuerlinie stand in Bereitschaft, Gewehre im Anschlag.

Die ersten Vögel waren bereits hochgescheucht, als Rose durch die Linie brach und schrie: »Treiber halt!«

Der Herzog war einem Schlaganfall nahe. Zwei Gewehre

gingen los, durch die Plötzlichkeit von Roses Erscheinen weit von ihrer Zielrichtung abgelenkt. Das eine tötete eine Kuh, die friedlich auf dem angrenzenden Feld graste.

»Bei Gott, das wird Sie den Kopf kosten, Rose«, gelobte grimmig der Herzog. »Feuer einstellen, Gentlemen!« Zwei Hornsignale folgten, damit die Treiber stehenblieben. Die Fasane jedoch erkannten die Bedeutung des Signals nicht und zogen geschickt ihren Vorteil aus der Situation: sie stahlen sich aus dem Wäldchen in sichereres Gebiet fort, ein paar erhoben sich wagemutig in die Lüfte, verfolgt von wehmütigen Augen und juckenden Fingern in der Feuerlinie.

Die vorderste Reihe scharte sich empört um Rose, Hunde kläfften, der Herzog murrte.

»Nun, Inspector, was habe ich diesmal getan?« fragte Petersfield sarkastisch.

»Nicht Sie, Euer Lordschaft«, sagte Auguste ruhig. »Der Junge. Er ist einer der Treiber.«

»Na und?« verlangte der Herzog voller Zorn zu erfahren. »Und, mein Gott, was hat mein Koch eigentlich bei einer Jagd herumzuspazieren? Die Welt ist verrückt geworden. Hören Sie, Didier, keine Ihrer französischen Marotten hier ...«

»Sir«, sagte Auguste und setzte zu einer Erklärung an. Er kam nicht soweit. »*Ma foie*, Inspector, wo ist er? Der Prinz – wo ist er?« Er packte den Herzog beim Arm. »Sir, der Prinz ...«

Der Herzog war sich mehr der Tatsache bewußt, daß dieser verdammte Froschfresser, den er importiert hatte, den herzoglichen Arm umklammerte, als der Tragweite von dessen Worten. »Er war vor einer Minute noch hier. Verdammte Unverschämtheit«, knurrte er wütend.

»Aber er ist es, Euer Gnaden. Ihr Mörder.«

Der Herzog blinzelte. »Also, hören Sie, Didier. Schlimm genug, wenn Scotland Yard verrückt spielt, nun auch noch mein eigener Koch ...«

Rose fuhr dazwischen: »Wir haben keine Zeit zu verlieren, Euer Gnaden. Er ist jetzt im Wald. Er braucht Jackson nur von den anderen Treibern zu trennen ...«

Der Herzog musterte sie einen Moment lang starren Blickes. Dann: »Bei Gott, ich mochte diesen Mann nie«, brüllte er und gab wie auf dem Schlachtfeld seine Befehle. »Gentlemen, kehrt marsch, Halbkreis bilden, Wald flankieren. Wir werden den Bastard raustreiben.«

Man hätte schwören können, daß es dem Herzog Spaß machte.

Wiederum bildeten seine Gäste – einige hegten noch die Vermutung, es handle sich um ein neuartiges Gesellschaftsspiel des Hauses –, gehorsam eine flankierende Linie und schwenkten ein zum Cranesback Wood. Dreißig Männer kreisten ihn ein. Roses Polizeiverstärkung, die zum Ort des Geschehens herankeuchte, wurde zur Nachhut beordert. Es gab genügend Schützen; es bestand keine Notwendigkeit, unbewaffnete Polizisten in Gefahr zu bringen.

Als alle ihre Stellung eingenommen hatten, setzte der Herzog sein Horn an die Lippen, ein Ritter Roland unserer Tage. Drei Hornsignale zum Rückruf der Treiber. Langsam gaben die cremefarbenen Kittel ihre Deckung auf, traten aus dem Wald heraus, zögerten vorsichtig, als sie dicht vor sich die Schützenreihe mit gespannten Gewehren sahen. Vielleicht eine neue Art von Treibjagd? Sie selbst die Beute? Der Herzog war ein komischer Kauz ...

Der Herzog nickte, als alle heraus waren.

»Lassen Sie den Jungen laufen, und kommen Sie heraus.«

Keine Antwort auf Roses Ruf. »Ich gehe rein«, sagte plötzlich Auguste.

Rose streckte die Hand aus, um ihn zurückzuhalten. »Er ist bewaffnet, Didier.«

Auguste schob den ihn hindernden Arm beiseite. »Ich habe diesen Jungen bereits einmal in die Gefahr laufen lassen. Wenn ich es diesmal verhindern kann, werde ich das tun.«

Rose spitzte den Mund und sagte einfach: »Ich komme mit.«

Sie gingen in den Wald hinein, hin und wieder flogen vor ihren Füßen verschreckt einzelne Vögel auf.

Sie blieben stehen und lauschten. Kein einziger Laut zu

hören. Dann erhob sich plötzlich, keine sechs Meter von ihnen entfernt, ein Vogel.

»Dort, mein Freund«, flüsterte Auguste.

Sie duckten sich hinter ein paar Büsche.

»Lassen Sie den Jungen laufen«, rief Rose wieder.

Diesmal gab es eine Anwort und Gelächter. »Edward laufen lassen? *Nein, nein.* Er kommt mit mir. Er ist mein Freund, mein sehr guter Freund.«

Neben ihm wimmerte es.

»Inspector, ich gehe jetzt. Ich werde an der Seite des Waldes hinausgehen, die in Richtung des Hauses liegt. Sie werden Ihre Männer zurückrufen, jawohl, sonst stirbt dieser Junge.« Eine Pause und erneutes Wimmern.

»Stehen Sie jetzt auf, Inspector, damit ich Sie sehen kann. Und Ihren Begleiter.«

Langsam erhoben sie sich. Der Prinz, Jackson mit den Armen umklammernd, Gewehr gespannt und schußbereit, war nur etwa drei Meter entfernt. Er war zerzaust, sein Gesicht angespannt und gefaßt. Langsam ging er auf sie zu, vorsichtig bahnte er sich mit vorgehaltenem Gewehr den Pfad entlang seinen Weg, den Jungen zerrte er mit sich.

Jacksons Gesicht war weiß und verzerrt. Er stammelte, als sie vorbeigingen: »Aber er ist doch mein Freund. Er wird mir nicht weh tun. Es war ein Versehen letztes Mal. Er hat es mir gesagt. Es tut ihm leid. Er liebt mich, das tut er wirklich. Er hat nichts getan. Er war's nicht.«

Langsam ging der Prinz an ihnen vorüber, und Sie konnten nichts tun als zusehen. »Rufen Sie Ihre Männer zurück, Rose, keine Schüsse in den Rücken, wenn ich bitten darf.«

Auf einen Ruf von Rose hin senkten die Männer die Gewehre und zerstreuten sich widerwillig; der Prinz begann den Rückzug übers offene Feld, wobei Jackson ihm halb den Weg wies und sich halb zurück in Sicherheit wünschte. Der Weg zum Haus war frei. Frei von jedermann, außer einer Person.

Die Marquise war gekommen, um mit der einzigen Waffe, die ihr zur Verfügung stand, die seltene Nachmittagsbelustigung zu beobachten. Elegant kletterte sie über einen Zauntritt, ihr Straßenkleid mit Schleppe mit einer Hand hochraffend, und zielte sicher mit einer von Augustes Kapaunenpasteten (mit Trüffeln) auf den Hinterkopf des Prinzen.

»Sedan«, zischte sie.

Edward spürte den Schlag, schwankte und brachte den Prinzen aus dem Gleichgewicht. Zur Seite geschleudert, kullerten sie zusammen die steile Böschung des herzoglichen Sees hinunter. Der Griff des Prinzen löste sich von Jackson. Der See war tief; er war zum Fischen bestimmt. Und Edward Jackson konnte nicht schwimmen. Der Prinz jedoch hätte zum anderen Ufer und in die Sicherheit schwimmen können. Er tat es nicht. Er packte den von Panik ergriffenen Jungen und warf ihn hinaus auf das Ufer. Aber er hatte sich die falsche Stelle ausgesucht. Das Gewehr war hinter seinem Besitzer den Abhang hinuntergerutscht. Der Junge landete darauf, löste es aus, und es feuerte seine Ladung in den Bauch des Prinzen. Das Wasser vom Stockbery-See färbte sich rot.

Der Prinz war noch nicht tot, als Rose und Auguste ihn erreichten. Mit dem einzigen Lächeln, das Auguste jemals auf seinen Lippen gesehen hatte, murmelte er: »Ich werde Anspruch auf diplomatische Immunität erheben, *Herr Inspektor*«, und starb.

Der einzige Trauernde war Edward Jackson.

»Also hatten wir recht«, sagte Rose zu Auguste, während die Polizei ihren Geschäften nachging und der Herzog die Herde seiner Gäste zurück zum Haus führte; widerstrebend hatte er den Gedanken aufgegeben, erneut die Jagd aufzunehmen. »Von Anfang an recht. Und Edward dachte, der Kerl liebte ihn. Unangebrachte Loyalität.«

»Das tat er auch«, sagte Auguste feierlich. »Letzten Endes hat er ihn gerettet.«

»Vor ein paar Tagen jedoch hat er versucht, ihn umzubringen«, stellte Rose sachlich fest. »Keine sehr große Liebe, nicht bei der Karriere, an die er denken mußte.«

»Sie haben recht, Inspector.«

»Nein, Sie hatten recht«, sagte Rose großzügig. »Sie haben die Wahrheit vor mir erkannt. Ich habe den Köder Petersfield so leicht geschluckt wie eine Schüssel von Ihrer Fischsuppe, Mr Didier. Es paßte alles zusammen. Petersfield paßte auch in die Kundschaft der Cleveland Street. Ist Lord Arthur Somerset ähnlich, der das Land nach jenem Fall verließ; er war nicht verheiratet und offensichtlich begierig darauf, sich zu vermählen, weil es besser aussieht. Und dann ist da der Prinz, die Frauen bringen sich fast gegenseitig um wegen ihm. Der letzte, von dem man annehmen würde, daß er es nötig hätte, sich mit kleinen Jungs zu amüsieren. Dennoch, ich habe ja gesagt, einige der Kunden waren sehr ehrenwert. Was hat Sie erkennen lassen, daß doch er es war?«

»Ein Rezept, Inspector. Nur ein Gericht, das ich gerade zusammenstellte. Wir dachten, Edward sei eine – eine – Garnierung, wenn Sie so wollen, aber er war die ganze Zeit das Hauptgericht. Edward hatte dem Prinzen jene Nachricht gebracht: ›Denken Sie an Mr Wildes Erzählung.‹ Mrs Hartham mochte an Wildes Märchen gedacht haben oder an einen vertraulichen Scherz zwischen ihr und dem Prinzen, von den Lippen Edward Jacksons bedeutete es jedoch nur das eine für von Herzenberg – Dorian Gray – die Geschichte eines Degenerierten.«

»Armer Edward«, fuhr Auguste unerbittlich weiter fort. »Als der Prinz ihn auf dem Ball sah, erkannte er ihn sofort, selbst in der Lakaienlivree, und wurde sich bewußt, daß er Greeves umsonst getötet hatte. Greeves hatte sich nicht bloß auf Gerüchte oder Gerede verlassen, als er ihn erpreßte, er hatte Zeugen direkt hier auf Stockbery Towers: Edward Jackson selbst.

»Ah, ja«, vermochte Rose endlich beizusteuern. »Und als er Jackson zurück zu Mrs Hartham folgte, da sprach die gute Dame gerade davon, jedermanns Geheimnisse zu enthüllen. Und er wußte, daß sich Jackson mit ihr unterhalten hatte, also brachte er sie mit etwas von dem Eisenhut, der von Greeves Ermordung übriggeblieben war, unverzüglich zum

Schweigen. Jackson, dachte er, könnte warten – er wollte ihn durch Furcht zum Schweigen bringen. Dann sah er mich. Er erkannte mich nicht, aber er hörte, daß ich mit der Cleveland-Street-Affäre zu tun gehabt hatte, und wußte, daß ich den Jungen erkennen würde.

Greeves beschaffte sich die Schiffspläne von *Petersfields* Kammerdiener, nicht von dem des Prinzen«, fuhr Rose fort. »Worüber er aber vom Kammerdiener des Prinzen erfahren haben muß, ist die Macht, die von Holstein über sämtliche Diplomaten hat – und daß der Prinz als Gefolgsmann des Kaisers eine besondere Zielscheibe für seinen Stapel belastender Akten wäre. Also drohte Greeves, von Holstein von der Homosexualität des Prinzen zu erzählen. Das aber hätte das Ende seiner Karriere bedeutet, da der Kaiser der letzte ist, der da tolerant gewesen wäre.«

»Also, die Livree«, sagte Auguste. »Er ging zum Haus zurück, sobald Petersfield die anderen verlassen hatte, und betrat den Lakaienumkleideraum. Wäre er überraschend jemandem begegnet, bevor er hineinging, hätte er seinen Mordanschlag jederzeit auf einen anderen Tag verschieben können. Er hatte Glück, außer daß der Herzog seine Rückansicht in den Dienerschaftstrakt verschwinden sah. Als er zurückkam, vergewisserte er sich durch das Fenster, das zum Garten hinausgeht, daß niemand kam; kletterte hindurch und ging zum zweiten Mal durch die Gartentür zur Stiefelkammer. Und als« – Auguste wurde von seiner eigenen Redekunst hinweggerissen –, »er Mrs Harthams Zimmer aufsuchte, vergiftete er das Sandwich, ging sicher, welches er ihr gab, wartete, bis es seine Wirkung getan hatte – er muß eine sehr große Dosis verwendet haben –, zog an der Klingelschnur und verschwand.«

»Aber ...«

»Und alles wegen der Liebe von Edward Jackson«, fuhr Auguste unbesorgt fort.

»Ein Jagdunfall. Als das wird man es bei der gerichtlichen Untersuchung festhalten. Macht sich besser in der Presse«, sagte Rose trübsinnig, er war abgelenkt. Er seufzte. Die Beförderung würde auch weiterhin einen Bogen um ihn machen.

Am folgenden Morgen ging die herzogliche Gesellschaft in die Kirche, um auf verschiedene Weise für die erfreuliche Jagd der letzten drei Wochen zu danken. Am Abend würden die Gäste nach London und Stockbery Towers zum Alltag zurückkehren.

»Einen Augenblick, Inspector«, sagte Petersfield, »bevor Sie gehen. Ein Wort im Vertrauen.« Er lächelte alles andere als freundlich. »Ich habe es nicht vergessen. In Kürze werden Sie sich als *Sergeant* Rose bei der uniformierten Polizei wiederfinden. Eine Mordanklage ist nicht gerade eine angenehme Drohung, die man vor Zeugen macht. Solchen Zeugen.«

Egbert Rose trat Lord Arthur uneingeschüchtert entgegen. »Sie haben recht, Sir. Ich entschuldige mich. Ich hatte den falschen Mann.«

»Das hatten Sie in der Tat, Inspector. Und Sie werden es nicht vergessen, das verspreche ich Ihnen.«

»Aber ich glaube, Sie werden es vergessen, Sir«, sagte Rose bedächtig.

Petersfield lachte. »Das glauben Sie vergebens, Inspector.«

»Sie sind von Greeves erpreßt worden, nicht wahr, Sir?«

Petersfield erstarrte. Seine Augen wurden wachsam. »Nehmen Sie sich in acht, Inspector.«

»Das werde ich, Sir, danke. Ich glaube nicht, daß es dem Herzog gefiele, wenn er wüßte, daß einer seiner Gäste die Pläne der britischen Marine an Deutschland übergeben hat, da er ja selbst ein Mann des Heeres ist. Ich zweifle nicht daran, daß Sie gezwungen worden sind, es zu tun, Sir. Haben wohl nicht gewollt, daß diese Geschichten über Ihre Bakkarat-Schulden dem Prinzen von Wales zu Ohren kommen, was? Ich nehme natürlich nicht an, daß Sie wegen der Pläne strafrechtlich verfolgt werden ... Sehen Sie, Sie könnten sagen, daß Sie England letztendlich einen guten Dienst erwiesen haben. Was Sie nicht wußten, Euer Lordschaft, ist, daß

Rivers, als er die Pläne nach dem Diebstahl zu überarbeiten begann, erkannte, daß er einen verhängnisvollen Fehler bei der ersten Version gemacht hatte. Wenn der Kaiser nach dieser Zeichnung baut, werden seine Schiffe höchstwahrscheinlich sinken.«

Rose brach in schallendes Gelächter aus. Dann wurde sein Gesicht wieder finster. »Dem Prinzen von Wales wird das Gerücht aber sehr wohl zu Ohren kommen. Ich würde Ihre Visitenkarte für einige Zeit nicht auf Sandringham abgeben, wenn ich Sie wäre, Sir.«

Der sonntägliche Lunch war vorüber. Es war ein warmer Tag für Ende Oktober, und mehrere Leute gingen in den Parkanlagen spazieren. Die Bäume Kents standen in vollster herbstlicher Pracht. Lady Jane hatte – ganz zufällig – Walter Marshall im Park getroffen und spontan vorgeschlagen, daß es ihm vielleicht Spaß machen könnte, das Labyrinth zu erforschen.

Trotz einiger Befürchtungen stimmte Mr Marshall zu. Das würde tatsächlich interessant werden. Er hegte keinen Zweifel, daß Lady Jane die Geheimnisse des Labyrinths genau kannte, und zweifelte kaum daran, daß es ihrem Sinn für Humor entspräche, ihn dort im Stich zu lassen. Da er jedoch zu dem Schluß kam, daß er das eigentlich auch verdient hätte, erklärte er sich demütig bereit, sich in die Mitte des Irrgartens führen zu lassen. Nicht auf direktem Wege, dafür war Lady Jane zu schlau; sondern mit vielen Wendungen und Richtungsänderungen. In der Mitte befand sich ein kleiner Springbrunnen, um den sich eine späte Kletterrose rankte, und in dem zwei Liebende aus Stein standen in einer Umarmung, die man, wäre es nicht Kunst gewesen, sehr wohl als ein klein wenig gewagt hätte bezeichnen können. Vielleicht waren sie es, die Walter seine eigene mißliche Lage wieder in Erinnerung brachten, denn statt sich des einladenden Platzes an Lady Janes Seite auf der Steinbank, die den Brunnen umgab, zu bedienen, nahm er auf der Holzbank am Rande des Rondells Platz.

Lady Jane zog die Stirn kraus und drehte nachlässig eine Rose zwischen den Fingern. Walter beobachtete sie gespannt. Er würde nicht als erster sprechen. Die Rache sollte ihr gehören.

»Walter«, sagte sie plötzlich. Ihre Stimme klang überhaupt nicht ärgerlich. »Arthur hat vor, heute abend mit meinem Vater zu sprechen. Er konnte gestern abend nicht wegen – nun, natürlich nicht.«

Walter sagte nichts, aber in seiner Wange zuckte ein Muskel. Er verschränkte die Arme und bemühte sich, desinteressiert auszusehen.

»Was soll ich nur machen?« fragte sie so arglos, daß er nur ein Verlangen hatte. Er unterdrückte es.

Lady Jane seufzte vor sich hin. Wirklich, er machte es ihr sehr schwer. »Ich glaube nicht«, sagte sie, die Augen auf die Rose geheftet, »daß ich jemanden heiraten könnte, der so blöd ausgesehen hat wie er mit der Truthahnsülze im Gesicht.«

Walters Herz machte einen Luftsprung, und alles, was er tun konnte, war, sich zurückzuhalten, es ihm nachzutun.

»Sie könnten«, sagte er langsam, die Augen auf sie geheftet, »Sie könnten jederzeit mich stattdessen heiraten.«

Im Nu saßen zwei Gestalten auf der Holzbank, die sich in einer Stellung verschränkten, welche auf ungewöhnliche Weise an diejenige der vor ihnen befindlichen Pendants aus Stein erinnerte.

»Du wirst nicht so schrecklich schulmeisterlich zu mir sein, nicht wahr, Walter?« flüsterte sie nach einer Weile.

Walter, dessen Herz ihr zu Füßen lag, konnte ihr nur versichern, daß er nicht im mindesten schulmeisterliche Gefühle für sie hegte.

Das Labyrinth war an jenem Nachmittag offensichtlich ein beliebter Platz für Rendezvous. Ethel hatte auch ein Problem, und, da es der höheren Dienerschaft gestattet war, an Sonntagnachmittagen die Parkanlagen zu nutzen, hatte sie den Irrgarten für die Diskussion dieses Problems mit Auguste bestimmt.

»Verstehen Sie, Monsieur Auguste«, sagte sie zutraulich, ihre Hand in der seinen, »es ist Constable Perkins.«

»Was ist mit Constable Perkins, mein Täubchen?« murmelte Auguste, der sich fragte, ob sie tief genug im Labyrinth wären, um einen Kuß riskieren zu können, ohne fürchten zu müssen, von Mrs Hankey entdeckt zu werden.

»Er möchte, daß ich mit ihm zum Dorftanz gehe.«

»Dann geh doch, mein Schatz.«

Das war nicht die Antwort, die Ethel sich gewünscht hatte.

»Aber, Auguste«, sagte sie und sah zu ihm auf, »ich habe ihm gesagt, daß ich Ihnen versprochen sei.«

Die kleine Hand, die einstmals so zutraulich war, schien jetzt einen enormen Druck auszuüben. Auguste ließ sie sanft los und blickte Ethel an. Doch, es war noch seine liebreizende Ethel. Er seufzte. Hier gab es ein Problem, mit dem er feinfühlig umgehen mußte. Auguste legte seinen Arm um sie, als sie weitergingen, und er achtete auf den Weg, den sie nahmen, falls er schnell das Weite suchen müßte.

»Mein Liebling«, sagte er und küßte sie zärtlich. »Für solches Glück bin ich nicht bestimmt.«

Er hielt die Luft an und fragte sich, ob er da nicht zu weit ging. Offenbar nicht, denn Ethels Gesicht verriet außer Bestürzung auch innige Liebe.

»Seit ich nach Stockbery Towers kam, mein kleiner Stern, bist du das Licht meines Lebens gewesen, das einzige bißchen Freude bei meiner langweiligen Arbeit, das einzige, was mich vor totaler Verzweiflung bewahrte. Aber ich bin der Erinnerung an eine andere verpflichtet. Solches Glück ist mir nicht bestimmt.«

Tiefes Atemholen. »Sie sind einer anderen versprochen, Auguste?«

»Nicht versprochen. *Verpflichtet*. Meiner Tatjana. In Paris.«

Ethel hielt die Luft an. Das war eine richtige Romanze, genauso wie sie es in ihrem »Leitfaden für junge Mädchen« gelesen hatte. »Wer ist sie, Monsieur Auguste?«

»Tatjana.« Er hielt einen Augenblick inne. »Tatjana ist eine russische Prinzessin. Verstehst du, das ist nicht so großartig wie eine der Töchter Ihrer Majestät in diesem Land, denn Rußland hat viele Prinzessinnen, nichtsdestoweniger ist sie aber eine Prinzessin. Sie wohnte in einem großen Haus in Paris, wo ich in der Lehre war. Sie ist schön, meine Tatjana. Wir verliebten uns, als sie noch ein kleines Mädchen war und ich ihr die Mahlzeiten in den Schulraum brachte ...«

Hinter der Eibenhecke hielt einer der beiden Lauscher die Luft an. Etwas an der Erzählung schien Lady Jane ziemlich vertraut zu sein.

»Dann wuchs sie heran und kam nicht mehr in den Schulraum. Sie war ausersehen, einen edlen Prinzen zu heiraten. Eines Tages jedoch ritt sie auf dem Lande aus, und ihr Pferd ging durch. Aber ich, Auguste, war da, sie zu retten. Ich ergriff die Zügel des dahingaloppierenden Pferdes und half ihr in die Sicherheit meiner Arme. Wir saßen unter einem Apfelbaum, damit sie ihre Lebensgeister wiedergewinnen konnte, und sprachen miteinander, sie und ich. Oh, wie wir miteinander sprachen. Wir unterhielten uns, bis die Dämmerung hereinbrach, und, während der letzte Vogel dem Tag sein Abschiedslied sang, erkannten wir, daß wir in Liebe zueinander entbrannt waren. Ah, es war Liebe, die aufrichtigste Liebe. Aber wir konnten nicht heiraten. Nein, sie ist eine Prinzessin, und ich bin nur ein Koch. Aber wir legten ein Gelübde ab, niemals jemand anderen zu heiraten, solange der andere unverheiratet bliebe. Sie ist noch unverheiratet, meine Tatjana.«

Ethel holte tief Atem. Tränen traten ihr in die Augen. »Das ist wunderschön, Monsieur Auguste, wunderschön. Ich könnte einfach nicht zwischen Sie und Tatjana treten, nicht wahr?«

»Mein Liebling, es ist ein großes Opfer für mich, das verstehst du. Aber ich denke, Constable Perkins hat Anspruch auf eine Tanzpartnerin.«

»Er sieht sehr gut aus«, sagte Ethel unschlüssig. »Und ich mag ihn. Aber, oh, Monsieur Auguste ...« Sie blickte wieder unglücklich zu ihm auf.

»Geh, mein Kind. Laß mich mit meinem Schmerz allein«,

sagte Auguste und stieß sie voller selbstaufopfernder Entsagung, die nicht nur vorgetäuscht war, zart von sich.

Sie ging und schaute noch einmal zurück. Sobald er außerhalb ihrer Sichtweite war, lehnte er sich gegen die Hecke, schwach vor Erschöpfung.

Walter Marshalls Kopf erschien über dem Rand der Hecke, gefolgt von einer kichernden Lady Jane.

Auguste blickte sie vorwurfsvoll an. »Sie haben gelauscht?«

»Sie haben das doch bei mir auch getan«, stellte Jane kichernd fest.

»Das war ein unglücklicher Zufall, Euer Ladyschaft«, sagte er voller Würde. »Ich hätte es nie absichtlich gemacht. Ich ...«

Walter hatte derartige Hemmungen nicht. »Sagen Sie, Auguste«, fragte er interessiert, »gibt es diese Tatjana wirklich?«

Auguste schaute ihm fest in die Augen. »Sir, wenn die Ehre einer Dame auf dem Spiel steht, sprechen wir *Franzosen* nicht darüber.«

Und unter dem Gelächter Walters trat er den Rückzug zum Ausgang des Labyrinths an.

»Das ist eine wirklich gute Tasse Tee, Mr Hobbs. Sie können sagen, was Sie wollen, aber Mr Greeves' Tee war nicht der beste.« Mrs Hankey verlieh dem Dienstbotenzimmer das Siegel der Anerkennung unter seinem neuen Vorstand.

»Zucker, Miss Fawcett?«

»Danke sehr, Miss Gubbins.« May lächelte Ethel an.

»Mr Kammer?«

»Für mich nicht, Miss Gubbins. Das ist ein hübsches Kleid, das Sie heute nachmittag tragen. Und Ihres auch, Miss Fawcett«, fügte Kammer geschwind hinzu, sich seiner Pflicht erinnernd. Ein dankbares Lächeln war sein Lohn.

»Darf ich Ihnen beim Kuchen zur Hand gehen, Mr Hobbs?« Edward Jackson verbrachte ein paar Tage bei seiner Tante, und so war Cricket bemüht, gefällig zu sein. Sein Anerbieten wurde angenommen. Mrs Hankey trat jedoch dazwischen.

»Nicht nötig, Mr Cricket« – sie strahlte –, »ich wollte ihn gerade schneiden.« Sie lächelte Mr Hobbs liebevoll an. »Ich weiß, unser Ernest ist ein Schleckermäulchen.« Es könnte ihr Schlimmeres passieren, als sich auf ihre alten Tage um Ernest Hobbs zu kümmern.

Das Dienstbotenzimmer war zum Alltag zurückgekehrt.

Rose stand am Eingang zur Küche. Trauer überkam ihn wegen der *sole au chablis* und der hundert anderen Gerichte, die Auguste kreierte und die er noch nicht gekostet hatte. Morgen würde es Mrs Roses Hammelpastete geben, so schwer wie das Kochbuch von Mrs. Beeton, mit dem sie den Küchenschrank abzustützen pflegte. Ach ja, immer dieses Zeug, einem ordentlichen Mann würde es überdrüssig werden, sagte er sich standhaft, während er seinen Blick über das Küchenteam schweifen ließ, das jetzt Vorbereitungen für einen kleinen Familien-Lunch traf: geröstete Kalbsbries, Rebhuhnpastete *chasseur*, *gauffres* aus Mandeln, *capon à la Perigueux*, *Salade à la Pompadour*, Ragout ... Gepeinigt wandte er den Kopf ab.

Auguste, die Mütze auf dem Kopf, den hingebungsvollen Maître-Blick auf seine Soßen gerichtet, war schwer abzulenken, aber als er Rose sah, kam er herüber.

Rose musterte ihn. »Wissen Sie, was, Mr Didier, Sie lehren mich, Koch zu sein, und ich werde Sie lehren, Detektiv zu sein.«

Auguste kochte vor Empörung. War denn nicht er es gewesen, der ...

»Ich *bin* schon Detektiv, Inspector. War denn nicht ich es, der eine Erklärung fand, wie Greeves' Mörder ...?« Dann sah er Rose lächeln. Ah, diese Engländer mit ihren stoischen Gesichtern ... »Ach, Inspector, machen Sie sich ruhig über mich lustig. Aber ich sage Ihnen, in unseren beiden Berufen ist vieles gleich. Da ist viel geduldiges Urteilen, Komponieren von Speisenfolgen – genau wie Sie sich den Hintergrund zusammenbasteln; wir stellen unsere Zutaten zusammen wie Sie Ihre Verdächtigen und Beweise. Und dann kommt die Kunst: die Grundfertigkeiten; das sorgfältige Beachten des Details; dann das Kochen, das Würzen, das Wissen, wann und wo man handeln muß, und schließlich ...« Er hielt inne.

»Ja, Mr Didier?« fragte Rose.

»Ist da die Hand des Maître«, sagte Auguste ehrfürchtig. »Nur ein Maître kann ein exzellentes Ergebnis erzielen.«

»Maître – hab' ich schon mal gehört«, bemerkte Rose. »Jetzt weiß ich es endlich, es bedeutet Meisterdetektiv. Begreife zum erstenmal, daß Verbrechen in der Küche aufgeklärt werden können. Das muß ich Mrs Rose erzählen.« Bei diesem herzerfrischenden Gedanken war er geneigt, großzügig zu sein, und fügte hinzu: »Letztendlich haben Sie ein gutes Stück Arbeit geleistet, Didier.« Dann fiel ihm etwas ein. »Wie erklären Sie sich das Ziehen der Klingelschnur? Auf Grund dessen haben wir ja geglaubt, daß der Mörder und der Besucher in Mrs Harthams Schlafzimmer nicht ein und dieselbe Person sein könnten.«

Auguste sagte ruhig: »Ich bin Franzose, Monsieur. Und er war Deutscher. Und Franzosen hegen gegenüber Deutschen Gefühle, die aus einem Krieg vor einundzwanzig Jahren herrühren. Madame la Marquise rief: ›Sedan‹. Die Erinnerungen an das Massaker von Sedan sitzen tief in Frankreich, Monsieur. Wir vergessen das nicht.«

»Aber die Klingelschnur?«

»Er war Preuße«, sagte Auguste nur. »Und Preußen sind korrekt in ihrem Verhalten. Jahrhundertelanger Befehlsgehorsam läßt sie automatisch tun, was in einer bestimmten Situation erforderlich ist. Mrs Hartham brauchte Hilfe. Er zog an der Klingelschnur. Das scheint vielleicht lächerlich zu sein, Monsieur, aber die Deutschen sind nicht zum Lachen. Sie sehen nur jemanden, den die Karikaturisten lieben. Wir Franzosen aber sehen den Deutschen wie er ist. Unterschätzen Sie die Deutschen nie, Monsieur. Dieser Kaiser, das ist kein Spaß, Inspector Rose. Sie werden es merken, wir alle werden es merken.«

»Oh, nicht in England, Mr Didier, nicht in England.«

AtV

Band 1388

Bernard Bastable
Wohin mit der Leiche, Mr. Mozart

Kriminalroman

Aus dem Englischen von Friedrich Baadke

250 Seiten
15,90 DM
ISBN 3-7466-1388-4

Sollten Sie immer noch der Meinung der orthodoxen Musikgeschichte anhängen, Mozart sei 1791 mit 35 Jahren in Wien gestorben, so werden Sie jetzt eines Bessren belehrt. Wie Bernard Bastable zu berichten weiß, ist Mozart als Kind 1764 von seiner Konzertreise nicht nach Österreich zurückgekehrt, sondern in England geblieben, wo er 1820 an einem Londoner Theater seine längst unzeitgemäßen Kompositionen dirigiert und davon träumt, noch eine große Oper auf die Bühne zu bringen, bevor er stirbt. Eines Abends hilft er notgedrungen dabei, die Leiche eines Garderobenmädchens aus dem Theater zu schaffen und in der Themse zu versenken. Neben seinen musikaischen Fähigkeiten muß Mozart nun auch kriminalistische entwickeln.

AtV

Band 1180

Joan Smith
Ein mörderisches Wochenende

Aus dem Amerikanischen
von Susanne Tschirner

304 Seiten
14,90 DM
ISBN 3-7466-1180-6

Ein vornehmer englischer Landsitz zu Beginn des 19. Jahrhunderts: Hier führt die junge Jessica Greenwood ein ruhiges, tugendhaftes Leben. Nur einmal im Jahr gibt es Aufregung – wenn die vier Neffen aus London kommen, um der reichen Erbtante ihre Aufwartung zu machen. Das letzte Treffen aber nimmt einen gänzlich unerwarteten Verlauf: Die ehrwürdige alte Dame wird vergiftet.
Als das Testament verlesen wird, erlebt Jessica die nächste unschöne Überraschung: Sie soll innerhalb eines Jahres einen der Neffen heiraten. Die junge Frau steht vor einem Dilemma. Keiner der vier Herren ist unattraktiv, aber einer von ihnen ist der Mörder. Jessica beschließt, sich der Aufklärung dieses Mordes anzunehmen.

AtV

Band 5102

Jane Austen
Vernunft und Gefühl

Aus dem Englischen von Erika Gröger

Verfilmt unter dem Titel
»Sinn und Sinnlichkeit«

432 Seiten
14,00 DM
ISBN 3-7466-5102-6

Die feine englische Gesellschaft zu Beginn des 19. Jahrhunderts: Nach dem Tode ihres Vaters stehen die Schwestern Elinor und Marianne Dashwood beinahe mittellos da. Kein Wunder also, daß sie sich nach einer guten Partie umsehen. Doch wie verschieden sind die beiden Schwestern. Während Elinor allen ihren Verehrern kühl und abwartend gegenübertritt, schwärmt die hübsche Marianne ganz und gar von der romantischen Liebe. Und Marianne scheint auch das große Los gezogen zu haben. Der junge, stattliche Willoughby macht ihr Geschenke und bietet ihr lange Kutschenfahrten und romantische Spaziergänge. Um so schlimmer für die zarte Marianne, als er sie bitter enttäuscht.

A^tV

Band 1166

Stephanie Barron
Jane Austen
und der dunkle Engel
Historischer Kriminalroman

Aus dem Amerikanischen von Michael Kubiak

400 Seiten
15,00 DM
ISBN 3-7466-1166-0

Vorhang auf für ein literarisches Kriminalspiel – mit Jane Austen, der berühmten englischen Schriftstellerin, als Detektivin. Nichts fürchtet Jane Austen mehr als Langeweile – in Büchern wie im Leben. Doch wider Erwarten gestaltet sich ihr Besuch im idyllisch verschneiten Hertfordshire überaus turbulent. Kaum hat Jane den Landsitz erreicht, da scheidet der Graf auf mysteriöse Weise dahin. Die junge Witwe kommt schier um vor Trauer – dabei hat ihr Unglück erst begonnen. Denn ein düsterer Brief taucht auf: Von Ehebruch ist die Rede – und von Gattenmord.

A^{t}V

Amy Myers

Amy Myers könnte eine Tochter von Agatha Christie sein. Sie schreibt Krimis, die vor skurillen Typen und spleenigen Lords nur so wimmeln. Und immer löst Chefkoch Auguste Didier die Fälle auf wundersame Weise - gemeinsam mit seinem Freund Egbert Rose von Scotland Yard.

Mord im Dienstbotenzimmer
ISBN 3-7466-1087-7

Mord im Rampenlicht
ISBN 3-7466-1001-X

Mord im Club
ISBN 3-7466-1033-8

Mord als Vorspeise
ISBN 3-7466-1082-6

Mord unterm Tannenzweig
ISBN 3-7466-1083-4

Mord im Pavillon
ISBN 3-7466-1084-2

Mord in der Music Hall
ISBN 3-7466-1085-0

Aufbau Taschenbuch Verlag